山东省社会科学规划研究项目资助
曾子研究院研究成果

张承文 著

曾子故事

中国华侨出版社
·北京·

图书在版编目（CIP）数据

曾子故事 / 张承文著. —北京: 中国华侨出版社, 2020.11（2024.2重印）
ISBN 978-7-5113-8258-0

Ⅰ.①曾… Ⅱ.①张… Ⅲ.①曾参（前505-前436）—生平事迹 Ⅳ.①K825.1

中国版本图书馆CIP数据核字(2020)第125631号

●曾子故事

著　　　者：张承文
责任编辑：姜薇薇
封面设计：盟诺文化
经　　　销：新华书店
开　　　本：710毫米×1000毫米　1/16开　印张：15.5　字数：264千字
印　　　刷：三河市腾飞印务有限公司
版　　　次：2020年11月第1版
印　　　次：2024年2月第2次印刷
书　　　号：ISBN 978-7-5113-8258-0
定　　　价：68.00元

中国华侨出版社　北京市朝阳区西坝河东里77号楼底商5号　邮编：100028
发行部：（010）64443051　　传　真：（010）64439708
网　　址：www.oveaschin.com　E-mail：oveaschin@sina.com

如发现印装质量问题，影响阅读，请与印刷厂联系调换

序言

曾子名参，字子舆，是孔门高弟，是我国文化史、儒学史上了不起的、承前启后的伟大思想家与教育家。两千多年来，我国民间一直广泛流传着关于曾子的很多精彩的故事。在前贤的基础上，张承文先生费心费力，挖掘史料，爬梳董理，写出了这一佳作。

当代中国的道德建设，迫切需要大力弘扬中华优秀传统文化，尤其需要将传统道德文化的精义普及到民众中去。《曾子故事》一书，作为山东省社会科学规划社科普及应用研究专项课题成果，在这方面做出了成功的尝试。

通读该书，觉得有三个特点：

一、该书全面系统收集、整理了古往今来曾子故事，可谓巨细不遗。对每一则故事的真伪、良莠，作者以历史唯物主义的立场、观点和方法，结合当代社会需要，做了分析批判，取其精华，去其糟粕；全面深入挖掘研究故事蕴含的思想道德意义，做到古为今用，推陈出新。作者对很多故事进行了延伸，往往通过一则故事纵谈古今，将曾子思想与整个中华传统文化融为一体，让大家了解更多的故事背景以及曾子言行、儒家思想、传统文化。又因为曾子是古代十分著名的道德楷模，在他身上集中体现了孝悌忠信、礼义廉耻、勇毅担当、爱民务实、知行合一等优良品德，曾子可谓集中华传统美德于一身，所以通过曾子故事，我们可以比较全面地学习中华传统美德。该书称得上一部关于曾子、儒家、传统道德的小百科。

二、该书取得了很多新的研究成果。作者多年致力于曾子以及儒家思想、传统文化的研习，该书虽然名为故事，其实全面总结了古往今来曾子研究方面的成果，将其融入故事中去，体现了曾子研究的广度和深度，提出了不少新观点、新论断，对曾子研究做出了新贡献。

三、该书力求深入浅出，语言通俗生动，符合科普读物的要求。作者根据不同的故事，采取了灵活多样的表现形式。对于大家熟知的曾子经典故事，力求描述得更生动，挖掘思想内涵更深刻，使大家不觉得是老生常谈；对于相对枯燥的内容，作者在不违背史实的前提下，适当设计了一些故事场景，增加了故事的趣味性；对于非说理不可的故事，作者也不刻意采用小说似的文学笔法，而是直述朴素的道理，不哗众取宠。总之，该书所有论点、论据皆有历史、文本依据，不掺杂作者个人的臆造，只是为了增加其可读性，照顾到大众的接受能力，才采用了些许变通的表达方式。作者有一定的史学修养，又有一定的理论造诣，故使该书成为一部既有历史感，又有理论性的佳作。

我想，该书一定能够在新时代发挥积极作用。中国特色社会主义文化是民族的科学的大众的文化，该书恰好符合这一要求。该书的出版是曾子研究取得的又一可喜成果，通过该书，相信能够使曾子思想走出象牙塔，走进千家万户，为大众提供一份精神食粮，为全社会提供一份精神力量。

是为序。

郭齐勇
2020年6月于湖北武昌

目录

一 孝道篇

- 一、曾子论孝/ 7
- 二、保护自然/ 10
- 三、守身尽孝/ 12
- 四、耘瓜受杖/ 15
- 五、躬耕孝亲/ 18
- 六、薄禄孝亲/ 22
- 七、及时行孝/ 25
- 八、辞绝吴起/ 27
- 九、薄葬父母/ 29
- 十、宿不离亲/ 32
- 十一、五道养亲/ 33
- 十二、叱不及犬/ 35
- 十三、曾子养志/ 37
- 十四、首重谏亲/ 40
- 十五、孝事后母/ 43
- 十六、曾子休妻/ 47
- 十七、为父保身/ 50
- 十八、执丧断浆/ 51
- 十九、慎终追远/ 53
- 二十、继志为孝/ 54
- 二十一、不食羊枣/ 57
- 二十二、思母吐鱼/ 59
- 二十三、曾母投杼/ 61
- 二十四、不过胜母里/ 64
- 二十五、枯井涌泉/ 66
- 二十六、啮指痛心/ 66
- 二十七、情感万里/ 69

二 修身篇

- 一、立志弘毅/ 77
- 二、以孝修身/ 78
- 三、勤学好问以修身/ 80
- 四、以礼修身/ 84
- 五、以友修身/ 87
- 六、改过迁善/ 90
- 七、全面发展/ 92
- 八、三省吾身/ 96
- 九、谨慎以修身/ 97
- 十、慎独以修身/ 100
- 十一、知行合一/ 103
- 十二、曾子避席/ 107

三 德行篇

- 一、曾子的仁义故事/ 113
- 二、曾子的忠信故事/ 117

三、孔子授礼曾子/ 120

四、曾子吊丧/ 124

五、礼求简约/ 127

六、曾子重廉耻的故事/ 129

七、曾子的勇毅故事/ 131

八、曾子的谦虚故事/ 134

四 齐家篇

一、曾子的身世/ 139

二、先祖大禹的故事/ 140

三、鄫国春秋/ 142

四、曾姓由来/ 145

五、曾点的故事/ 146

六、曾子的家乡南武城/ 150

七、曾子严教子孙/ 152

八、曾子临终教子/ 156

九、曾子后裔及家风/ 159

十、耕读家风/ 163

五 政治篇

一、授受《孝经》/ 171

二、授受《王言》/ 175

三、曾子设教讲学的故事/ 179

四、曾子弟子子思的故事/ 182

五、曾子弟子乐正子春的故事/ 185

六、曾子其他弟子的故事/ 188

七、曾子子孙的故事/ 191

八、《大学》的前世今生/ 194

九、曾子著《大学》/ 195

十、曾子以《大学》"三纲领"寄托政治理想/ 197

十一、《大学》的"内圣"思想/ 199

十二、《大学》的"外王"思想/ 200

十三、《大学》之道修身为本/ 202

十四、《大学》的"絜矩之道"/ 204

十五、《大学》的民本思想/ 205

十六、《大学》主张"先慎乎德"/ 206

十七、曾子的用人之道/ 208

十八、不负嘱托教子思/ 210

十九、反对有若尊孔子/ 213

二十、曾子与弟子编著《论语》/ 215

二十一、弟子齐心著《曾子》/ 218

二十二、《曾子》思想重放光芒/ 219

二十三、曾子问狱/ 221

二十四、曾子铁肩担道义/ 224

二十五、曾子与晏子的故事/ 227

二十六、曾子教导弟子如何从政/ 230

二十七、曾子的封赠故事/ 233

后　记/ 237

（一）孝道篇

孝亲敬老是中华民族传统美德，五千年一以贯之，孝是中国人的最大特质，中华孝道博大精深。"百善孝为先"，在古代"孝悌忠信礼义廉耻"八德中，孝居首位。"忠孝传家远，诗书继世长"，讲忠孝、重文化是保持家族长盛不衰的秘诀。

关于孝道在中国古代社会的重要性，《吕氏春秋·孝行览》有精到的总结：

凡为天下，治国家，必务本而后末。所谓本者，非耕耘种植之谓，务其人也。务其人，非贫而富之，寡而众之，务其本也。务本莫贵于孝。人主孝，则名章荣，下服听，天下誉；人臣孝，则事君忠，处官廉，临难死；士民孝，则耕芸疾，守战固，不罢北。夫孝，三皇五帝之本务，而万事之纪也。夫执一术而百善至，百邪去，天下从者，其惟孝也！故论人必先以所亲，而后及所疏；必先以所重，而后及所轻。今有人于此，行于亲重，而不简慢于轻疏，则是笃谨孝道，先王之所以治天下也。故爱其亲，不敢恶人；敬其亲，不敢慢人。爱敬尽于事亲，光耀加于百姓，究于四海，此天子之孝也。

这段话是说，凡是统治天下，治理国家，必先致力于根本，而把非根本的东西放在后边。所谓根本，不是说的耕耘种植，而是致力于人事。致力于人事，不是让人民贫困而是让人民富足，不是让人口稀少而是让人口众多，这才是致力于根本。致力于根本，没有比孝道更重要的了，君主做到孝，那么名声就卓著荣耀，下面的人就服从，天下的人就赞誉；臣子做到孝，那么事奉君主就忠诚，居官就清廉，面临灾难就能献身；士人百姓做到孝，那么耕耘就用力，攻必克，守必固，不疲困，不败逃。孝道，是三皇五帝的根本，是各种事情的纲纪。掌握了一种原则就会把事做好，消除坏事，天下都会顺从，大概只有孝道吧！所以评论人一定先根据他对亲人的态度，然后推及他对一般人的态度；一定先依据他对关系重要之人的态度，然后再推及他对关系轻微之人的态度。假如有这样一个人，对跟他关系亲近重要的人行孝道，而对跟他关系轻微疏远的人也不怠慢，那么这就是谨慎笃厚于孝道了。这就是先王用来治理天下的方法啊！所以，热爱自己的亲人，不敢厌恶别人，尊敬自己的亲人，不敢怠慢别人。把热爱和尊敬全都用在侍奉亲人上，把光明施加在百姓身上，推广到普天下。这些就是天子的孝道啊！

紧接着，《吕氏春秋·慎大》记载一则故事：

周武王战胜商纣王，得到两个俘虏。周武王问："你们国家有妖怪吗？"一个俘虏回答说："我国有妖怪，白天看到星星而天下起了血雨，这是我国的妖怪。"另一俘虏回答说："这是妖怪，尽管这样，并不是大的妖怪。我国的妖怪，非常大的是儿子不听父亲的话，弟弟不听哥哥的话，国君的命令不能推行，这才是大妖怪啊。"武王离开坐席，向这个俘虏拜了两次，这不是敬重俘虏，而是敬重他的话。

这则故事告诉我们，在古代，孝、悌、忠是立国之本。而臣对君的忠又离不开孝，因为"忠臣必出于孝子之门"。

孝最基本的意义是对待父母要"爱、敬、忠、顺"，又引申为对祖先的感念。古人认为孝是"元德"，即道德的根源，《孝经·开宗明义》云："夫孝，德之本也，教之所由生也。"孝是道德的根本，是社会教化的源泉。古人认为对国家、社会、群体的"忠"要通过孝来培养，所谓"忠臣必出于孝子之门"，忠臣一定是出自孝子，曾子也说"未有君而忠臣可知者，孝子之谓也"，可以断定一个人会是忠臣，那是说的孝子。这里对君主的忠诚也就是对国家的忠诚。同样，忠于国家、忠于人民也要从孝来培养。孝亲敬老在当代仍有重要意义。自古以来，中国人就提倡孝老爱亲，倡导老吾老以及人之老、幼吾幼以及人之幼。我国已经进入老龄化社会。让老年人老有所养、老有所依、老有所乐、老有所安，关系社会和谐稳定。我们要在全社会大力提倡尊敬老人、关爱老人、赡养老人，大力发展老龄事业，让所有老年人都能有一个幸福美满的晚年。

一个人最早的善念起源于对父母的爱，孝是人道德意识的源头，孝道思想是儒家思想的根基所在。而儒家思想在历史上曾长期居于主导地位，所以，孝道思想也称得上中华文化的根基。正像中国人民大学肖群忠教授说的："孝是中华传统文化中的根本与命脉。"中国人从古至今最重"忠孝"。

儒家思想最重孝道，理论根基在于孝道。孟子说："尧舜之道，孝悌而已矣。"尧舜治理天下所遵循的根本道理，只不过就是孝敬父母、敬重兄长罢了。而孔子思想又是"祖述尧舜，宪章文武"，继承尧舜之道，取法于周文王、周武王。而周文王、周武王是最讲孝道仁爱的。"仁"是儒家思想的核心，而"仁"是以孝悌为基础的。《论语·学而》："孝悌也者，其为仁之本与？"孝敬父母、尊重兄长，难道不是践行仁德的根本吗？

儒家的"仁义"来自"孝悌"。孟子认为："仁之实，事亲是也；义之实，从兄是也。"（《孟子·离娄章句上》）仁的实质就是孝敬父母，义的实质就是顺从兄长。这可以理解为,从孝敬父母推衍开来就是仁,从敬重兄长推衍开来就是义。

一个人最先接触的是父母,跟父母最亲,所以人的恻隐仁爱之心是从对父母的眷爱开始的。人有了危险,首先想到的是天地、父母,会发自本能、不由自主地脱口而出"我的天呀""我的妈呀",正如《史记·屈原列传》所说:"夫天者,人之始也;父母者,人之本也。人穷则反本,故劳苦倦极,未尝不呼天也;疾痛惨怛,未尝不呼父母也。"人在困苦至极时就会追念本原,所以到了极度劳苦困倦的时候,没有不喊天的;遇到病痛或忧伤的时候,没有不呼父母的。父母身体是儿女身体之本,父母儿女间的慈孝之情是儿女的道德之本。

曾子在历史上以孝著称。他对中华孝道有重要的理论贡献,他作《孝经》,传世之作还有著名的"曾子孝四篇"(《大戴礼记》中的《曾子大孝》《曾子本孝》《曾子事父母》《曾子立孝》)等。曾子集孝道思想之大成,建

曾子像(收藏于台北"故宫博物院")

立了系统严密的孝理论体系。曾子还切实践行孝道,留下很多感人的孝行故事,深受孔子及后人的赞赏,历史上有人因仰慕曾子的孝行而改名为"曾",力行孝道。曾子的孝道独树一帜,是中华文化的奇葩,对后世产生了深远影响。

一、曾子论孝

曾子认为自己的孝道理论比较成熟了，便把弟子们召集来，一起分享、研讨孝道。

曾子首先说："弟子们，你们知道吗？孝包括三个层次：最大的孝是使父母受到尊敬，其次是不辱没父母的名声，最起码的孝是能够供养父母。"曾子解释说："孝敬父母起码要做到供养父母，一般百姓要尽力劳作，勤俭节约，宁可自己挨饿受冻，也要尽量让父母吃好穿好。另外还要好好做人，不做让父母蒙羞的事。你能德才兼备事业有成，世人就会因此而尊重你的父母，使父母荣耀。如果将来你们为当政者做事，就要忠心耿耿，告诉他仁爱民众的道理，敢于指出他的过失。如果当政者不听，那就离开他好了。决不能帮助他欺压百姓，要尽量给老百姓好处。这就是我说的大孝。"

这时，公明仪问曾子："先生，您对父母十分孝敬，大家有目共睹，您可以算得上孝了吧？"曾子谦虚地说："这是哪里话！这是哪里话！君子所说的孝啊，要察言观色，事先就能猜到父母的意愿，顺承父母的意愿行事，并让父母懂得为人处世的道理。我曾参，只不过是供养父母罢了，怎么能算得上孝呢？"

曾子解释说："只供养父母算不上孝，还要尽量满足父母合情合理的愿望，让他们愉快。对于父母的错误，要委婉劝谏，不盲目顺从，这才算得上孝啊。"

曾子停顿了一下，接着说："身体是父母给予的，用父母给予的身体去做事，能不恭敬认真吗？所以，举止不端庄，就是不孝；为当政者做事不忠诚，就是不孝；不敬业，就是不孝；对待朋友不诚信，就是不孝；参加战斗不勇敢，就是不孝。端庄、忠诚、敬业、诚信、勇敢这五点如果做不到，灾祸就会降临到自己身上，这样的话，谁还敢不重视孝！"

一位学生问："先生，您曾经说过，父母所爱的儿女也要爱，父母所敬的儿女也要敬，对于父母所喜爱的狗马都是这样，何况是父母所爱敬的人呢。那么父母最爱的是儿女，所以，做儿女的就要爱自己，这就是孝。爱自己，就要爱护好自己的身体和名誉，不让父母担心。要做到这些，必须遵守道德，比如忠诚、敬业、诚信、勇敢等，还要有智慧和才能。是这样吧，先生？"曾子点头赞扬："是啊，你理解得很深刻。"

曾子沉思片刻，接着说："因此，烹调鲜美的食物，品尝后奉献给父母，这不是孝，是供养。君子所说的孝，是让一国的人都称赞羡慕，说：'您真幸运啊！有这样好的孩子。'这就是所说的孝。"

一位学生接着说："先生，您这是给孝下定义啊。弟子知道评判孝的标准了：不管怎样，只要父母因你而荣耀，受到人们的尊敬，那你就是孝。口头上的孝不是孝，行动上的孝才是孝。"曾子点头赞许。

曾子接着说："民众应该受到的根本教化就是孝。给予父母衣食财物叫作供养。供养父母可以做到，但尊敬父母就难了；尊敬父母可以做到，但使父母安乐就难了；能使父母一时安乐可以做到，但长期使父母安乐就难了；长期使父母安乐能够做到，但父母去世后终生行孝就难了。父母已经去世，自己也慎重行事，不给父母留下坏名声，这就称得上终生行孝了。"

曾子稍稍停顿，继续说："我所说的终身行孝，不是终父母之身，而是终自己之身。"

一位学生恍然大悟，说："是啊，先生，这就是您平时经常告诉我们的，即使父母去世了，也要像父母还活着一样，爱惜好自己的身体和名誉，自己的德行要对得起去世的父母。正像您教导我们的：'父母虽已去世，做好事，想到会给父母带来好名声，就一定会去做；做坏事，想到会给父母带来羞辱，就一定会不做。'"曾子称赞道："说得好啊！"

曾子接着说："所谓仁，就是以奉行孝道为仁；所谓礼，就是以奉行孝道为礼；所谓义，就是以奉行孝道为义；所谓信，就是以奉行孝道为信；所谓强，就是以奉行孝道为强。安乐从顺行孝道而生，刑罚从违背孝道而起。"

这时，一位弟子说："依您说，一切好德行都是能够荣耀父母的，所以都是孝，一切不适宜的德行都是不孝，是这样吧？"曾子点头赞同。

弟子又说："做到了您所说的孝，肯定会是好人了。您的孝道真是'大道至简'，人人易学易行，我将来要用您的孝道去教化百姓，他们一定都会喜欢的！"曾子听了，点头微笑，说道："你悟得很好！孝，是为人处世的准则。孝，立置便顶天立地，横放便横盖四海，把孝延续到后世便没有一朝一夕不存在，推行到东海能够成为准则，推行到西海能够成为准则，推行到南海能够成为准则，推行到北海能够成为准则。《诗经·大雅》上说：'从西向东，从南向北，没有不想服从的。'就是说的这个道理。"

一位弟子说："孝道真是放之四海而皆准啊！舜当初不就是因为孝才被大家推选为天下之主的吗？"曾子点头赞许。

这时有弟子端茶奉上，曾子呷了一口，说："按人的地位来分，孝有三类：大孝是永无竭尽地孝敬父母，中孝是用功劳孝敬父母，小孝是用尽力气孝敬父母。天子广泛地教化百姓并使百姓富足，就能使父母永远受到尊敬和祭祀，就是永无竭尽地孝敬父母；诸侯、卿、大夫、士崇仁行义，就能建功立业使父母受到尊敬，就是用功劳孝敬父母；普通百姓孝敬父母不顾劳作之苦，就是尽力气孝敬父母。"端茶侍立的弟子听了，恍然大悟道："我明白了，人人尽力做好自己分内的事就是孝。"曾子说："是啊。另外，君主行孝，任用贤人，不敢把德高望重的三老作为臣下对待，而是尊为师长；卿大夫行孝呢，用正确的道理劝谏当政者；士人行孝，服从合乎道德的命令。"

曾子说："父母喜爱自己，愉快而永不忘记；父母讨厌自己，戒惧而不怨恨；父母有过错，要劝谏但不违抗。父母去世，要用正道得来的粮食祭祀，这样就称得上行礼终生了。"一位弟子说："您说过，劝谏但最终没劝动父母，父母的过错就像自己的行为，要为父母的过错担责，是吧？"曾子点头赞许。

曾子觉得乐正子春孝道学得最好，便让他做总结发言。乐正子春离开席子，面对曾子垂手恭立，说："先生的教导使弟子茅塞顿开。父母慈爱儿女，刻刻不息，子女孝敬父母，也当半步不忘。人生天地间，孝乃头等大事，不孝岂得为人？但凡做一事，必想到此事对父母有益吗，玷辱父母吗，不愧对父母吗，违背父母的意愿吗？每到一处，必想到此处可使父母为我放心吗？生活上的享受，必想到父母曾享受过吗？当饥寒困厄之时，必想到父母也是这样吗？时时处处如此在心，怎能还有不孝之行，又怎能不成为善良吉利之人呢？就像树枝，离了根干和土壤，就会自然枯槁，即使有和风甘雨，又岂能再受其滋润生养？孝就是根啊。"

曾子听了，说："很好！孝能给家庭带来吉祥，老师孔子说过：'对待老人不如对待小孩好，这是家中的不祥。'自己孝敬老人，孩子就会跟着学，将来孝敬你啊。对孝子的言行要大力宣扬,这样远近的人们都会亲近归附,这就是孝道的魅力。"

弟子们后来将这堂课的内容记载到《曾子大孝》篇里,流传至今。

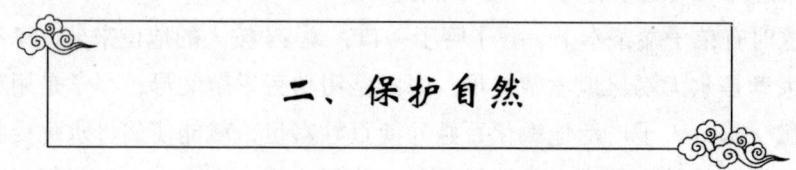

二、保护自然

春天来了,万物复苏,暖风习习,南武山上一片青绿。曾子带弟子们到南武山踏春,并开展现场教学。弟子们换上春装,兴致勃勃,一反以前在老师跟前的拘束,蹦蹦跳跳有说有笑,尽情赏玩美景。

曾子一边走,一边注意脚下,生怕踩着花草。他说:"大家要注意脚下,尽量不要踩着路边的花草。"弟子不解,问:"先生,小草为什么不能踩?"曾子说:"天地所生万物,都是平等一体的,都有其存在的道理。天无私覆,地无私载,天地公平对待万物。我们要像爱惜自己一样爱惜草木禽鱼啊。"

单居离听了,说:"先生从前教导我们要效法天地好生之德,仁爱世间万物。是这个意思吧?"曾子说:"是啊。我们首先仁爱的当然是亲人,然后再扩充到仁爱所有人以及世间万物。"弟子们听了,都像曾子一样注意脚下了。曾子看在眼里,喜在心上,说:"我师兄子羔品行端正,他对父母极为孝敬,为亲人守丧时,悲痛至极,整整三年,哭干了眼泪,而且不曾见他开口说一句话。他不但孝敬父母,还仁爱万物。不要说伤害什么了,就连什么的影子,他都从来不踩踏。到了惊蛰以后,动物开始复苏,他就不再捕杀任何禽兽。对于正在生长的植物,他从不折取哪怕一片叶子。"弟子们听了,纷纷赞叹。

曾子说:"草木正生长时不要攀折,虫兽春天刚苏醒时不要捕杀。所以砍伐树木、捕杀虫兽都要在适宜的时节。老师孔子说过:'不在适当时节哪怕砍伐一棵树、捕杀一只禽兽,这都是不孝。'杀牲畜不适当会累及亲人,我是相信的。这些大家能理解吗?"

弟子们纷纷陷入沉思。过了一会儿,公明仪开口道:"这是说,在生长

单居离像（选自清代《宗圣志》）

的时节伤害它们，违背了天地好生之德，违天不祥，这样做，破坏了天地自然的和谐，当然没有好结果。这样的事不仁不义，会使父母蒙羞，是不孝。"曾子欣然道："很好！"

"仁人君子不忍杀生。所以，按照古礼，只有为了贡献祭品，天子才可亲自杀牛，诸侯卿大夫才可亲自杀羊，士才可亲自杀猪。其他时候杀都是不孝，我是相信这个的。"曾子说，"你们还记得《周书》上的话吗？《周书》说，大禹的禁令：春天三月，山林就不能再见到斧头，以让草木旺盛生长；夏天三月，水流湖泽就不能再下网，以让鱼鳖顺利长大。大家还记得里革断网的故事吗？谁能给讲讲？"

"我来讲吧，"单居离说道，他平时喜欢探索天地阴阳之道，所以对这个故事印象深刻，他讲道：

鲁宣公夏天在泗水深处下网捕鱼，里革割断了他的网并丢弃了，说："古代大寒到来，土里的动物开始活动时，水务官员就开始使用渔网和竹笼，捕捉大鱼和其他水生动物，用来在寝庙祭祀祖先，并在全国推行这种做法，以帮助从地下宣泄阳气。鸟兽孕育的季节，水生动物长成，管理野生动物的官员开始禁止用网捕捉鸟兽，只允许用叉矛刺取鱼鳖以作美食，这是帮助生物繁衍。鸟兽长成，水生动物孕育的季节，水务官员开始禁止用网捕捉鸟兽,禁止用小鱼网,而是设置陷坑和笼子捕野兽,用来补充祭品和食品,而不捕小兽,等长大了再利用它们。并且在山上不砍伐幼林,沼泽里不割幼草,禁止捕捉小鱼和幼兽,捕鸟要保护鸟卵,捉虫不捉幼虫,这是为了使万物繁盛,这是古代的告诫啊。现在鱼刚刚开始孕育,就不等鱼长大,又用了渔网,真是欲壑难填啊。"鲁宣公听了,说:"我有过错而里革来匡正我,不也很好吗!这是好网,使我得到了要效法的道理。让管事的把它收藏好,使我不要忘了这次规劝。"师存在一旁陪侍,说:"收藏网不如把里革安排在您旁边,这样就更不会忘了。"

故事讲完了,曾子说:"讲得好!大家想想,古礼为什么这样规定?"曾子喜欢启发式教学,循循善诱。弟子们陷入沉思。过了一会儿,阳肤说:"您看我说得对不对。如果兵役、徭役避开农作季节,就会多产很多粮食,粮食会吃不完;如果不用密网到深水里捕鱼,留下小鱼小鳖,鱼鳖就会吃不光;如果按季节入山砍伐树木,留下还没成材的小树,木材就会用不尽,这样就能长远满足百姓生活需要,这样不是更好吗?"曾子说:"对,不可竭泽而渔啊。"

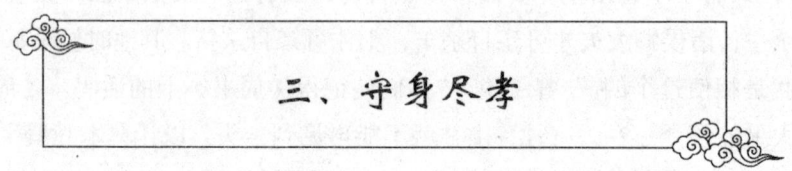

三、守身尽孝

曾子认为孝要从爱护好自己的身体和名誉开始。人都是父母所生,父母是根干,自己就是枝叶,本是休戚与共的一体,爱护自己,就是爱护父母,自己去世时,要将身体完好无损地交还给父母。

一天,曾子召集弟子,开始授课。曾子说:"今天来给大家谈谈我学习孝道的一点体会。你们都已经学习《孝经》了,应该记得其中老师孔子的一句话:'身体是父母给予的,所以不敢让身体受到毁伤,这是孝敬父母起码要做到的。'老师孔子还说:'人为万物之灵,是天地间最宝贵的,而人的德行,没有比孝再重要的。'天地生人,赋予人庄严的使命,我们幸为人类,就要无比珍惜身体，不使之受到损伤，用它去立身行道、建功立业，这样才对得起天地与父母啊。"

"可惜啊，"曾子感叹道，"好多人不懂这个道理，不知自爱，有的放纵欲望损害了身体；有的争强好胜，打架斗殴，损伤了身体；有的不守规矩，违犯礼法，受到刑罚，伤残了身体；更有甚者，有了不顺心的事，忘记了一切责任担当，寻短见自杀。这些做法让父母担心、蒙羞、悲伤，甚至使父母失去依靠，这都是不孝啊！"这时，弟子们看到曾子眼里泪光闪动。

曾子尽力克制自己。停了一会儿，缓缓说道："绝不能让以上情形发生在你们身上。孝子不登高峻之地，不处危险之地，不凭临深渊，不随便嬉笑，不随便说人坏话；在隐蔽之处不叫人，登高临下时不指点，以免使人困惑。这样就不会有过错。孝子要使坏话消亡、流言止息，多说赞美的话，不对人恶言相向，侮辱忿争的话自然不会涉及自己。孝子服事父母，随时等待召唤。孝子不心存侥幸做危险的事。要交往孝子，远离不孝的人。有使命外出，就要时刻牵挂父母，不冒险走险途隘巷，像这样爱护身体，是因为时刻不敢忘记双亲啊。"

停了一下，曾子说："要爱惜好自己的身体，更要珍惜自己的声誉。任何时候都要做君子，不可委屈自己的人格，这就是我说的守身。"弟子们认真听着，思考着。乐正子春说："您曾说，战斗不勇敢就是不孝。那么，在战斗中死伤，也是不孝吗？"曾子听了，微笑道："问得好！以前老师孔子说过，只要是正义的，敌人虽有千万人，我也要勇敢地冲上去。为正义的事业，为国家、民众的利益献出生命，无上光荣，这是父母的骄傲，是大孝啊。"

"我明白了，"一位弟子恍然大悟道，"如果父母有难，我们怎能为了爱惜身体而不救呢？孝子平时一毫不敢毁伤父母给予的身体，但到了要为正义献身的时候，赴汤蹈火在所不惜，更何况是救父母呢？"曾子赞道："悟得好！"

曾子略作思索，说："守身就是行孝。按照古礼，一个人遭受了严重的耻辱，四肢躯体受到毁伤，那么当政者就不任用他，官吏就不与他交往，祭祀时就不用他做代祖先受祭的人，不能吃祭祀祖先的牲肉，死后也不能葬入祖先的墓地。这等于开除族籍啊。"

曾子历来主张先行后言，做不到的事他从来不说。曾子时刻不忘守身以孝亲，终生战兢戒惧，生怕有失，直到生命最后一息。曾子七十岁时，重病卧床。曾子自觉将不久于人世，他如释重负，说："掀开被子看看我的脚，

宗圣启手足图（选自明代《宗圣志》）

看看我的手！《诗》中说：'小心谨慎，如临深渊，如履薄冰。'从今以后，我知道自己的身体不会被损伤了，弟子们！"不久，曾子就去世了。守身尽孝的信念支撑曾子走完了近乎完美的一生。

弟子们将曾子的教导铭记在心。请看故事：

曾子的弟子乐正子春继承师业，广收门徒。一次，乐正子春下台子时不小心伤了脚，伤好了，仍几个月不出门。他的弟子问："您脚伤好了，几个月不出门，还在忧愁，这是为什么呢？"乐正子春说："我从曾老师那里听到过孔子的一番话：'上天所化生的，大地所养育的，人是最伟大的。父母完整地生下儿女，儿女死时也要把身体完整地归还给父母，才可以说是孝；不伤害自己的身体，才可以称为完整啊。'所以君子即使走上半步也不敢忘记孝道。如今我忘记了孝道崴了脚，因此才忧愁啊。所以，君子每一抬脚、每一说话都不敢忘记父母。一抬脚都不敢忘记父母，所以走大路而不走小路，渡河乘船而不游水，不敢拿父母留给的身体去冒险。每一说话不敢忘记父母，所以不对别人说恶言，别人愤怒的话自然涉及不到自己。这样不给自己带来羞辱，才能不使父母担忧，就可称得上是孝了。"（《礼记·祭义》）

曾子的思想深刻影响了孟子。孟子说："事奉谁最重要？事奉父母最重要；守护什么最重要？守护好自身最重要。不失自己的人格操守而能事奉父母的，我听说过；失去自己的人格操守而能事奉好父母的，我从未听说过。

哪一位不需要我们事奉？事奉父母才是根本；哪样东西不需要守护？守护好自身才是根本。"(《孟子·离娄上》)是啊，损害了身体和声誉，使父母蒙羞，怎能是孝？

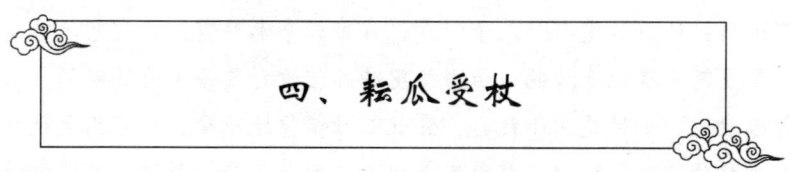

四、耘瓜受杖

曾子有一颗赤诚的孝心。曾子耘瓜受杖的故事最能反映这一点。《孔子家语》等记载了这则故事，大意是：

  暑夏时节，烈日炎炎。曾点家的瓜田刚浇过水没几天，就很快板结了。像往常一样，曾点招呼曾子下地干活："参儿，拿上锄头下地锄瓜去。"曾子听了，立即说："好的，父亲。"天太热了，正是"锄禾日当午，汗滴禾下土"。曾子以前很少锄瓜，这活儿干得不熟练，再加上头天晚上读书到深夜，只想瞌睡，魂不守舍。曾子一走神，不小心锄断了瓜根。曾子不禁叫道："坏了，锄断瓜根了！""啊？"曾点很吃惊，一看果然不假。太可惜了，庄稼人不能见这个。曾点大怒，吼道："锄瓜小事，尚且做不好，何况大事呢？参啊，你太让我失望了！我非打死你不可！"于是，曾点抡起旁边的一根木杖，没头没脑朝曾子后背打去。曾子"哎呀"一声昏倒在地。过了一会儿，还不见醒来。曾点慌了，赶紧俯身呼唤："参儿，参儿，快醒醒，快醒醒！是我不好啊，我太冲动了！"曾点痛悔不已，流下泪来。又过了会儿，曾子慢慢睁开眼睛。这时，他不顾身体的剧痛，立刻站起来，急忙靠近父亲，还没等父亲开口，就说："刚才，孩儿得罪了您，您那么用力教训我，没伤着吧？"曾点见曾子苏醒过来，大喜过望，破涕为笑，说："参儿，这是哪里话！唉！都怪我，你不碍事吧？"曾子说："父亲放心，孩儿没事。"曾子竭力强忍着疼痛，装着像没事一样。回到家，曾子来到自己的房间，弹琴唱歌，就是想让父亲听到，知道自己身体没事。

  这件事很快被人们知道了，纷纷传扬开来，终于传到孔子那里。孔子很生气,告诉弟子们说:"如果曾参来,不要接纳他!"曾子听说老师对这事的态度,一时丈二和尚摸不着头脑,十分惊愕,心想:"我没有什么过错啊?老师为什么这样呢?"曾子不敢亲自去见孔子,于是就托人到孔子那里,先探探老师的想法。那人见了孔子,小心翼翼地说:"先生,曾子到底错在哪里啊?您竟发这么大脾气?"孔子说:"你没听说过吗?从前瞽叟有个儿子叫舜,舜当时事奉瞽叟,瞽叟想使唤舜,舜从来没有不在他身边的;但当瞽叟四处搜索舜要杀害他的时候,从来不曾逮住他。如果是用小杖打,舜就心甘情愿地承受,如果用大杖打,舜就会赶紧逃脱。所以,瞽叟不会犯下不配做父亲的罪过,而舜也没有失去对父亲的浓浓孝意。而现在曾参事奉父亲,干等着父亲暴打自己,不知躲避,假如被打死了,会陷父亲于不义之地,还有比这更不孝的吗?你不是天子的百姓吗?杀害天子的百姓,该定什么样的罪呢?"

那人回来将孔子的话告诉曾子。曾子恍然大悟,说:"我曾参的罪

耘瓜受杖图(选自清代《宗圣志》)

过太大了!"于是,曾子立刻起身,到孔子那里承认错误。孔子对曾子语重心长地说:"人谁无错?改了就好。你知道从前晋国太子申生的故事吗?晋献公的妃子骊姬阴谋陷害他,他父亲晋献公要处死他,他本可以向父亲辩解,揭露事实,也可以逃亡。可他最终竟一句话没说,认为顺从父亲就是孝,结果,他自杀了。他对父亲顺从而不争,使坏人得势,祸国殃民。他这种对父亲的恭顺,是大不孝啊!"

这则故事流传很广,它告诉人们孝敬父母要理性,有时虽然孝心可嘉,行孝的方法不当却事与愿违。做事情既要有热情,还要按规律办事,才能达到理想效果。孔子曾经说"参也鲁"(《论语》),说曾子有些鲁钝,有可能就是根据这则故事说的。曾子是一位闻过则喜、知错就改的人,所以,发生这件事以后,曾子总结教训,从此非常注重对父母的过错进行劝谏。

这则故事中曾子表现虽不佳,但也让我们看到了他赤诚的孝心。没有热情就难以成事。孝心就是行孝的热情,缺少不得。有些人孝敬父母是硬着头皮在做,是碍于外界舆论,而不是发自真心。这些人往往是整天想着如何升官发财,不知道感恩父母,对老而无用的父母打心里吝于付出,这怎么能孝敬好父母?而曾子恰恰相反,他把孝敬父母作为最快乐的事,所以行孝自觉自愿,永无厌烦。就像舜,《孟子》记载,什么都不能让舜真正快乐,哪怕是登上了帝位的宝座。而真正能给舜带来快乐的,是孝于父母。这是超越了功利境界的孝。

这则故事发生时曾子年龄应该还小,曾子还不大懂孝道,只有一颗赤诚的孝心,只知道凡事顺着父母,不惹他们生气。所以,曾子受杖时,也是一味顺着父母,认为这样父母才满意,才是孝顺,殊不知,一旦自己被打坏,就是陷父亲于不仁不义之地,反而成了大不孝。曾子孝心可嘉,只是由于不懂孝道,反而把事情做坏了。

耘瓜受杖这件事,教训深刻,曾子领悟到孝敬父母只有孝心是不够的,还必须懂得孝道,按孝道行事。曾子决心学通孝道,经常请教孔子,悉心钻研。孔子虽认为曾子在耘瓜受杖中表现鲁钝,但同时也看到了曾子的孝心难能可贵,认为有这样的孝心就会有学习钻研孝道的热情,就一定能学通。所以,孔子将孝道毫无保留地传授给了曾子,曾子果然学通了,作了《孝经》。曾子还在《孝经》基础上作"曾子孝四篇"(今《大戴礼记》中的《曾子本孝》《曾子立孝》《曾子大孝》《曾子事父母》)等,发展了孝道,成为孝理论的集大成者。

孝敬父母,必须既有孝心又懂孝道。父母给予我们生命,养育我们成人，世间恩重莫过父母，"受人滴水之恩当以涌泉相报"，父母的恩情我们是报答不尽的，我们对父母又有什么不可付出的呢？有了曾子这样的孝心，才会真正做到孝敬父母，即使父母久病卧床，也定会心甘情愿悉心照料，永不厌烦，而不是"百日床前无孝子"。

对于孝敬父母，曾子说："供养父母可以做到，但尊敬父母就难了；尊敬父母可以做到，但使父母安乐就难了；能使父母一时安乐可以做到，但长时间使父母安乐就难了；长时间使父母安乐也能够做到，但父母去世后终生行孝就难了。父母去世后，自己也要慎重行事，不给父母留下坏名声，可称得上终生行孝了。"（《大戴礼记·曾子大孝》）这所有方面，曾子其实都做到了，就是因为曾子既有赤诚的孝心，又懂孝道。

这则故事还从另一角度反映了曾子的大孝，就是在父亲的教训下仍能孝敬不衰。曾子做到了这样的孝，大舜也做到了，他们因此被后人赞颂。来看舜"孝感动天"的故事：

舜的父亲、后母、弟弟曾经多次想杀害大舜，都被大舜巧妙地躲过了。父亲对大舜打骂更是家常便饭，但舜是一个机智的人，父亲用得着自己的时候，他总会在父亲身边；而对于父亲的责打，则是用小杖时就承受，用大杖时就溜走。父母、弟弟对舜如此虐待，舜仍旧孝敬父母、友爱弟弟。舜以自己的仁孝、友爱保持着家庭的和睦，最终父母、弟弟也被舜的做法感化了，改正了错误。舜的孝友德行传扬开来，人们认为舜有大德，能够维护好这样一个特殊的家庭，就一定会治理好国家，施仁于民众。所以舜被大家推选为尧的继承人，尧经过对舜实际工作的考察，最终将帝位禅让给了他。舜果然不负众望，成为一代明君。（这则故事被后世列为"二十四孝"之首）

五、躬耕孝亲

在曾子看来，天下最重要的事莫过于孝敬父母，这也是古代中国人的普遍观念。曾子对父母的孝是方方面面的。最起码的是要照顾好父母的衣食起居，这对于富裕的家庭来说算不了什么，对于曾子来说却不容易做到。曾子面对当时统治者无道的现实，不愿远离父母出仕做官为权贵们卖命，宁肯亲自耕作来养活父母。虽然清贫，但曾子怡然自乐。曾子从小参加体力劳动，学会了锄地、打柴等各种农活，他还动员家人、弟子们一起劳动，唯独对年迈的父母除外。但有时父母主动提出干点活，曾子也答应，父母开心就好。

曾子从小学习刻苦，勤劳懂事。当曾子十六七岁时，曾点觉得曾子参加劳动虽能帮助家庭，但从长远来看，曾子正是求学上进的时候，不能只顾眼前利益而耽误了学业前程。于是，曾点下决心，不远千里，跋山涉水，将曾子送到当时在楚国的孔子身边，拜孔子为师，接受更好的教育。

曾子跟随孔子，一晃十几年过去了，曾子已成为饱学之士，不少大国想聘请他去做高官，但都被他谢绝了。曾子最放心不下的是日益年迈的父母，他们在南武城，生活得怎么样呢？一天，天还没亮曾子就起床了，像往常一样，对父母的思念之情油然而生。曾子自言自语道："曾参呀曾参，你真不够资格做儿子！父母都六七十岁了，你却不能在家尽孝。曾参啊，尽管农忙时节你也总是回家劳动，可平时照应庄稼可都是年迈的父母啊，他们能照顾好自己吗？再说，老人一旦有个三长两短，后悔莫及啊。"说着说着，就流下泪来。于是，曾子没像往常那样晨读，而是拿过琴来，一边鼓琴，一边吟唱："年岁一去不复返，孝敬父母要及时，错过时机空后悔，痛哭流涕我心悲！快快回家勤劳作，父母一旦离你去，大获丰收不能享，粮果再多有何用？学习大舜孝父母，他曾躬耕历山下。啊！巍峨险峻历山耸，仿佛就在我眼前！"

放下琴，曾子这次下定了决心，辞别了孔子和同学们，毅然踏上了回家的路。他又拿起了农具，躬耕在南武山下。

后来，曾子将那天早晨自己创作弹唱的曲子、歌词记录下来，教授给弟子、儿孙。这首曲子就是《曾子归耕》，大受世人喜爱，流传广远，成了传世名曲。三国时文学家蔡邕在其著作《琴操》中记录了这首曲子的由来及歌词。

另外，《琴操·梁山操》中说，《梁山操》是曾子创作的：

曾子青少年时期，很有仁爱之心，发自内心地孝敬父母，仿佛天性一般。后来曾子拜师孔子，在孔子那里有很好的声誉。曾子洁身自好，不愿与当权者合作共事，所以平时居家，甘愿过清贫的生活，亲自参加农业劳动,勤奋耕作以孝父母。曾子因地制宜,根据不同的地块,栽培、种植不同的瓜果、作物。山地种果树,台地种瓜,好浇灌的土地种菜,大田地种谷物。曾子还因时制宜,不同的季节种植不同的瓜果、作物,比如春天有李子,夏天有桃子、核桃、甜瓜,秋天有苹果、枣子。蔬菜更是四季不断,花样翻新。曾子还种植了各种杂粮。这样,就可以保证父母生活多样化,不断供给父母爱吃的食品。曾子曾经亲自耕作于泰山之下,有一次遇到了连阴大雨,雨又转成雪,天寒地冻,整整一个月不能回家。曾子挂念父母,心中忧虑,寝食难安,于是创作了歌曲吟唱以表达心意,这就是《梁山操》。

雨雪躬耕图(选自清代《宗圣志》)

曾子在乐曲里抒发的是对父母的思念、敬爱之情,发出了人们的共同心声,所以历来深受欢迎,成为传世名曲。

中国以孝悌为主题的诗歌,从现存文献看,最早可追溯到《诗经》。《诗经》中的诗歌本是配乐咏唱的。《诗经·小雅·蓼莪》就是一首表达感恩父母的诗歌,反复咏叹了父母养育子女的艰辛:"哀哀父母,生我劬劳",可怜的父母亲啊!为了生养我受尽劳苦;"欲报之德,昊天罔极",想报父母大恩德,老天降祸难预测。这是说尽孝要及时,天有不测风云,人有旦夕祸福,说不定哪天父母就离我们而去了,想孝敬也来不及了。

《魏风·陟岵》是《诗经》中抒发戍边战士思念父母、兄长之情的诗歌。首句说:"陟彼岵兮,瞻望父兮。父曰:嗟!予子行役,夙夜无已。上慎旃哉!犹来无止!"我登上那草木繁茂的高山,向老父亲所在的故乡眺望。我仿佛听到父亲一声叹息:唉!苦命的儿服役在远方,昼夜操劳没有休息的空当;还是小心保重自己身体吧,盼你早回来不要留恋他乡!

曾子的乐曲创作继承了《诗经》讴歌母爱、颂扬孝道的传统。我们最该感念、最该讴歌的是父母,这本应是文艺创作的主题,中国早就有这样的优良传统。而西方的文学艺术作品,往往以男女爱情为主题,这与我们的传统不同。讴歌父母、孝道比讴歌爱情更为道德理性,能更好地发挥文艺的教化功能。春节联欢晚会一首《常回家看看》,唱出了无数中国人的心声,已成为传唱不衰的经典。

凭曾子的德才,只要肯为权贵们做事,荣华富贵唾手可得。史料记载,晋、楚、齐这样的大国都曾想聘曾子为卿相,但都被曾子推辞了。《孔子家语》记载,齐国国君曾经聘请曾子为下卿,这可是高官,但曾子推辞了,说:"我父母年迈,拿人家的俸禄就要操心忧虑人家的事,所以我不忍心远离父母而为别人所役使。"这里曾子表现了高尚的人格节操,绝不当统治者的奴才。帮助统治者剥削压迫民众,这不是曾子的理想,曾子"仁以为己任",施行造福广大民众的仁政才是他的理想。在曾子看来,与其被权贵役使而享富贵,不如自食其力养活父母。曾子长期生活在民间,亲自参加劳动,深知民间疾苦,同情热爱劳动人民,有着鲜明的民众立场。《孔子家语》记载,曾子穿着破烂的衣服耕种,鲁国国君知道了,要送给曾子一处采邑,让他用采邑的赋税收入来改善生活,做件新衣裳。这如果是一般人,还不感激涕零?而曾子却坚决推辞,说:"接受别人施舍常常会畏惧别人,施舍给别人的,常对被施舍者傲慢。纵使国君不对我傲慢,我能不担心害怕吗?"孔子知道了,说:"曾参的话,足以能够保全他的节操了。"

这则故事告诉我们,要见利思义,自力更生,挣干净钱,不走歪门邪道升官发财。曾子用干干净净的收入养活父母,父母去世后,曾子用"仁者之粟"(《礼记·祭义》)即好人的祭品祭祀父母。曾子对不义之财是分毫不取的。

六、薄禄孝亲

曾子也有过从政的经历。古人赡养父母，平民要靠亲自劳作，士大夫阶层要靠俸禄。以俸禄养亲要把握什么原则呢？要"家贫亲老，不择官而仕"，家贫无以养父母时，就要赶紧就职取得俸禄而顾不得选择职位。请看曾子薄禄孝亲的故事：

曾子曾在小国莒国为官，俸禄是"粟三秉"，很微薄。但这个时候，曾子却没觉得少，对这个俸禄看得很重，对于自己的面子却有些顾不

吏禄娱亲图（选自清代《宗圣志》）

得。凭曾子的德才,这样的微官薄禄,确实对不起曾子。但虽官微禄薄,却足以养亲,解决了大问题,所以曾子接受了。而当父母去世后,齐国接他去做国相,楚国接他去做令尹,晋国接他去做上卿,都是驷马高车,辉煌炫耀,对曾子给足了面子。但这个时候,曾子看重自己的人格节操,而蔑视高官厚禄,坚决推辞了。曾子不需要那份虚荣,坚决不与无道的统治者同流合污。(《韩诗外传》)

《韩诗外传》中还有一则故事:

> 父母去世后,曾子曾经在楚国得了高官,住着轩敞华丽的房子,供乘坐的车子有百辆,但曾子还是面向北方哭泣,不是因为贫贱,而是因为再也不能孝顺父母了。

尊官悲泣图(选自清代《宗圣志》)

这则故事与上一则明显抵牾,这则故事应该是寓言,借以说明一个道理,未必真实。子路"百里负米"的故事,与这则故事很相似,也说子路曾在楚国享有高官厚禄，难道曾子、子路都曾在楚国为高官吗？请看故事：

子路见了孔子说："负重涉远，顾不得选择好地方就要休息，家贫父母年迈，顾不得选择俸禄厚薄就要出仕做官。从前我侍奉双亲的时候，常常吃野菜，从百里外背着米回家以养双亲。双亲去世后，我到了楚国为官，跟随我的车有一百辆，积累的粟米有近万钟，坐的地方铺着多重地毯，吃饭时排列着鼎在饭桌上，我想再吃野菜为双亲从百里外背米也不可能了。穿在绳子上的干鱼，很快就会生虫，双亲的寿命，就像骏马跃过缝隙一样短暂。"孔子说："仲由（子路）侍奉双亲可称得上'双亲活着就尽力，去世就尽思'了。"（《孔子家语》）

对于这类故事，《韩诗外传》评价道："爱财宝而对治国理政很糊涂的，不可跟他谈仁爱；自己窘迫了从而对父母刻薄的，不可跟他谈孝；肩扛重担行远路的，顾不得挑拣合适的地方就休息；家中贫困父母年老的，顾不得挑拣工作职位。所以君子穿着旧鞋子和破布袄，行色匆匆，抓紧赶路，是急着先去做好当前最要紧的事。"

古人最重人格，人格高于生命。而当父母吃不上饭时，哪怕丧失人格也要孝养父母。乞讨养亲不是耻辱而是光荣，甚至为了养活父母，不得已而偷盗，朝廷、官府也不会治罪。这种态度和做法在现代社会当然是不可取的。

为什么这样呢？在古代，统治者将孝道作为维护统治秩序的根基。统治者要通过孝道来培养不犯上作乱的顺民，《论语》上说："孝敬父母尊重兄长而喜欢犯上的人，太少了；不喜欢犯上，而喜欢作乱的人，从来没有过。"统治者还要通过孝道来培养、选拔对自己忠诚的臣子，因为他们认为"忠臣必出于孝子之门"。所以不孝自商、周以来就是最严重的罪行。商汤王规定"刑三百，罪莫重于不孝"（《吕氏春秋·孝行览》），没有比不孝再重的罪。周公告诫康叔说："元恶大憝，矧惟不孝不友……天惟与我民彝大泯乱。曰：乃其速由文王作罚，刑兹无赦。"（《尚书·康诰》）不孝便是罪大恶极，因为它扰乱了统治秩序，因此应当根据文王之法严加惩罚。周代大司徒之职："以乡八刑纠万民，一曰不孝之刑。"（《周礼·地官》）用乡里的八种刑罚来纠正百姓的行为，第一个就是惩治不孝的刑罚。"五刑之属三千，罪莫大于不孝。"（《孝经》）没有比不孝再严重的罪行了。而孝就成了最高尚的德行，"人之行莫大于孝"（《同上》）。

"移孝作忠"的道理启示我们，当下培养忠于党、忠于国家、忠于人民的好党员、好干部、好公民，同样要注重借助孝道。

七、及时行孝

及时行孝是中华孝道的重要内容，曾子特别重视这一点，直到他生命弥留之际，仍告诫子孙行孝要及时。《大戴礼记·曾子疾病》载：

曾子病重之际，对子孙说："父母不喜欢自己，就不敢与外人交朋友，亲近的人与自己不友爱，就不敢寻求疏远的人相友爱；小事情没有弄明白，就不敢谈论大事情。人的一生，有生病的时候，有年幼的时候，有年老的时候，所以君子要想到那些无法挽回的事情而先去做。父母去世后，你想行孝，还有父母让你孝顺吗？自己年纪大了，虽然想对兄长敬爱，还有兄长让你敬爱吗？所以孝顺父母和敬爱兄长都有来不及的时候，大概说的就是这个吧！"

曾子是这样说的，更是这样做的。父母年老时，曾子推辞了大国高官厚禄的聘请，在家尽孝。《韩诗外传》记载了曾子"尊官而泣"的故事：

曾子说，父母死后是不会活转来的，年龄到了尽头是不能再增添的。因此，错过了时间，孝子就是想孝敬父母，父母却不能等待；树木就是想长直，时节却不能等待。所以，杀牛去祭祀父母的坟墓，还不如趁父母活着时杀鸡杀猪给他们吃呢。曾子说，他在齐国做小官的时候，俸禄十分微薄，可他还是非常快乐，为什么呢？这是因为俸禄虽薄，但能够让父母享用。父母去世以后，曾子曾经出游到南方富强的楚国，得了高官厚禄，住的房子高大宽敞，供乘坐的车子有百辆，但曾子还是面向北方哭泣，这当然不是因为贫贱，而是因为再也不能用这样的待遇、俸禄孝敬父母了。所以，家庭贫穷而父母年老，做官就不能挑选官位。如果只求实现自己的志向而忽视了父母，就是不孝。

用绳子串起来的枯鱼，能用多长时间不生虫？双亲的年寿，就像骏马跃过缝隙,一闪即逝。贤能志士想去做名扬天下的大事,而双亲却等不到了。所以为了孝敬父母,就要暂且降低自己的追求,以顾现实。就像《诗经·小雅·祈父》中,戍边战士对统治者发出的呐喊:"家有老母无人养,为何让我去戍边!"

《诗经》中的这句诗,是周王朝的王都卫士,由于戍边,家中老母无人奉养而抒发的对统治者的怨恨。这反映了当时统治者压迫民众的现实。

曾子说:"杀牛去祭祀父母的坟墓,还不如父母活着的时候杀鸡杀猪给他们吃呢(椎牛而祭墓,不如鸡豚逮亲存也)。"人生无常,生死只在呼吸间,说不定哪天父母就离我们而去了。年迈父母的生命,如风中之烛,随时有熄灭的可能。所以孝敬父母就要从现在做起,等不得!多少人因没有及时行孝而遗恨终生!

中国有句古话:"树欲静而风不止,子欲养而亲不待",树想静下来,而风却吹个不止;子女想孝敬父母,而亲人却已离世。后来发展为成语"风木之思",是说尽孝要及时,不要等到父母去世后徒留悔恨。这句话的最早出处是《孔子家语·致思》,这里有一则著名的故事:

  孔子到齐国去,半路上听到哭泣的声音,非常悲哀。孔子对驾车的仆人说:"这个哭声悲哀倒是悲哀,然而不像丧亲的悲哀啊。"于是驾车到了那人跟前,又稍稍前进了些,看到有位奇怪的人,手拿着一把镰刀,带着绳索,哭个不停。孔子下了车,追上他问道:"您是谁啊?"那人回答说:"我是丘吾子。"孔子说:"您现在所在的不是丧葬亲人的地方,为什么哭得这么悲伤呢?"丘吾子说:"我有三个过失,到了晚年了自己才觉悟到,真是后悔莫及啊。"孔子说:"您的三个过失可以说给我听听吗?希望您告诉我,不要有所隐瞒。"丘吾子说:"我少年时很好学,游学天下,后来回到家,而我的父母已经去世了,没能尽孝,这是一个过失啊;等我长大了,事奉齐国君主,君主骄奢,不把他人看在眼里,失去了正确对待士人的礼节,我做了他的臣子,失去了人格节操,这是第二个过失啊;我平生交情很厚的朋友,到如今都离我而去,不再来往了,这是第三个过失啊。树想静下来而风吹不止,子女想孝敬父母而他们却离世了。过去就不再回来的是人的年龄;不可能再看到的是逝去的亲人啊。让我现在就辞别人世吧!"说着,就投水自尽了。孔子惋惜地说:"弟子们记住啊,这足以作为鉴戒了!"从那以后,弟子们辞别孔子回家孝敬父母的有十三位。

《琴操》记载的"曾子归耕"故事,说曾子事奉孔子十多年后归耕养亲。曾子很可能就是在听了孔子讲的这则故事后归耕的,正好在那十三位归养弟子之列。学业重要,但孝敬父母更重要。孔子说:"行有余力则以学文。"是说要在分内事做好尚有余力的情况下再读书学习。

八、辞绝吴起

曾子一向看不起为了个人奋斗而不顾父母的人,曾子的儿子曾申在父亲的影响下同样如此。《史记·孙子吴起列传》记载的"辞绝吴起"故事,大意是:

> 吴起是卫国人,喜欢用兵。曾经学于曾申,效力于鲁国国君。齐国攻打鲁国,鲁国想拜吴起为将。吴起娶齐国女子为妻,而鲁国怀疑吴起会暗通齐国。吴起为了名利,于是就杀了妻子,以表明不支持齐国。鲁国最后拜吴起为将,带兵大破齐国。
>
> 鲁国有人说吴起坏话:"吴起为人猜疑残忍。他年轻时,家中富有千金,他外出求官没有成功,而家产差不多败光了。乡里的人因此嘲笑他。吴起杀害了嘲笑他的竟达30多人,然后逃出卫国都城的外城门。奔逃前与母亲诀别,咬破手臂盟誓说:'我如果做不到卿相的位置,就永远不再进入卫国!'于是吴起去拜师曾申。过了不久,吴起母亲去世了,而他却不回家奔丧。曾申看不起吴起的做法,便与他断绝了师生关系。吴起到了鲁国都城,鲁国国君怀疑他,吴起便杀妻以求拜将。鲁是小国,而有打胜仗的名声,那么诸侯国就要图谋攻打鲁国了。"鲁国国君开始怀疑吴起的作为,便解除了他的职务。
>
> 后来,吴起又到了魏国、楚国,都受到礼遇,果然做到了卿相高官,功勋卓著。在楚国时,他辅佐楚悼王主持变法。但因变法得罪了守旧贵族,惨遭杀害。

吴起还著《吴子兵法》一书传世，在历史上与兵圣孙武并称"孙吴"，成为中国历史上了不起的军事家、政治家、改革家。

《史记》称吴起学于"曾子"。有学者说，这里的"曾子"应该是曾申，这是很有见地的。因为吴起生于公元前440年，而曾子去世于公元前436年，也就是说，曾子去世的时候，吴起刚刚5岁，所以曾子不可能成为吴起的老师。曾申在历史上赫赫有名，《礼记》中就称曾申为"曾子"，《礼记·檀弓上》记载："穆公的母亲去世，派人问曾子：'怎么办好呢？'回答说：'我曾申听父亲说……'"这里的"曾子"显然就是曾申。

曾子对于奔父母之丧极为重视。《礼记·曾子问》是一部通过曾子提问、孔子作答而形成的作品。《曾子问》中关于奔丧，孔子引用老子的话教导曾子说："老聃曰……见星而行者，唯罪人与奔父母之丧者乎！"老子说，天晚星星出来了，还要不停奔走的，只有押解罪人和奔父母之丧这两种情况

曾申像（选自清代《宗圣志》）

啊！关于出使等情况，按照礼制的规定，晚上星星出来了就要休息，奔父母之丧却例外，要不分白天黑夜不停奔驰。这是合乎情理的，表达了子女奔丧迫切、悲痛的心情。奔父母之丧是最迫切的事，而吴起不奔丧，曾子、曾申对这种做法是不能容忍的。

为了公众利益舍小家顾大家不奔父母之丧，是大孝。但为了个人名利不奔父母之丧则是缺乏人性，这是非常可怕的，请看春秋时期卫懿公的儿子开方的故事：

> 开方被父亲派到齐国做人质，而他竟然靠着自己察言观色、投齐桓公所好的伎俩，得到了齐桓公的宠幸。他小心谨慎地事奉齐桓公十五年，其间竟没有回过家，父母去世他也不奔丧。辅佐齐桓公取得霸业的管仲，临去世时，齐桓公问他对国事还有什么交代，管仲就提到开方，说，人都是热爱自己父母的啊，而开方在父母去世时也不悲伤，可见他缺乏人性，这非常可怕，他事奉您看上去忠心耿耿，其实都是假的，是对您有所图谋，您一定要警惕啊。齐桓公并没有采纳管仲的建议，结果，开方与另外几个奸臣易牙、竖刁等掌权。后来齐桓公病重，易牙、竖刁、卫开方等人，将齐桓公禁锢在宫中，齐桓公被活活饿死了。桓公的尸体在床上67天，蛆虫爬出了门外，都没有人敢来收葬。(《史记》)

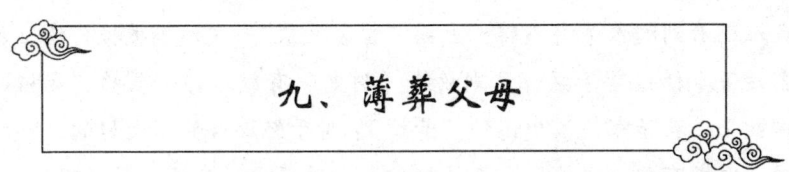

九、薄葬父母

曾子极为孝敬，在父母丧葬上一定不惜花费吧？事实恰恰相反，曾子在父母丧葬上十分节俭。曾子说："椎牛而祭墓，不如鸡豚逮亲存也。"宰牛来祭祀父母的坟墓，还不如趁父母在世时杀鸡杀猪给他们吃呢。曾子是这样说的，更是这样做的。曾子堪称厚养薄葬的典范，有以下几则故事为证：

曾子平时生活节俭。他的弟子公明宣曾说，曾子平时接待宾客，恭敬俭约而不怠慢(《说苑·反质》)。

曾子对于虚无缥缈的鬼神之事几乎从不谈论，偶尔论及"神灵"，也绝非现在所说的"鬼神"。曾子曾对弟子单居离说过:"阳之精气曰神,阴之精气曰灵"(《大戴礼记·曾子天圆》),事物都有阴阳两方面,阳的精华是"神",阴的精华是"灵"。可见,曾子所说的"神灵"充满了唯物主义色彩,绝非人格神。曾子生活节俭,而且不迷信鬼神,加之家庭并不富裕,所以,曾子在父母的丧葬上从俭办理,也就在情理之中了。

父亲曾点去世,曾子悲痛欲绝。但他并没有厚葬父亲,没有给父亲筑高大的坟墓。棺木也很平常,随葬品也很少。但人们并没有因为这件事而认为曾子不孝。到了东汉,王符仍对曾子俭葬父亲表示赞赏,其所著《潜夫论·浮侈》中说:"今按鄗、毕之郊,文、武之陵,南城之垒,曾晳之冢。周公非不忠也,曾子非不孝也,以为褒君显父,不在聚财;扬名显祖,不在车马。"是说,现在看到鄗京郊区的毕原有周文王、周武王的陵墓,南武城有曾晳的坟墓,都不高大。但这并不是说周文王的儿子周公不忠,曾晳的儿子曾参不孝,他们认为:褒扬尊显君父,不在于聚财筑陵墓;使祖先尊显扬名,也不在于多用车马殉葬。

子孙对曾子的丧葬也很俭朴,这应该是继承了曾子的作风。曾子当时的春秋时期,一般要在西墙下垒灶烧洗尸水,而曾子的洗尸水是在厨房烧的(《礼记·檀弓上》)。这显然是为了节俭,不用再起炉灶。

明代成化初年,一位打鱼人陷入一洞穴。打鱼人很吃惊,仔细一看,原来是一古代墓穴,里面有棺木。墓穴没有墓道,是悬棺葬法。打鱼人还看到棺木旁有石碑,上刻"曾参之墓"。这件事被报告给了朝廷,朝廷下令修缮曾子墓。这则故事《明史》有载。曾子墓的"悬棺",应该就是《孔子家语》中说的"悬棺":对于经济条件不大好的,"悬棺而封,人岂有非之者哉!"直接把棺木放进墓穴,有谁会笑话呢!《读礼通考·薄葬》:"古人悬棺而葬,不为地道。"悬棺,就是不挖墓道,而直接把棺木放入墓穴的俭葬。朱熹去世后就是这种"悬棺"葬法。

古代有识之士都是倡导薄葬的。孔子旗帜鲜明地反对厚葬,《孔子家语》记载,孔子教导弟子说,丧礼与其悲哀不足而礼仪过分,还不如礼仪不足而哀伤过分;祭奠与其恭敬不足而礼仪过分,还不如礼仪不足而恭敬过分。孔子讲过一则亲见的薄葬故事:

《礼记·檀弓下》记载,吴国贤人延陵季子出使大国,到了齐国。在他返回的路上,他的长子死在了嬴、博之间的地方。孔子知道了,说："延陵季子是吴国精通礼仪的人，我应该前往观看他怎样丧葬儿子。"孔子看到，季子收敛儿子，儿子穿的不过是平时的衣服而已。其墓穴很浅，仅能掩盖棺木，深度不致有地下水。其随葬品没有他人赠送的冥器。葬了以后，其封土方圆仅能掩盖墓穴，坟头很小，用胳膊肘就能把它遮挡住。封土后，季子就围着坟头左右来回走动，仅呼号三句话："骨肉归于土地这是命啊，魂气则无所不到，无所不到啊！"然后季子就走了。孔子观看后说："延陵季子对于礼仪，是遵循古礼的。"

古代重视长子，所以一般长子的丧葬就比较隆重。而延陵季子即使对于长子，其丧葬也不过如此而已。《周易》上说，古代的丧葬，用厚厚的材薪为尸衣，葬在野外，不起坟头不栽树木。就这么简单。荀子说："在上古时期，都是薄葬，棺材三寸厚，衣被也很简单。"（《荀子》）汉代王充《论衡·薄葬》："贤圣之业，皆以薄葬省用为务。"

孔子主张，家庭富裕了也不要厚葬，他说："有也则无过礼。"（《孔子家语》）家庭条件好的，也不要超过礼制的规定。同样道理，我们现在富裕了，也要像孔子说的，遵守关于厚养薄葬的各项规章制度。《论语》记载，孔子的高徒、精通礼仪的子游说："丧致乎哀而止"，丧礼尽了悲哀之情就可以了，不需要什么仪节、花费。与儒家同为显学的墨家学派更是反对"厚葬久丧"，主张丧葬要节俭，要把丧期缩短。

唐代名相宋璟说薄葬是"至孝要道"，是孝敬父母最重要的，因为节俭是美德，奢侈是罪恶。

时下通行丧葬随份子现象，这在古代是不提倡的。随份子的习俗春秋时期以前就有，但最早不是随份子钱，是随布帛、车马这样的丧葬品，后来也有随钱的，但都是帮助办丧事用，绝不像现在流行的借机敛财。能办得起丧事的人家也收份子钱，就失去了随份子的最初意义，所以要革除这种陈规陋习。古人在这方面为我们做出了榜样，《礼记·檀弓上》载：

> 子柳的母亲去世，安葬后，子柳的弟弟子硕想用亲朋们凑的办丧事没用了的份子钱，来置办祭祀用的器具。子柳说："不行，我听说，君子不利用丧事敛财发家，请将剩余的份子钱分给贫困的兄弟们吧。"《礼记·檀弓上》还记载，办理鲁国大夫孟献子的丧事，办理丧事的人将剩余的钱帛等礼品归还四方送礼的人。孔子赞扬说："这事办得很可以。"

十、宿不离亲

居家孝敬父母当然好，但这在任何时代都不现实。离家如何孝敬父母？中华传统孝道对此有论。《论语》记载，孔子说："父母在不远游，游必有方。"父母在世时，子女就不要去远方，如果非得去，也一定要有去处。出远门孝父母，古代有成熟的规则，《礼记·玉藻》云："亲老，出不易方，复不过时。"父母年迈，子女外出不要随便改变外出的地方，归来不要超过约定的时间。这句话跟"父母在不远游，游必有方"比较起来，有几点不同：一是这句话大前提是"亲老"，强调在父母年老的时候，才"出不易方，复不过时"，而在父母年轻力盛时却大可不必；二是这句话表达得更加完整，多了"复不过时"，回家向父母复命不要超过约定的时间。

那么，孔子与《礼记》，谁说的更准确可信呢？应该是《礼记》。因为《论语》作为语录体著作，孔子的话，往往是在特定背景和前提下说的，而这个背景、前提《论语》却往往不收录。因为在孔子当时，这个背景、前提都是常识，不说人们也都明白。而随着时代变迁，孔子时代的常识对后人来讲已不是常识，所以当后人再读《论语》，就不知道有什么背景和前提，就会曲解孔子话的原意。"父母在不远游，游必有方"就属这种情况，这是有前提的，就是在父母年老时，因为当时的礼制就是这样规定的，人们都很熟悉，所以不必提这一前提。而后人却很可能理解为无论父母年老与否，都要不远游。《礼记》作为"经"，比语录体《论语》记载得严谨翔实，没有省略前提条件。

曾子是如何对待"父母在不远游"的呢？曾子当然愿意在家陪伴父母，但他要出门求学做事，不可能时时陪伴在父母身边。当父母希望他在外施展抱负时，曾子一定会顺从父母意愿而外出，并妥善安排好对父母的赡养，这才是孝。但当父母年老，需要自己照顾时，曾子会毫不犹豫地留在父母身边。曾子在家对父母极为孝敬。《战国策·燕策》记载：

服事燕王的苏秦被燕王身边的小人毁谤，说苏秦不够忠信。燕王开始怀疑、慢待苏秦。苏秦对燕王说："我为您立了大功，靠的就是对诸侯不讲诚信，我的不诚信是您的福分。假使我诚信如尾生、廉洁如伯夷、孝敬如曾子，三者是名闻天下的高尚德行，我以此来事奉您，可以吗？"燕王说："可以啊。"苏秦说："如果这样，我也不事奉您了。"苏秦又说："臣若孝顺得像曾子，就不能离开父母在外面住宿一夜，您又怎么能让他到齐国去呢？若廉洁得像伯夷，不白吃饭，认为武王不义，就不做他的臣下，推掉孤竹国的君位，饿死在首阳山，廉洁到如此地步，又怎么肯步行数千里而事奉弱小燕国处于危难的君主呢？若诚信像尾生，与女人相约，过期了女子没来，而河发大水，他竟寸步不离，结果抱着桥柱被淹死，诚信到如此地步，怎么肯宣扬燕国、秦国的威信于齐国而获取大功呢？"

故事中说曾子日夜守护父母，但也未必。父母都是望子成龙的，儿女建功立业是父母最大的心愿，所以在外建功立业，即使不亲自孝养父母，也是大孝。作为纵横家代表人物的苏秦，在外交上纵横捭阖，能言善辩，不惜使用阴谋诡计，以帮助诸侯们争权夺利，这种做法与儒家不同。

十一、五道养亲

曾子孝养父母，简直无可挑剔。曾子怎么做的呢？可参见《吕氏春秋·孝行览》的一段记载，大意是：

> 曾子主张养父母要用正确的方法做好五个方面：修建好居室、铺放好床铺、节制饮食，这是养好父母身体的方法；父母居住的环境布置得五彩缤纷，这是养父母眼睛的方法；六音正，五声和谐，八种乐器迭相演奏，这是养父母耳朵的方法；蒸熟各种谷物，烹调各种家畜，各种美味齐备，这是养父母口味的方法；表情温和，言语和悦，一举一动都敬重，这是使父母心意快乐的方法。这五种方法，交相使用，尽量做到，就可称得上比较完美地赡养父母了。

曾子说到了就能做到。以上五个方面，比较全面，代表了古人孝养父母的基本方法。孝亲敬老是中华传统美德。当下，由于外来思潮的冲击以及优秀传统文化教育的缺失，孝亲敬老传统有所动摇，很多家庭以孩子为中心，孩子成了"小皇帝"，结果往往宠坏了孩子。我们要根据时代需要，继承弘扬孝亲敬老优良传统，让老人在家庭中享受优待。这对家庭是吉祥的，因为你孝敬老人，为孩子做出榜样，孩子将来就会孝敬你；孩子在家孝敬老人，可以培养对所有人的爱敬之心，他到了社会上也会受到人们爱敬。正如《孔子家语·正论解》中所载：

有一次，鲁哀公问孔子说："寡人听说在宅子的东边再盖房子不吉祥，真有这回事吗？"孔子说："不吉祥有五种情况，而在宅子东边再盖房子不包括在内。损人利己是自身的不吉祥；遗弃老人而只顾孩子，是家庭的不吉祥；放弃贤人而任用不贤的人，是国家的不吉祥；老人不教诲年轻人，小孩不好学，是风俗的不吉祥；圣人退隐而愚蠢者专权，是天下的不吉祥。不吉祥有这五种情况，而在宅子东再盖房不在其中。"

这里孔子就说到"遗弃老人而只顾孩子，是家庭的不吉祥"，是一种辩证思维，是历史经验，值得我们好好领会。

我国颁布的《老年人权益保障法》规定，老年人的生活水平不能低于家庭平均生活水平，就是以法律形式将孝亲敬老传统美德固定下来，为将其发扬光大提供了保障。

《礼记·曲礼上》说："凡为人子之礼，冬温而夏清，昏定而晨省。"凡是作为儿女的，对待父母的规矩，就是让父母冬天暖和，夏天凉快，晚上要为父母铺好床，清晨要向父母问安。对于这一点，曾子做得有过之而无不及，请看他"昏定晨省"的故事：

陆贾《新语·慎微》载：曾子孝敬父母，傍晚为父母铺好床，早晨向父母问安，天冷时要想办法让父母的被窝温暖，天热时要想办法让父母睡得凉爽，父母盖的被子要随着季节而增减，轻重合适。曾子在照顾父母衣食起居上尽心尽力，体贴入微，而他美好的德行会受到后人敬仰，传为千古佳话。这些表现在家中，影响在外面，做的是小事情，却显示出大道理。

《尸子》载：曾子伺候亲人，曾经一夜起来五次，看看亲人盖的被子是厚了还是薄了，枕头是高了还是低了。

对老人"昏定晨省"，作为一种礼俗，由来已久。早在商代末年，周文王对父亲王季,就是每天早、中、晚三次问安,不仅是"昏定晨省"了。而且这三次,一是看看父亲的气色,再是看看父亲吃饭的情况。假如父亲进食良好,文王就很欣慰;假如父亲吃得很少,文王就很担忧。"昏定晨省"的礼俗能够在中国流传三千多年,是因为有其存在的合理性。老人如风中之烛,随时有熄灭的可能,需要子女悉心呵护。每天问候老人,观察身体状况,照顾好衣食起居,是非常必要的。

周文王的儿子武王同样孝敬。有一次文王生病,武王服侍在侧,十二天没有宽衣解带,甚至帽子也顾不得摘下来,全身心照顾父亲,文王终于痊愈了。武王的照料令文王很满意,心情就比较愉快,病也就好得快。

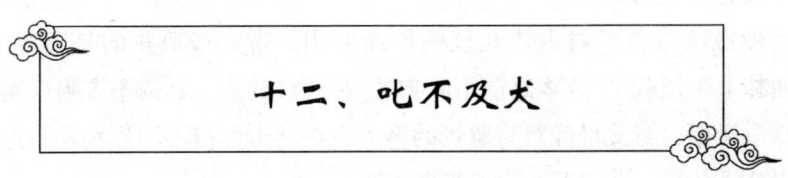

十二、叱不及犬

孝敬父母,首先要做到赡养。但仅仅赡养还不够,更重要的是尊敬父母。《论语》记载,子游向孔子请教孝道,孔子说:"现在的孝,都是说的养活父母,对于狗、马,都能做到养活,如果不知道敬重父母,那跟养狗、马有什么区别呢。"曾子也说,孝敬父母,供养是能够做到的,尊敬父母可就难了,对父母要打心里真正做到爱和敬(参见《大戴礼记·曾子立孝》)。孝敬,就是既要孝,还要敬。随着社会的发展,对父母物质上的赡养越来越不成问题,而父母所渴望的是精神上的愉快。所以我们要敬重父母,对父母和颜悦色,嘘寒问暖,不怠慢,常跟他们聊天,尽量满足他们的愿望。

曾子最敬重父母。《淮南子·齐俗训》载:"曾参之养亲也,若事严主烈君。"曾子孝敬父母,就像事奉严厉暴烈的君主。伴君如伴虎,何况是暴君?所以要倍加小心、倍加敬重,可见曾子对父母的敬重无以复加。曾子敬重父母,从"叱不及犬"的故事可见一斑。《说苑·反质》载:

公明宣在曾子那里拜师学习,但奇怪的是,他竟三年未曾读书。曾子实在看不下去,对他说:"宣啊,你跟随我上学,三年了,没见你学习过,到底是为什么呢?"公明宣回答道:"我哪里敢不学习呢?我见先生在房内，父母在，从不对狗、马呵斥，我喜欢这一点，学习了但还没能做到；我见先生接待宾客，恭敬俭约却不松懈怠慢，我喜欢这一点，学习了但还没能做到；我见先生在家，严格对待晚辈却不毁伤他们，我喜欢这一点，学习了但还没能做到。我喜欢这三点，向您学习了但还没能做到，我怎敢跟您上学而不学习呢？"曾子离开坐席道歉说："我不如你，你是在学习啊！"

曾子在父母面前，从不斥唤狗马，是对父母的极大尊重。斥唤狗、马都是粗暴无礼的，这样的声音让父母听到，就绝不是对父母的"养耳之道"，让父母听到的应该是音乐般和谐悦耳的声音。更重要的，老人一般很敏感，如果当着父母的面呵斥狗、马，老人可能会认为，你这是在指桑骂槐吗？是在嫌弃我老而无用吗？

这种做法是曾子对古代礼仪的创新应用。古人最尊重的是宾客，《礼记·曲礼上》记载："尊客之前不叱狗。"在尊贵的客人面前不要呵斥狗。而曾子活学活用，对父母像对待尊贵的客人，在父母面前不呵斥狗马。这一点还可以从《礼记·杂记下》的记载来印证：

有人请教曾子说："出葬时既已遣奠，还要把遣奠剩余的食物包起来送葬，这不像吃喝完了还要把剩余的食物包了带走吗？君子能吃喝完就把剩余的食品带走吗？"曾子说："先生没见过国君举行的宴会吗？这种宴会，吃喝完后还要把案子上剩余的三牲包卷起来送到宾客住的地方。出葬时把遣奠剩余的食物包起来送葬，是把父母当作宾客来对待，因为父母是永远不再回来的宾客了，所以这是非常悲哀的。你大概是没有见过国君举行的宴会吧！"

有人说，对于父母，有必要这么客气吗？要知道，人人渴望被尊重，自己的父母也不例外，切不可熟不拘礼，而是要"熟不逾矩"，对亲人要讲礼貌、守规矩。古人夫妻间"相敬如宾"，被后世传为美谈，那么，对父母以宾客待之，也就理所当然了。

故事中还提到曾子待客的恭敬俭约，对待晚辈的仁爱尊重。其实，这两项跟前一项曾子尊敬父母是有必然联系的。只有敬重父母，才有可能尊重客人、晚辈。连自己的父母都不敬重，还能敬重谁？敬重父母的，就不会对他人怠慢不恭，《孝经》中，孔子说："爱亲者，不敢恶于人；敬亲者，不敢慢于人。"正是在家中对父母的爱敬，才培养出了懂得友爱、尊重的社会人，家庭是人生的第一所学校。

从"叱不及犬"故事来看,曾子对弟子非常谦逊,竟然行"避席之礼",这本是曾子对老师孔子行的礼节,可见曾子对待任何人都平等尊重,弟子对自己有启发教益,就把弟子当老师看待。

曾子不在父母面前斥狗,后人纷纷仿效。但有些人做得似乎太过分了。如西汉的鲍勇,因为妻子在后母面前呵斥狗,竟休弃了她。还有唐代得甲的妻子,在婆婆面前呵斥狗,得甲大怒,认为妻子不敬重自己的母亲,也休弃了她。

十三、曾子养志

我们经常说"孝顺",这里的"顺"很重要,只有对父母"顺",即顺着他们的心意,才能让父母愉快。不然,父母即使锦衣玉食,也不会愉快。当然,对于父母不合理的愿望,做儿女的要婉言劝谏,不可盲目顺从。曾子在孝顺父母上就很注重"顺",曾子的"顺"被孟子称为"养志"。《孟子·离娄上》有记载,大意是:

曾子奉养父亲曾皙,饭食尽量丰富,除了主食、蔬菜,每顿饭一定还要有酒有肉。饭食吃不了怎么办?对剩饭的处理,曾子总是尊重父亲的意见,让父亲做主。所以,每到撤席的时候,曾子一定要请示曾皙剩饭给谁吃。曾皙如果问:"饭食还有剩余吗?"曾子一定会说:"有。"因为父亲可能想把剩饭送给别人,为了成全父亲的美好愿望,所以说"有"。曾皙去世后,曾子的儿子曾元奉养曾子,也是顿顿有酒有肉。但当要撤席的时候,曾元就不再请示曾子剩下的饭给谁吃了。如果曾子问:"饭还有剩余吗?"曾元便说:"没有了。"曾元的意思是准备以后再呈送给曾子吃,而不想让曾子将之送给别人。曾元的做法仅仅是能够养父母"口体"而已。曾子则是能够顺承父母的心愿而不忍心再次将这饭呈送给父母,是"养志",成全父亲的美好心愿。孟子称赞说,侍奉父母如果能做到像曾子那样，就可以了。

"志"是"意向"的意思，就是人的愿望、追求。曾子的"养志"，也就是尽量满足父母的美好愿望，请看：

一次，弟子公明仪问曾子："先生，您可以称得上孝了吧？"曾子说："这是哪里话！这是哪里话！君子所说的孝，要提前洞察父母的意愿，顺着父母的意愿行事，告诉父母正确的道理。我曾参，只不过是养父母罢了，怎么能称得上孝呢？"（《大戴礼记·曾子大孝》）

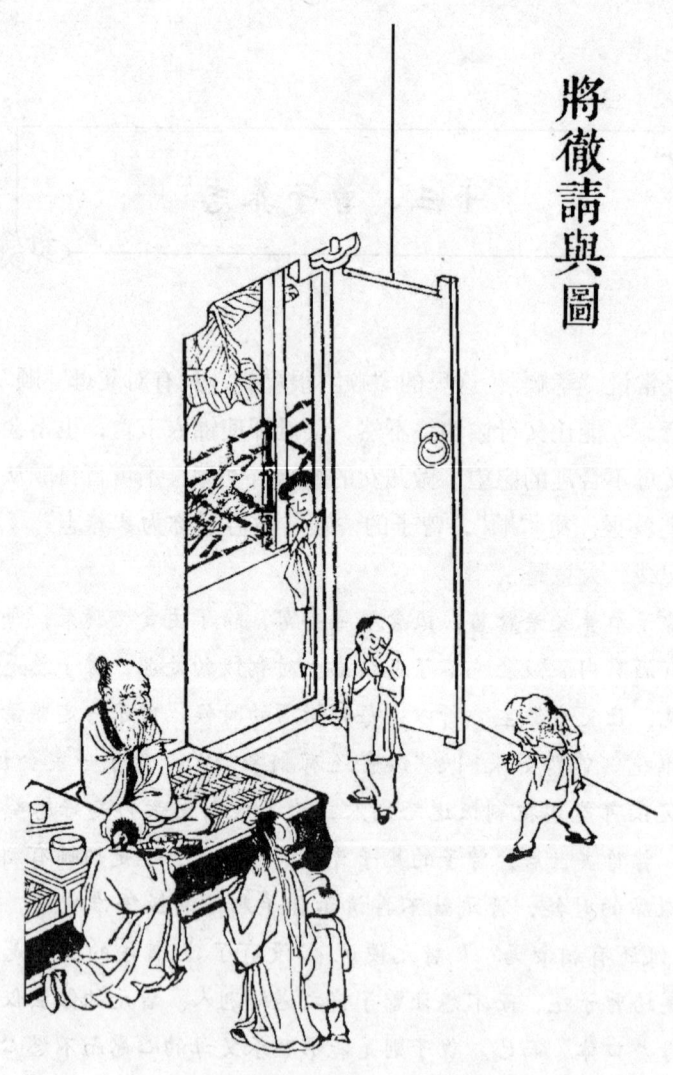

将撤请与图（选自清代《宗圣志》）

曾子说孝敬父母，要"先意承志"，即通过察言观色，提前洞察父母的意愿，不等父母开口就帮助他们实现意愿。曾子说的"先意承志"（提前洞察父母的意愿，顺着父母的意愿行事）的"志"，跟孟子说的"养志"的"志"都是"意愿"之意。曾子就像孟子说的，完全做到了"养志"，曾子对公明仪说的，不过是谦辞罢了。曾子说："供养父母可以做到，但尊敬父母就难了；尊敬父母可以做到，但使父母安乐就难了；能使父母一时安乐可以做到，但长时间使父母安乐就难了。"（《大戴礼记·曾子大孝》）可见，孝敬父母就要尽量使父母终身安乐。

"养志"以孝父母，可以说是曾子的发明，深刻影响了后世。宋代李邦献《省心杂言》中的一段话，可以帮助我们加深对养志的理解："黼藻太平，勘定祸乱，可以谓之忠乎？苟有隐于君，不若愚下不欺之忠也。列侯而封，击鲜而食，可以谓之孝乎？苟有违于亲，不若贫贱养志之孝也。"是说，有人本事很大，能使天下太平康乐，平定祸乱，可以称得上忠了吗？但如果对君王隐瞒一些事情，还不如平庸愚蠢的人不欺骗君王为忠呢。一个人封侯拜相，使父母锦衣玉食，可以称得上孝吗？但如果有违背父母心愿的地方，还不如贫贱之人养志为孝呢。可见，养志就是不违背父母的美好心愿，这比照顾好父母的衣食起居更重要。

对老年父母，要怎样做到养志呢？《袁氏世范》中说："年事已高的人，做事像孩子一样，喜欢得到钱财上的小小利益，喜欢得到饮食、果品等好吃的东西，并且很喜欢和孩子一起玩耍。为人子弟的，如果能明白这个道理而顺应满足老人的意愿，那么就会尽其所欢，使老人晚年幸福。"这是经验之谈，值得借鉴。

曾子的"养志"孝道观与孔子一致。《礼记·檀弓下》记载，子路说："贫穷太伤人了！父母活着不能养他们，去世了又不能操办齐备各种丧祭礼仪。"孔子说："即使是吃豆子，喝清水，而能使父母快乐，这就是孝。"古人说"原心不论迹，原迹贫家无孝子"，孝敬父母最重要的是看其是否有孝心，而不是看父母生活是否优裕，如果这样的话，那么贫穷家庭就没有孝子了。孝敬父母就是根据自己的条件尽心尽力，这样父母会理解会满意的。

十四、首重谏亲

孝顺父母，就是要事事顺从父母吗？不违背父母，不是能让父母快意吗？但如果对父母错误的想法、做法也一味顺从，不加劝谏，等父母犯下错误时还会快意吗？所以，对父母的错误不劝谏是大不孝，古代讲"不孝有三"，首条就是"阿意曲从，陷亲不义"。深入研究会发现，曾子的孝道首重谏亲。为什么这样说呢？先看以下故事：

有一次，弟子单居离请教曾子："先生，您认为服事父母有一定的原则吗？"曾子回答说："当然有啊。要对父母热爱并且尊敬。父母的行为，如果合乎道义就顺从，如果不合乎道义就劝谏，劝谏而父母不听，父母的过错应当看作自己的过错。父母有过错，子女一味顺从而不劝谏，这不是孝；劝谏而不听，就不再顺从父母，这也不是孝。孝子的劝谏，只表达正确的意见而不可与父母争辩。与父母争辩，就会生乱子。没有经过争辩，父母听取了意见就平安无事；如果由于父母纳谏而使自己扬名，自我标榜为贤人，就会带来祸乱。"

曾子接着说："孝子没有自己单独的快乐，父母的忧愁就是自己的忧愁，父母的快乐就是自己的快乐。孝子因为随机应变，所以父母才高兴。至于坐着像代表死者受祭的人那样端庄，站着像准备祭祀那样严肃，不问就不说话，说话就面色庄重，这是成年人应该做到的，不是做儿子的准则。"（《大戴礼记·曾子事父母》）

这是说，做儿子的既得谏劝父母，又要不惹父母生气，要随机应变，让父母快乐。

对于孝道，曾子总是把谏亲放在首位：

有一次，弟子公明仪问曾子："老师您可以称得上孝了吧？"曾子说："这是哪里话！这是哪里话！君子所说的孝，要能够提前洞察父母的意愿，要让父母明白正确的道理。"（《大戴礼记·曾子大孝》）

对父母错误的思想言行进行劝谏，才能使父母明白道理。

曾子说："孝有三：大孝尊亲，其次弗辱，其下能养。"（《大戴礼记·曾子大孝》）孝有三等：上等的孝是能让父母尊贵，次等的孝是不玷辱父母的名声，下等的孝是能够赡养父母。要做到不辱亲，做子女的就要立身行道好好做人，不给父母抹黑，还要对父母的错误进行劝谏，使父母不犯错，不使父母被人侮辱耻笑。所以，"谏亲"才能"不辱亲"。曾子把父母能够接受劝谏作为乐事：

  子夏是曾子的师兄，与曾子交情深厚。有一天，子夏到南武城去拜访曾子。两个人谈得火热，子夏深深折服于曾子的言论。其中曾子在谈到什么是"三乐"时，认为第二种快乐是："父母能接受劝谏，君主能任凭离去，儿子能听从谴责。"（《韩诗外传》）

曾子一生"从事于义"，为人处世一切以道义为依归，"己所不欲，勿施于人"，自己不想做的事也要提醒别人不要做，自己认为错的，也要劝谏犯这种错的人，这是曾子一贯的做人原则。

在对谏亲的认识上，曾子经历了不断提高的过程。从"耘瓜受杖"故事来看，曾子小时候根本不会违背父母的意志，即使父亲用大杖把他打昏，他还仍旧顺从父亲的心意，一味认为父亲做的什么都对，做儿子的只要事事承顺父母就是孝。所以，当他听说孔子对他"耘瓜受杖"的事不满时，就很不理解。后来派人了解到孔子对自己的批评意见，曾子才恍然大悟，登门谢过，承认错误。这使曾子明白了父母也有错的时候，对于错的，千万不要顺从。

对父母的过错是否要劝谏？劝谏父母是否为孝？对于这样的问题，曾子的认识尚不十分明朗。曾子做事、治学非常严谨，对于问题稍有疑惑，就要请教于人，彻底弄清。所以，在孔子传授曾子《孝经》时，曾子提出了这一问题："敢问子女听从父亲的命令，可以算作孝吗？"孔子认为曾子提的这个问题太小儿科了，心说："曾参啊，你可真鲁钝，这样的简单问题还用问吗？"但孔子不形于色，毫不含糊地回答说："这是什么话，这是什么话！从前，天子有能谏诤的官员七人，即使没有德政，也不会失去他的天下；诸侯有能谏诤的官员五人，即使没有德政，也不会失去他的封国；大夫有能谏诤的官员三人，即使没有德政，也不会失去他的采邑；士有能直言规劝的朋友，他就不会失去美好的名声；父亲有能直言规劝的儿子，他就不会做出不义的事情。所以，遇到不符合道义的情况，儿子不可以不直言规劝父亲，臣下不可以不直言规劝君主。因此，如果遇到不符合道义的情况就要直言劝谏。一味地听从父亲的命令，又怎么能是孝呢？"

孔子不仅解答了劝谏父母是否为孝的问题，还上升到臣对君、下级对上级也要劝谏的高度。

正是有了这次请教，曾子才确信了谏亲为孝的道理，以后行孝论孝必重谏亲。《大戴礼记·曾子本孝》中说："君子之孝也，以正致谏。"曾子认为君子所行之孝，必须以正道劝谏父母。《大戴礼记·曾子立孝》中说："微谏不倦，听从而不怠。"父母有错，要不倦地委婉劝谏父母，继续听从父母之命而不敢稍加怠慢。《大戴礼记·曾子大孝》中说："父母有过，谏而不逆。"父母有过错，要隐约委婉进行谏劝，而不能过激。

关于谏亲的方法，《礼记·内则》有记载，大意是：

> 父母有了过错，作为儿女的，要平心静气、颜色和蔼、声音轻柔地予以劝谏。谏劝如果不被听取，要表现得更加孝敬，等到父母高兴时再次劝谏；父母对劝谏不高兴，与其看到父母在街坊乡里得罪人，不如坚

孟子像（选自清代《宗圣志》）

持不懈地劝谏。父母发怒、不高兴，而鞭打儿女以至于流血，这时候儿女应该是不敢痛恨埋怨父母，仍然一如既往地孝敬父母。

古人认为，如果实在劝不动父母，那就只有服从父母。《礼记·曲礼下》中说："三谏而不听，则号泣而随之。"对父母反复劝谏而不听从，儿女就要哭泣着服从父母。这一点在现在看来，也不是绝对的，如果父母犯了大错，就绝不能服从。《温公家范》认为谏亲要私下进行，不能让外人知道了而使父母难堪；孝子对于好事要归功于父母，对于错事要自己揽过。

儒家孝道思想也深深影响了孟子，孟子发展了谏亲思想：

一次，公孙丑与孟子在一起讨论学问，公孙丑问："《诗经》中的《凯风》为什么不怨恨呢？"孟子说："《凯风》是由于亲人的过错小，《小弁》是由于亲人的过错大。父母亲的过错大却不怨恨，这是疏远他们；父母亲的过错小却怨恨，这是一点都不能容忍他们的过错。疏远父母是不孝，不能容忍父母的小错也是不孝。"（《孟子》）

孟子以后的儒学大师荀子更是旗帜鲜明主张谏亲，绝不可盲从父母。他说："孝子不服从父母有三种情况：服从父母，父母就会有危险，不服从就会安全，孝子不服从就是好的；服从父母，父母就会遭受耻辱，不服从父母就会光荣，孝子不服从就是正确的；服从父母就会做出禽兽行为，不服从就会很体面，孝子不服从就是恭敬有礼。所以，可以服从父母而不服从，这不是合格的儿子；不可以服从而服从，是不好的做法；明白了服从、不服从的道理，而能做到恭敬、忠信、诚实，并以谨慎的态度付诸实践，就可算得上大孝了。"（《荀子·子道》）

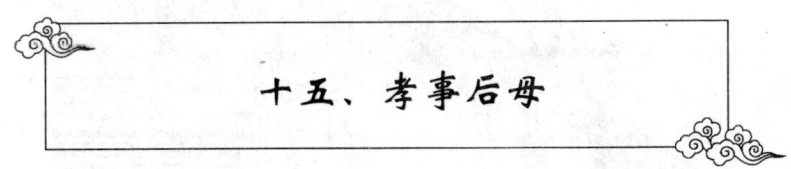

十五、孝事后母

曾子的母亲去世后，父亲曾晳又娶了一位夫人。这位后母对待曾子刻薄寡恩。但忠厚孝顺的曾子对待后母的供养毫不衰减，像对待生身母亲一样。一次，曾子的妻子公羊氏为婆婆蒸灰条菜没有蒸熟，曾子知道了，非常生气。无奈地对妻子说:"咱们解除婚约吧,我拿你真是没办法。"妻子听了,大吃一惊,说:"夫君,您怎么能因为这么一点小事就休弃我呢?我平时可能有些过错,但毕竟为你生养了三个儿子,我没有功劳也有苦劳啊?一日夫妻百日恩,你就不顾念我们这么多年的夫妻感情吗?"妻子心如刀绞,久久不愿离开曾子和孩子们。

孝事后母图(选自清代《宗圣志》)

街坊邻居听说了这件事，纷纷来劝曾子，有人说："曾先生，这点小事，不是休妻的理由啊。您知道，根据世代相传的礼法，有七种休妻的正当理由：一是不顺从父母；二是没有生养儿子；三是有外遇；四是忌妒；五是有重病不能参加祭祀；六是多嘴多舌；七是盗窃。公羊氏没有触犯这七条啊，您怎么能休弃她呢？再者，如果妻子娘家没有人了，或者曾经给丈夫的老人服丧三年的，或者嫁给丈夫时穷而现在富了，这三种情况，即使该休妻也绝不能休。您还是再考虑考虑吧！"曾子回答说："蒸灰条菜是小事，我想让她蒸熟，她却不听从我的差遣，何况是大事呢？"曾子最终还是把妻子休弃了。

曾子休妻一定是因为她没有孝敬好后母。《礼记·内则》："子甚宜其妻，父母不说，出；子不宜其妻，父母曰'是善事我'，子行夫妇之礼焉，没身不衰。"是说，儿子认为妻子好，而妻子不能使公婆满意，儿子就要休妻；儿子认为妻子不好，而公婆却喜欢这儿媳，儿子就终身不能休妻。曾子真的会因为这点小事休妻吗？当然不会，肯定是另有隐情，这一点我们在《曾子休妻》故事里有详细辨析。

休妻后，曾子没再续娶。儿子曾元看到父亲一个人不好过，于是说："父亲大人，自母亲去后，您生活上缺乏照料，我们做儿子的难以样样都照顾到，您还是再给我们娶一位能体贴您的后母吧。"曾子听了，长叹一声，说："元儿，我何尝不想再给你们找一位后母，但谈何容易！你知道，商王武丁因为后妻杀害了自己的儿子孝己，周朝大臣尹吉甫因为后妻流放了儿子伯奇。我比上不如武丁，比中不如尹吉甫，哪能保证不会出现差错呢？"（《孔子家语》）

曾子不续娶，除了曾子所说的理由外，似乎还有难言之隐，可能曾子联想到后母对自己和家人的刻薄，跟儿媳的矛盾重重。曾子的休妻说不定也有后母的挑拨离间在里头。总之，自己的后母没有给家庭增添什么好处，曾子很伤心，所以曾子不想再给孩子找一位后母。曾子一贯奉行"己所不欲，勿施于人"的忠恕之道，自己所不愿意承受的，就不要让孩子们承受。至于休妻的原因，必有隐情。后母对自己虽然无恩，但也不至于刻薄到如此地步，因为芝麻小事就让曾子休妻。再者，即使后母让曾子休妻，曾子也会委婉劝谏后母，不会轻易休妻的。而其中的隐情，则是"家丑不可外扬"，被曾子对外隐瞒了。

这则故事有一点值得注意。《孔子家语》上说:"参后母遇之无恩,而供养不衰。"后母对曾子刻薄寡恩,而曾子对后母也就只是做到了"供养"层面的"不衰",并没有说曾子对后母像对待亲生父母一样地无比敬爱。这是没有虚饰的真实记录。这个事实告诉我们,如果后母对自己无恩,即使像曾子那样的孝子,也就只能做到供养不衰,而难以做得更好了。所以,做后母的,能够像亲生儿女一样对待继子女,继子女也会对她像亲妈一样地孝敬;如果后母对待继子女无恩,继子女也就至多尽些供养义务罢了。这就像孟子说的:"爱人者,人恒爱之;敬人者,人恒敬之。"(《孟子》)这对当下处理养父母与继子女关系不无启发。

对后母能够尽孝,实属可贵,而受后母虐待,仍能尽孝,更为难得。历史上很多孝敬后母的都受到褒扬。最著名的是大舜,他后母曾屡次三番设计害他,幸亏大舜机警,才得以逃脱,但大舜仍然孝敬后母。

还有孔子的弟子闵子骞,是孔门"十哲"之一,以德行著称,跟颜回、冉伯牛、仲弓一起被列入孔门"德行科"。闵子骞事亲至孝,孔子称赞他:"真是孝顺啊,闵子骞!任何人也挑不出他在孝敬父母、友爱兄弟上有什么毛病。"(《论语》)闵子骞以孝敬后母著称:

有一次,大冬天,闵子骞为父亲和异母弟弟驾车出游,寒风嗖嗖,闵子骞冻得瑟瑟发抖,手脚、身体都冻僵了,赶车的鞭子也掉落在地。父亲见状,训斥道:"真没用,连个鞭子都拿不住,以前没见你这样过啊,今天怎么了?还不快拾起鞭子!"闵子骞实在冻得很,步子都挪不动了。父亲见他不行动,大怒道:"我支使不动你啦?真是不孝!看我不教训你!"说着,就下车拾起鞭子,向闵子骞抽去。闵子骞不顾疼痛,颤抖着说:"父亲息怒,是孩儿不对!"父亲正要再抽,忽然看到闵子骞的袄子被抽开一条缝,里面露出了芦花。父亲觉得奇怪,高高举起的鞭子又放下了,走上前去,摸了摸闵子骞穿的衣服,吃惊道:"袄里絮的竟然是芦花,还这么薄,这么冷的天,你焉得不冷,孩儿,是父亲错怪你了!"说着说着,眼泪都快掉下来了。这时,他想:"这些不都是他后母虐待子骞吗?我饶不了她!"说:"儿啊,回家我一定休了你后母,她简直没有人心!"这时,闵子骞忽然跪在父亲面前,恳求道:"父亲大人,不要这样。母亲在,我一人穿衣单薄,母亲走了,我弟兄三人都要受冻啊!"后来,后母听说了闵子骞的话,很感愧疚,说：“子骞待我如生身母亲，我怎能不待他如亲生儿子呢！”从此以后痛改前非，待闵子骞如亲儿子一样。

学习先贤，当然要孝敬继父母。但继父母虐待继子女的悲剧屡屡发生，所以，对于受虐待的继子女，一定要敢于用法律武器保护自己。

十六、曾子休妻

据《孔子家语》等古籍记载，曾子仅仅因为妻子公羊氏没有把灰条菜蒸熟而休弃了她。这件事真让人匪夷所思。妻子给曾子生了三个儿子，没有功劳也有苦劳啊，曾子一向仁爱，怎么会对妻子如此刻薄无情？

其实，曾子绝不会因为芝麻小事而休妻的。这是有根据的，请看东汉时期《白虎通义·谏净》的相关记载：

夫妻相为隐乎？《传》曰："曾去妻，藜蒸不熟。"问曰："妇有七出，不蒸亦预乎？"曰："吾闻之也，绝交令可友，弃妻令可嫁。藜蒸不熟而已，何问其故乎？"此为隐之也。

大意是说，夫妻间有对外相互隐瞒的义务吗？典籍上说："曾子因为灰条菜没蒸熟而休妻。"有人问曾子："按照礼法，休妻有七种正当的理由，蒸不熟饭也在其中吗？"曾子说："我听说，绝交的朋友可以让他交个更适合的朋友，休弃的妻子可以让她嫁个更适合的丈夫。你知道她灰条菜没有蒸熟就可以了，为什么还问我休妻的原因呢？"这是说，对于一些事情，夫妻间对外要相互隐瞒。

《白虎通义》是中国汉代讲论五经同异、统一今文经义的一部重要著作，是班固等人根据汉章帝建初四年（79年）经学辩论的结果撰集而成。《白虎通义》这部权威著作道出了曾子休妻的真相，原来曾子确实对外隐瞒了妻子的过错。

曾子的妻子是怎样的人？缺乏史料记载。仅能从《韩诗外传》上的一则故事看到些端倪：

曾子妻子为了阻止儿子跟她去赶集，竟哄骗儿子说，只要不跟去，回来了给你杀猪吃。结果赶集回来后，曾子真的把猪杀吃了，并严厉批评了妻子哄骗儿子的错误做法。

从曾子妻子在教育孩子上的过错来看，似乎她品行平庸。跟她形成鲜明对比的是孟子的母亲，请看孟母买肉的故事：

孟子少年时，有一次东家邻居杀猪，孟子问母亲："东家为什么杀猪？"孟母说："要给你吃肉。"孟母后来后悔了，说："我怀着这个孩子时，席子摆得不正，我不坐；肉割得不正，我不吃；这都是对他的胎教，现在他刚刚懂事而我却欺骗他，这是在教他不讲信用啊。"于是买了东家的猪肉给孟子吃，以证明她没有欺骗儿子。(《韩诗外传》)

至于妻子平时还犯下过什么过错，以致曾子休弃了她，已不得而知了。

《白虎通义》通过曾子休妻的故事，来说明夫妻间对外要相互隐瞒不光彩的事。《白虎通义》主张君臣、父子、兄弟、朋友间也要对外隐瞒不光彩的事。但主张君主不应该隐瞒臣子的错误，君对臣要赏罚分明，对臣的过错、惩罚要公开，以警示、震慑他人。对臣的善事公开表彰，以激励他人见贤思齐，学有榜样。而臣要在公开场合隐瞒君主的错误，维护君主的尊严，而私下里一定要劝谏君主改过从善。父子间要像孔子说的"父为子隐，子为父隐，直在其中矣"(《论语》)，对外相互隐瞒错误。比如儿子是否应该举报父亲偷羊这样的小事？孔子认为不应该，对生养自己的父母毫不留情，岂不是丧失了起码的人性？但对于父母的大错，也要大义灭亲。兄弟间要对外相互隐瞒不光彩的事。朋友间也是如此。但以上提到所有这些隐瞒都是仅限对外，而私下里却都要相互劝告，促其改正。当面不揭短，这是对人的尊重。

其实，《礼记·内则》上对夫妻相隐已经说得十分清楚："子妇未孝未敬，勿庸疾怨，姑教之；若不可教，而后怒之；不可怒，子放妇出，而不表礼焉。"儿媳妇未能做到孝敬，用不着痛恨抱怨，不妨暂且教育她；如果不可教育了，而后可以对她批评怒斥；批评怒斥也不管用，那就要休弃她，而不张扬她失礼不孝的表现。曾子休妻应该就是这种情况。历史上不少学者也是持这种看法，如唐代李翱、宋代程颐等。

曾子为了不影响她的再嫁，而隐瞒了她不光彩的事情，这是为妻子的幸福着想，正是曾子"忠恕"待人的体现：先人后己，尽己为人，为"忠"；

自己不愿得到的结果，也不要加于别人，为"恕"。

这则故事对当下仍有启示意义。曾子说"孝衰于妻子"，对父母的孝往往因为有了妻子、孩子而衰减，这是普遍现象。关心妻子、孩子胜过关心父母，或是娶妻后成了"妻管严"，妻子不孝敬公婆，儿子也拿她没办法。如何对待不孝敬公婆的儿媳？古代礼制明确规定，公婆可以做主休弃她。现代社会，公婆当然没有这样的权威，而当媳妇不孝时，需要儿子来主持公道，切不可偏袒妻子。如果丈夫不支持自己孝敬父母，同样要有正确的选择。2014年"感动中国十大人物"之一的孝女朱晓晖，照顾瘫痪在床的父亲12年，丈夫不理解、不支持她的行为，在父亲与丈夫二者只能选一的情况下，晓晖毅然选择了父亲，与丈夫离婚，孩子判给了丈夫。她说："有父亲就有我的幸福。"世间恩大莫过父母，一个不孝父母的人，对谁能真心地好？社会上谁还信得过他？不孝敬父母而宠爱妻子、孩子，孩子将来就会不孝。所以，只顾妻子、孩子而不顾老人，正如孔子说的，是家庭的不祥。

对于曾子休妻，后人也有不同看法。冯云鹓在《圣门十六子书·曾子书附录》有一段话，译文如下：

> 清代曾毓墫著《武城家乘》一书记载曾子的故事很详细，但有三则故事没有记载，其中就有曾子休妻的故事。这则故事很多书都引用了，而他们不知道这则故事源于《孔子家语》。据考证，今本《孔子家语》乃是王肃所著。遍查《史记》《说苑》《新序》诸书，并没有记载这则故事。《韩诗外传》上说："曾子丧妻，不更娶。"才知道曾子的妻子是去世了，不是被休弃。一个字的讹误，就成了编造的故事，以至于抹黑了曾子，太不像话了。这才知道《武城家乘》之所以不载这个故事，不是为了避讳，实在是没有这回事。这里恐怕后人被迷惑，所以连带辨析一下，以正视听。

这段辨析，论证的立足点是《孔子家语》是三国王肃所作，是晚出的伪书，所以曾子休妻的故事不可信，并且西汉时期的《史记》《说苑》《新序》对此无载，就更佐证了故事的虚伪。但东汉时期的《白虎通义》引用了曾子休妻故事，比王肃早，所以故事绝非王肃伪造。随着战国竹简《儒家者言》的出土，打破了《孔子家语》伪书说。历史学家庞朴认为《家语》是"孟子以前遗物，绝非后人伪造所成"（话说"五至三无"，《文史哲》，2004年第1

期)。《孔子家语》,已被很多学者誉为"孔子研究第一书",史料较为翔实可信。所以,曾子休妻是很有可能的。

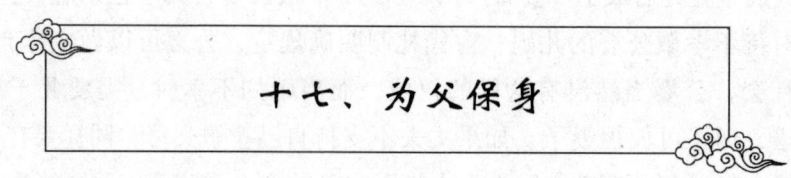

十七、为父保身

孝敬父母须具备起码的素质,要有高度的责任心。否则,非但不能孝敬父母,反而成了父母的累赘。所以,作为子女,一定要做到:身体健康;修身立德,好好做人;刻苦学习,勤于实践,提高自身本领。

首先要身体健康。《孝经·开宗明义章》:"身体发肤受之父母,不敢毁伤,孝之始也。"是说,我们的身体是父母给的,要谨慎保护,不敢毁伤,这是孝敬父母起码要做到的。所以,古人说"千金之子坐不垂堂",尊贵人家的孩子不坐在屋檐底下,以防被落下的瓦片伤着。

曾子说:"孝子不登高峻之地,不处危险之地,不凭临深渊;不随便嬉笑,不随便说人坏话;在隐蔽之处不叫人,登高临下时不指点,以免使人困惑。这样就不会有过错。孝子要使坏话消亡、流言止息,多说赞美的话,不对人恶言相向,这样,侮辱忿争的话自然涉及不到自己。孝子服事父母,随时等待使唤。孝子不心存侥幸做危险的事。要交往孝子,远离不孝的人。有使命外出,就要时刻牵挂父母,不冒险走险途隘巷,如此爱护身体,是因为时刻不敢忘记双亲啊。"(《大戴礼记·曾子本孝》)曾子也确是这样做的,《吕氏春秋》记载:

曾子说:"君子在道路上行走,其中父亲仍在世的可以看出来,其中有老师的也可以看出来。对那些没有父亲、老师的人,又怎能看不出来呢?"这是说尊敬老师就像尊敬父亲一样。曾点有一次派曾参出去办事,过了预定的日期还没有返回,人们见到曾点都说:"曾参莫不是遇难了吧!"曾点说:"他即使濒临死亡的境地,我还活着,他怎么敢死呢?"果然,曾子平安回来了。

孔子被围困在了匡这个地方,颜渊落到了后面,孔子说:"我以为你已经死了呢。"颜渊说:"老师您还活着,我颜回怎么敢死呢?"这是说颜回对待孔子犹如曾参对待父亲一样。古代的贤人,正因为他们尊敬老师到这种地步,所以老师才竭尽全力去教他们。

一个人为了父母也要好好活着。自己去世了,父母谁养?更何况还给父母带来无限悲伤。

曾子对待去世的父母,就像他们还活着一样,所以曾子终身爱惜自己的身体。曾子病重弥留之际,召集弟子们到身边,如释重负地说:"掀开被子,看看我的脚,看看我的手!《诗经》中说:'小心谨慎多提防,好像站在深渊旁,好像走在薄冰上。'从今以后,我知道我的身体不会再受到损伤了!弟子们!"当时,法网严密,多为肉刑,锯腿、割鼻、斩趾等无所不至,曾子一生都在竭力避免触犯刑罚,曾子为能终生保全身体而无比欣慰。

十八、执丧断浆

古人非常重视父母去世后的丧葬、祭奠。《中庸》中说:"事死如事生,事亡如事存,孝之至也。"对待去世的亲人要像他还活着一样,这是最大的孝。《孝经》记载,孔子说:"孝子之事亲也,居则致其敬,养则致其乐,病则致其忧,丧则致其哀,祭则致其严。五者备矣,然后能事亲。"孝子奉事父母,日常家居尽力做到恭敬,供养服侍尽力使父母乐意,父母得病尽其忧虑,为父母办理丧事极尽悲哀,祭祀父母严肃庄重。这五项都能做到了,然后才称得上孝敬父母。

曾子就是很好地践行了以上五个方面。在父母的丧事上,曾子极其悲哀,做到了"丧则致其哀。"曾子说:"我听老师孔子说过,人没有竭尽自己心力的时候,如果有的话,一定是在父母亡故的时候吧!"(《论语》)曾子是这样说的,更是这样做的。我们来看"执丧断浆"的故事,《礼记·檀弓上》载:

曾子谓子思曰:"伋!吾执亲之丧也,水浆不入于口者七日。"子思曰："先王之制礼也，过之者，俯而就之；不至焉者，跂而及之。故君子之执亲丧也，水浆不入于口者三日，杖而后能起。"

大意是，曾子对子思说："孔伋啊，我在为亲人守丧的时候，整整七天没进一口水浆。"子思说："先王制定礼仪，是让做得太过分的人屈身接近礼的规定，又让做不到的人努力达到礼的规定。因此，君子为父亲守孝，不喝水浆只要三天就可以了，要能够拄着杖站起来。"

亲人去世，极度悲痛，没有心思吃饭，竟然七天没进一口水浆，这已达到了人生存的极限。曾子当然知道丧礼上说的"不以死伤生"，不要因为过度悲伤而伤害了自己的身体，因为这是逝去的父母所不愿看到的。但曾子为什么做得如此过分呢？这是因为曾子对亲人有极深的感情，发自内心地极度悲痛，难以自控。

执亲丧图（选自清代《宗圣志》）

曾子的做法令人感动,因为丧要"尽其哀",曾子的行为不失为孝。甚至历史上也不乏像曾子一样,在父母丧事上或七日或五日水浆不入口的,都被作为孝行载于竹帛,流传后世。

在为亲人送丧的时候,曾子无比悲恋。《淮南子·说山训》载:"曾子攀柩车,引輴者为之止。"曾子攀住拉棺木的车子不让离去,就像跟亲人生离死别一样。驾车人为之感动,不忍心驾车前行,就停了下来。

在丧事上能够理智些当然更好。《孝经·丧亲》:"三日而食,教民无以死伤生。毁不灭性,此圣人之政也。"为亲人守丧,不吃不喝,三天后就要进食,是教育民众不要因哀悼逝去的人而伤害了活着的人。哀悼亲人,难免要损伤身体,但不能损伤到失去性命的地步。这是古代圣人规定的礼制。总之,既要尽情哀悼父母,又要节哀自重,这是丧礼体现了"中庸"之道。

十九、慎终追远

对于逝去的亲人,曾子本着"祭则致其严"的原则,虔诚祭祀,就像亲人还活着一样。按照《礼记·王制》的规定,天子七庙,诸侯五庙,大夫三,士一庙。曾子作为"士",应该有一座家庙,亲人的牌位供奉于此,依时祭祀,就像亲人还生活在家中一样。

曾子对亲人的祭祀极为诚敬。曾子说:"父母既没,必求仁者之粟以祀之。"(《礼记·祭义》)父母去世后,一定要选择好的粮食做祭品来祭祀。用来路不正的祭品,是对逝去的父母的侮辱,是愧对父母。曾子祭祀父母尚且要用来路正当的祭品,那么父母在世时,供养父母更应该是用来路正当的物资,而绝不会是灰色收入。曾子说:"慎终追远,民德归厚矣。"(《论语》)认认真真地办理父母的丧事,虔诚地追念祭祀祖先,这样老百姓的道德风俗就归于淳厚了。为什么呢?因为我们最应感恩的是祖先和亲人,如果对之忘恩负义,那就是最无道德的人。通过祭祀表达对他们的感恩,就会带动全社会形成感恩风气,道德风尚自然就形成了。

古人祭祀的范围非常广泛，通过祭祀来表达感恩。最重要的祭祀对象就是"天地君亲师"。《大戴礼记》记载，大意是说：

礼有三个根本：天地，是生命的根本；先祖，是族群的根本；君王、老师，是政治的根本。没有天地哪来的生命？没有先祖哪来的我们？没有君王、老师，天下怎么能治理好？这三者无论缺失哪一项，都不会有安乐的人。所以，礼是用来上事奉天，下事奉地，尊崇事奉先祖，而敬爱君王、老师的。这是礼的三个根本啊。

天地化育万物，"天地之大德曰生"，天地最大的德行就是孕育万物。我们要感恩，要报本反始，不忘其初。如果破坏大自然，滥砍滥伐，对自然界任意索取，最后生态就会失去平衡。曾子说"出乎尔者，反乎尔者也"，你怎样对待他者，他者就会反过来怎样对待你。我们今天对天地不敬，回报来的就是灾难；对天地恭敬，爱护大自然，回报的就是风调雨顺。几千年来，中华民族懂得敬天、敬地、敬祖先、敬古圣先王的教诲，重视学习优秀传统文化。各级领导为人民操劳，对国家政治起到关键作用。老师教人做人做事的道理，百年大计教育为本。历朝历代都会祭祀先祖和圣贤，这些都是不忘本。但历史是人民创造的，我们更要纪念革命烈士，感恩劳动人民。

据《兖州府志·山水志》等记载，曾子曾经凭吊故国。现在的山东省郯城县西北六十里有磨山，相传曾子曾在此授徒。这里离已属越国的鄫国故址不远，曾子就曾立于磨山之巅，远望凭吊故国，追念先祖，实践了自己"慎终追远"的愿望。

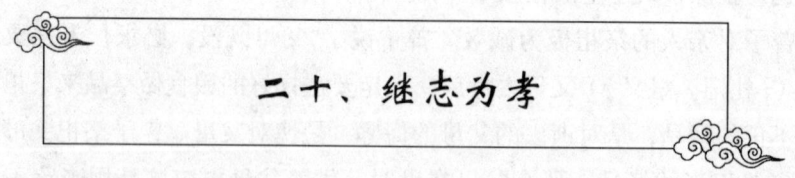

二十、继志为孝

孔子说："武王、周公其达孝矣乎？夫孝者，善继人之志，善述人之事者也。"（《中庸》）孔子这句话含义丰富。周文王时，就已经开始了灭商大业，可惜周文王没有看到成功就去世了。他儿子武王、周公继续奋斗，终于灭商，建立了周朝，并继承了周先王们的仁政传统，这本身就是孝的体现。

曾子也以继承前人为孝。他说:"我听老师孔子说过,孟庄子的孝行,其他方面别人可以做得到,而他不改换父亲孟献子的旧臣和政治措施,是别人难以做到的。"(《论语》)曾子赞扬了孟庄子继承父亲美好事业的大孝之举。当然,继承要有所取舍,不能好坏不分全部继承。孟献子是一位贤人,他的品格事业值得继承发扬。

孟献子属鲁国孟孙氏,世称仲孙蔑,是春秋时期鲁国外交家、政治家,世代为鲁国权贵。孟献子作为孟孙氏第五代宗主,鲁成公病逝,其子鲁襄公立,季孙行父、仲孙蔑、叔孙豹三位贤臣辅佐幼主,鲁国政治清明。孟献子多次代表鲁国与诸侯会盟,积极拥护晋国,促成晋悼公霸业。他主张节用和发展生产,时称贤大夫,成为鲁国孟氏家族振兴的重要贡献者。孟献子的良好家风,彪炳史册。《礼记·檀弓上》记载,大意是:

> 孟献子的丧事办完以后,管家派人把未用完的、别人赠送助办丧事的财帛归还原主,孔子称赞说:"这件事办得可以。"

由此可见孟献子的廉洁家风,不借丧礼之机敛财。这样的好家风,应该是在孟献子的影响下形成的。

曾子就是一位善于继承祖德父业的大孝子。曾子的父亲曾晳是孔子的著名弟子,40岁才有了曾子,自然爱之如掌上明珠,寄予很大希望。曾子先受教于父亲,后受教于孔子。曾子勤学好问,成为孔子晚年最得意的弟子,继承发展了孔子思想,成为儒家一代宗师。曾晳、曾子父子两代从事儒学,曾子很好地继承了父业。"父以子贵",曾子被封为宗圣,曾晳因之被供奉祭祀于孔庙启圣殿,享受荣光。曾子显亲扬名,实现了大孝。

曾子继承了父亲曾晳的美德。比如,曾子继承了曾晳刚直不阿的高贵品格。曾子说:"胁肩谄笑,病于夏畦。"对权贵点头哈腰,献笑谄媚,比夏天在田地里劳动还要难受。曾子长期从事农业劳动,深知"锄禾日当午"的艰辛,所以能说出如此恰当的比喻。这句话还有一层意思:宁肯做自食其力的劳动者,也不为无道的统治者所役使。请看曾子傲视权贵的故事:

有一次,将军文子(卫国卿相,名弥牟)久仰曾子的大名,前去拜访。没想到曾子非但不出门迎接,还端坐在室内西南隅的尊位上接见。文子出门后对驾车人说:"曾子是一个蠢人啊!如果把我看作君子,君子怎能不尊敬呢?如果把我看作残暴之人,残暴之人又怎能怠慢?曾子

不被杀,只不过是他命好罢了!"(《韩非子·说林下》)

后来,将军文子改变了对曾子的看法。《孔子家语》记载,将军文子让子贡介绍孔子弟子的情况,子贡就自己熟悉的几位向文子做了介绍,其中评价曾子说:"他完满却不自足,渊博却如虚空,超过别人却如同赶不上,古代的君王也难以做到。他知识广博无所不学,外表恭敬,德行敦厚;他对任何人说话,没有不真实的;他的志向高明远大,傲视权贵有浩然正气,不慕世俗的富贵,而以仁义为富贵,这是曾参的品行。孔子说:'孝是德行的起始,悌是德行的发展,信是道德的加深,忠是道德的正果。曾参具有这四种品德,因此要称赞他。'"

曾子对于任何权贵都不买账,这一点正是继承了曾皙。鲁国专权大夫季武子死了,曾点吊唁时"倚其门而歌",倚靠着季武子的门唱歌,这岂止不是尊重,简直就是蔑视,他竟敢做得出来,可见其铮铮傲骨。

曾皙爱弹琴、唱歌,曾子也继承了父亲这一爱好。曾子精通音乐,弹琴、谱曲,样样精通。《琴操》记载,《梁山操》《曾子归耕》就是他创作的传世乐曲,他还有很高的音乐鉴赏力,称得上是一位音乐家。曾子安贫乐道,《庄子》记载:

曾子居住在卫国,穿着以乱麻为絮外表破烂的袍子,面色浮肿,手脚上结满老茧,连续三天不生火做饭,十年不做一件衣服,戴正帽子却断了帽带,抓住衣衿就露出了胳膊,穿上鞋子脚后跟就裂开了。但曾子不以为意,仍飘摇着束发的带子咏唱《商颂》,声音充塞天地之间,像敲响的钟磬。

曾子淡泊名利,不慕富贵。据说曾子五十岁时,齐国要拜他为相,楚国要拜他为令尹,晋国要拜他为上卿,他皆推辞不就。曾子说:"晋国和楚国的财富,我赶不上。但他有他的财富,我有我的仁德;他有他的爵位,我有我的道义,我有什么感到不足的呢?"汉代学者刘向评价说:"曾子穿的是破烂的麻布衣服、乱麻为絮的袍子,吃的是糟糠饭,喝的是野菜汤,不合乎道义的话,就是上卿这样的高官也推辞不做,不安于贫穷能做到这样吗?"(《说苑·立节》)这都是曾子对父亲道德节操的继承。《论语》记载,孔子问曾皙的志向,曾皙没说要从政,而只是描绘了一幅其乐融融的大同世界图景,反映了他不慕富贵的高尚志趣。

曾子主张"慎终追远",即敬慎办理亲人的丧事,虔诚追念远祖,这一点应该是继承了祖上大禹的美德。孔子说:"大禹自己饮食菲薄而尽力孝敬亲人、祖先的在天之灵;自己衣服恶劣,而讲究祭服之美;自己宫室卑陋,而尽力修治沟洫水道。我对大禹真是找不出一点毛病。"(《论语》)。我们确实可以从曾子身上看到大禹的影子,比如大禹在历史上以孝著称,他完成了父亲没有完成的治水大业,曾子也是完成了曾晳未竟的事业,成就远远超过父亲。

《庄子》记载:"从前大禹治水,带领民众疏通江河解除了神州大地的水患。大禹亲自操持工具参加治水劳动,栉风沐雨,足迹踏遍九州大地,以至于他腿上的汗毛都被磨光了,安定了天下各个国家。禹是大圣人啊,为了天下苍生如此劳累。"从典籍记载来看,曾晳、曾子亲自劳作,这在孔子弟子中十分罕见,甚至孔子就有些轻视体力劳动,而曾晳、曾子的这种作风,不正是受了先祖大禹的影响吗?

二十一、不食羊枣

在古代,子女尊重父母,永远不能称呼父母的名,无论父母在世与否。正如汉代马援说的,对于子女来说,"父母之名,耳可得闻,口不可得言",父母的名,耳朵可以听到,但永远不可从自己嘴里说出来。比如《红楼梦》中,林黛玉因母亲名叫"敏",所以她每遇到"敏"字总要念成"密"字。另外,古代除了父母的名要避讳,帝王、圣人、长官、祖父母以及其他尊长的名也要避讳。避讳,就是不能直接说出或写出,必须设法避开,用音同或音近的字来代替,或用其他办法来改说改写。比如清代曾毓墫编纂的《武城家乘》,对于明代发现的曾子墓碑铭文,记作"曾某之墓",现在很多人不明白这个"某"字,是不是碑文这个字模糊看不清,用一"某"字代替?而《明史》等其他典籍上记载此铭文明明是"曾参之墓"。到底怎么回事?这是因为《武城家乘》的作者曾毓墫是曾子裔孙,是负责祭祀曾子的翰林院五经博士,曾子是他的先祖,所以要避讳曾子的名"参"字,将"参"以"某"

字代替。遇到要避讳的字以"某"字代替,这在古代已成定式。既然对尊长要避讳其名,那么怎么称呼尊长?一般称呼其"字",比如人们尊称曾子为"子舆",曾点为"皙"。古人的"名字","名"是名,"字"是"字",是两码事,不是我们现在说的"名字"概念。比如,曾子名"参",字"子舆"。古代男子有"名"有"字","名"是出生后不久父亲起的,"字"是二十岁举行冠礼后才起的。

子女为何要避讳父母之名?因为名是一个人与他人区别开来的独特标识,对一个人名的避讳就是对其本人的尊重,表示不敢称其名。而曾子将对父母之名的避讳推广到对父母独特喜好的事物的避讳,可见曾子对父母的尊重到了无以复加的地步。这里有一则曾子"不食羊枣"的故事,就是例子。《孟子·尽心上》记载:

曾皙嗜羊枣,而曾子不忍食羊枣。公孙丑问曰:"脍炙与羊枣孰美?"孟子曰:"脍炙哉。"公孙丑曰:"然则曾子何为食脍炙而不食羊枣?"曰:"脍炙所同也,羊枣所独也。讳名不讳姓,姓所同也,名所独也。"

大意是说,曾皙喜欢吃羊枣,而曾子不忍吃羊枣。公孙丑问:"烤细肉同羊枣哪个好吃?"孟子说:"烤细肉啊!"公孙丑又问:"那么曾子为什么吃烤细肉而不吃羊枣呢?"孟子说:"烤细肉是人们都喜欢吃的,羊枣是个别人喜欢吃的。就像避讳父母的名却不避讳姓一样,姓是大家相同的,名却是个人独有的。"

曾子不避讳吃烤细肉,是因为烤细肉人人爱吃。就像一个人的姓,不是其独特标识,跟他同姓的多了,所以不必避讳姓。而羊枣是曾皙独特的喜好,所以,对于羊枣,曾子就像避讳称父亲的名一样,避讳吃羊枣。这无疑是对父亲的极大尊敬。

从这则故事来看,曾子在孝上,做得比一般人过于厚道。一般人只是避讳父母的名,而曾子却还避讳父母的独特喜好。曾子的过于厚道,还表现在很多地方。比如曾子耘瓜受杖,明明自己差点被打死,而曾子却毫不在乎自己,一心只想着怎么安慰父亲;为亲人服丧,按照礼制不进水浆三日即可,而曾子却七日不进;尊敬老师,曾子行避席之礼,甚至对自己的弟子也行避席之礼。这都是一般人做不到的。这种"过厚"是曾子鲜明的特点,曾子给人一种特别孝敬、特别诚信、特别有礼貌、特别勇敢的印象,曾子的德行总是"过厚"。对于这一点,古人也注意到了。如宋代理学家程颢、程颐在

《河南程氏遗书》记载，大意是说：

> 曾子是过于厚道了，圣人制定的无过无不及的礼法规范，一定是要让贤人降低自己的标准就可达到，让不贤的人能够通过努力而达到。像曾子这样的"过分"，是太过厚道了。如果是一般人，一定要遵循礼法。对于大贤以上的人，就看他是什么样子就是什么样子，不可用礼法来要求他。

这里，程颢、程颐赞赏曾子的过于厚道，认为这不是一般人所能做到的，是圣贤才能达到的境界。《河南程氏遗书》中二程还说："凡是说舜、说曾子是孝敬的，不要说曾子、舜过于孝敬。"这个观点基本代表了古代正统思想对待孝的一种态度：孝几乎不存在过分。所以，古代正统思想基本没有"愚孝"观念，孝敬父母无论多么过分，统治者都予以表彰，甚至有些孝行在现在看来十分荒唐。比如为了让父母有肉吃，或是给父母治病，竟割下自己身上的肉给父母吃。当然，曾子的孝不是愚孝，而是发自内心的真情流露。

没有父母就没有我们的一切，对于父母，我们有什么不可付出的呢？所以，孝敬父母要尽心尽力。但尽孝要遵循正确的孝道，科学、理性，不然就会事与愿违。

二十二、思母吐鱼

真心孝敬的子女，会终身思念过世的父母。《礼记·玉藻》："父没而不能读父之书，手泽存焉尔；母没而杯圈不能饮焉，口泽之气存焉尔。"父亲去世后，不忍读他的书，因为他平生的手汗还在上面；母亲去世后，不忍用她的杯子喝水，因为杯子边上留有她口饮润泽的气息。这里表达的是对过世父母的深情怀念。父母在世，曾子对父母非常孝敬，父母去世，曾子对父母充满无限的怀念。这从曾子"思母吐鱼"故事中可以看出。《孝子传》记载：

> 有一次，别人送给曾子一种很特殊的鱼，这种鱼不用烹熟了吃，生吃味道就很美。可当曾子品尝了这生鱼时，却吐了出来。旁边的人看到

了,很感不解,问曾子怎么回事。曾子说:"我母亲在世时,从来不知道这生鱼的味道。今天我尝到了这生鱼的美味,怎么忍心吃呢?所以吐了。"从那以后,曾子终生不吃这种生鱼。

思母吐鱼图(选自清代《宗圣志》)

母亲去世后不忍吃她没有吃过的美味,那么母亲在世时,曾子更应如此,一定是将最好的食物先让父母品尝;凡享受的事,一定是父母优先。这也是中华民族传统美德。让我们来看《二十四孝》中"拾葚异器"的故事:

汉代的蔡顺,从小没了父亲,事奉母亲极为孝敬。后来遭遇王莽之乱,年成不好,粮食不够吃的,蔡顺就去拾桑葚,以不同的器具盛放。赤眉军战士见到了,问这是为什么。蔡顺说:"熟透的黑色桑葚给母亲吃,未熟透的白色的自己吃。"赤眉军战士对蔡顺的孝十分同情,就给了他二斗白米和一只猪蹄。

《尸子》中说:"曾子每读丧礼,泣下沾襟。"曾子每读有关丧礼的书籍,想到丧亲之痛,总是双泪直流,浸湿衣襟。怀念逝去的父母,自然会铭记他们的美德、教诲和对自己的期望,激励自己拼搏奋进。

二十三、曾母投杼

因为曾子以孝著称,所以后人往往托名曾子编撰一些孝道寓言故事,比如《宋书》记载,刘琎上书齐帝为景素鸣冤时讲的,大意是:

我听说曾子孝敬亲人却被水淹死,介子推忠于国君却被火烧死。我还听说,立志孝敬父母、敬顺兄长的,就不会犯上。曾子烧火做饭不倒着将柴禾放进炉灶,知道他不会做暴乱的事。

而最典型的寓言故事当属"曾母投杼"。故事记载于《战国策》等很多古籍,流传很广。故事是这样的:

从前曾子住在费国,费国有一个与曾子同名同姓的杀了人。有人跑到曾子母亲那里,告诉她说:"不好了,曾参杀人了!"曾子母亲听了,稍一愣神,但立刻笑着说:"我儿子的品行我最了解,他最孝敬我,怕给我添心思,所以他从不跟人争斗,处处谦让。街坊邻居见了我,都夸我有一个好儿子。我儿子绝不会杀人的,你一定是搞错了!"曾子母亲仍像没事一样,不停地织布。那人无奈,只好走了。

过了一会儿,又有一人,惊慌失措地跑到曾子母亲跟前,说:"我听说曾参杀人了,大家都这么说。"曾子母亲听了,有些吃惊,可还是不停地织布,她稍作沉思,像没事似的,说道:"怎么可能呢?曾参的品行你又不是不知道。怕是你搞错了吧?"曾子母亲虽是这样说,可心里也犯起了嘀咕:"如果曾参没杀人,为什么两个人都这么说呢?莫非是真的?"这时,曾子母亲虽然仍不停地织布,但手有些颤抖了。那人无奈,说道:"好吧,您不信,就等着官府来抓人好了!"说完,悻悻而去。

又过了一会儿,曾子母亲又听到有人进门,喊道:"曾参母亲啊,了不得了!曾参杀人了,官府马上就要来抓人,曾参在家吗?您快逃走吧!"曾子母亲这次听了,心惊胆战。"看来,参儿果然杀人了,唉,这孩子,知人知面难知心啊,参儿,你可真惹大祸了!"曾子母亲这样想着,禁不住哭泣起来。幸好曾子不在家,曾子母亲又怕官府抓自己抵罪,便丢下织布梭子(即"杼"),翻过院墙逃走了。

投杼图(选自清代《宗圣志》)

这则故事是战国时期秦国大将甘茂向秦武王讲的。当时秦武王让甘茂去联合魏国攻打韩国。而甘茂却让人捎信给秦武王，说不能攻打韩国。秦武王对此不解，就在息壤这个地方接见甘茂，问他为什么不能攻打韩国。甘茂说韩国的宜阳地盘大，咱们千里远袭，要经历重重险阻，不好攻打。但甘茂认为一定要攻打的话，也有可能拿下来，但有一个前提条件，就是秦武王对自己要信任，不听信谗言才行。甘茂还说，我是从齐国客居于此的您的臣子，樗里疾、公孙衍两位，倚仗着和韩国的关系，而对我的策略说三道四，大王您一定会听从，这就会坏了大事，阻挠成功。为了说明谗言的危害，足智多谋、能言善辩的甘茂向秦武王讲了三个故事。

第一个故事。张仪向西吞并了巴蜀之地，向北攻取了西河之外的土地，向南攻取了上庸地区，天下人不赞扬张仪而认为是秦王的贤能所致。

第二个故事。魏文侯命令乐羊为将军，攻打中山国，三年就攻下了。乐羊从战场返回后称说自己的功劳，魏文侯拿出来一筐诽谤乐羊的书信让他看，乐羊对秦王两次拜谢、叩头，说："这不是臣的功劳，是主君您出力了啊。"

第三个就是曾参杀人的故事。讲完这则故事后，甘茂说："像曾子那样贤德的人，其母亲对他品行的信任本是坚定不移，但有三个人怀疑曾子杀人，曾子的母亲就相信了。现在我的贤德比不上曾子，可怀疑我的人不止三个，我恐怕攻打韩国时，大王也会这样怀疑我啊。"秦王说："寡人不会听他们的，请与你盟誓。"于是与甘茂在息壤盟誓。

于是甘茂就去攻打韩国的宜阳，结果五个月不能攻下，这时樗里疾、公孙衍二人开始在秦王面前说甘茂的坏话，想破坏甘茂的计划。秦王几乎要听信了，召回甘茂将这个情况告诉他。甘茂回答说："大王，息壤的盟誓还在那儿吧。"秦王忽然醒悟，连忙说："是的，还在。"于是启动了全国的军队，又继续让甘茂攻打，终于拿下了宜阳，斩首六万，使韩国屈服。

通过寓言说事言理，是战国纵横家们常用的游说技巧。曾母投杼的故事，说明了谎言、谗言、谣言的可怕，正像有人说的："谎言说上一千遍就是真理。"历史上因为听信谗言而坏事的数不胜数。故事提醒人们对某些言论要提高警惕，不可偏听偏信，要全面调查研究，明辨是非。这个故事已成为典故，又称"曾子杀人""投杼之疑"等。

二十四、不过胜母里

托言曾子的寓言故事,应该还有《说苑》等记载的"胜母还轫"故事:

有一次,曾子与弟子们一块远游,眼看太阳落山了,要找地方投宿。刚好前面出现一个村庄,弟子禀告曾子说:"先生,咱们今晚就住在这里吧。"曾子答应了。可当他们正想进村,曾子一抬头,忽然看到门楼上书有"胜母里"三个大字,神色大变,赶紧叫停下来,曾子感觉一阵恶心,直想呕吐,差点摔倒。弟子们赶紧过来搀扶,问道:"先

胜母还轫图(选自清代《宗圣志》)

生怎么了？哪里不舒服？"曾子面带厌恶之色，嚷道："赶紧走，赶紧走！这哪是人待的地方！"弟子们都很诧异，纷纷说："到底怎么回事？"曾子回过神来，缓缓说道："这地方怎么取这么一个名字！给一个地方取名，非同小可，地名无形当中潜移默化影响着人们的行为。如果名'孝贤里'，就是鼓励人们行孝做贤人，人们会不知不觉地行孝。而名为'胜母里'，这不是在鼓励人们事事与母亲争胜逞强吗？孝是道德的根本，是教化的源头，一个不倡导孝道的地方，风气一定不会好。这是个不祥之地，不是人待的地方，我们还是赶快离开吧！"弟子们很为难，对曾子说："先生，再往前没有村落了，走夜路怕遇到强盗、野兽什么的，很危险。"曾子听了，毫不犹豫地说："宁肯被野兽吃掉，也不待在这里。这里跟禽兽的居处简直没有区别！"弟子们无奈，觉得老师说得也有道理，便赶紧离开了。

古人为了便于说明一个道理，往往用托人言志的寓言形式。比如，战国时期《尸子》中说："孔子至于胜母，暮矣而不宿；过于盗泉，渴矣而不饮。恶其名也。"孔子到了胜母里这个地方，虽然天晚了也不住宿；经过盗泉，虽然渴了也不饮这水，这是因为厌恶这名字啊。类似的还有《淮南子》中说的："曾子立廉，不饮盗泉。"我们不必拘泥于这些故事是否真实，重要的是学习其所表达的道理。古代表达孝道思想的寓言大多托名曾子，这说明曾子是古人心中孝道的首席代表。

曾子对"胜母"的名字非常反感，却对"益母"的名字有着特殊的好感。明代吕维祺《孝经大全·孔曾论孝》记载："曾子见益母草而感。"曾子见了益母草而动了喜爱的感情。因为名为"益母"，是对母亲有好处的意思。这同样也是寓言。

曾子不过胜母里的故事对后人产生了很好的教化作用。《东观汉记》记载，东汉显宗时，钟离意为尚书时，交趾太守贪污受贿，后来东窗事发，太守被法办，并追回赃款赃物。皇帝下诏将赃款赃物分赐群臣，钟离意得到珠宝后全部扔到地上，而不拜谢皇上的赐予。皇上觉得奇怪，问为什么。钟离意回答说："臣听说，孔子忍渴，不饮盗泉水，曾子回车，不过胜母巷，是因为厌恶其名称啊。这肮脏污秽的东西，臣确实不敢拜谢接受。"皇上赞叹道："太清廉了，尚书竟说出这样的话！"于是另外从国库里出钱三十万赐予钟离意。

二十五、枯井涌泉

正因为曾子是历史上孝的首席代表，所以，人们不仅将表达孝道的寓言故事托名曾子，更是把曾子的孝说得神乎其神，还编撰了不少带有神话色彩的故事。这类故事包括"枯井涌泉""三足乌""啮指心痛"等。对于这些要注意辨别，批判吸收其有益的成分。

《孝子传》及明代陈耀文撰《天中记》记载："曾子行孝，枯井涌泉。"曾子力行孝道，感天动地，枯涸的井里竟重新涌出了泉水。曾庙中有一口"涌泉井"，是清代乾隆四十九年（1784年），曾子六十九代孙、世袭翰林院五经博士曾毓墫为纪念曾子孝行，根据"曾子行孝，枯井涌泉"故事而掘建的，井旁立碑，碑阳镌"涌泉井"三个大字，碑阴镌刻"戒赌文"。"涌泉井"保存完好，井水至今经冬不涸，清澈见底。

曾庙在明代几经重修扩建，规模最大的是万历七年（1579年）的一次，并从此奠定了曾庙的规制布局，内有宗圣殿、三省堂、莱芜侯祠等。从建筑布局来看，朝廷通过曾庙，所要表彰的主题是曾子著《大学》传承道统之功，以儒家道统来统一国民的思想，以巩固其统治。朝廷修建曾庙以及孔庙、颜庙、孟庙有着同样的政治目的。尽管曾子的孝道在历史上有重要地位，但明清朝廷没有在曾庙表彰曾子的孝道，可见道统思想在统治者心中的地位有多么高。曾庙不彰显曾子的孝道，这不能不说是一个缺憾。曾毓墫看到了这个缺憾，所以掘建"涌泉井"以弥补。

二十六、啮指痛心

历代编撰的孝道故事集几乎都选曾子故事。最著名的孝道故事集当属元代郭居敬编撰的《二十四孝》,曾子"啮指痛心"故事赫然在列。这是一则神乎其神的孝道故事,流传甚久,影响很大。《二十四孝》记载:

周曾参,字子舆,事母至孝。参尝采薪山中,家有客至。母无措,望参不还,乃啮其指。参忽心痛,负薪而归,跪问其故。母曰:"有急客至,吾啮指以悟汝尔。"

故事是说,曾子事奉母亲非常孝顺。曾子有一次去山中打柴,家中忽然来了客人,急着要走。曾子的母亲手足无措,不知如何是好,盼望曾子回来而久久不来。情急之下,曾子的母亲咬了一下自己的手指。而就在这同时,曾子突然感到心痛,根据以往经验,曾子知道一定是母亲在唤他回去。于是背着柴回到家,跪在母亲面前问有什么事。母亲说:"有客人来了,急着要走,没办法,我就咬了手指,让你知道我找你。"故事后还附有诗赞:

母指才方啮,儿心痛不禁。负薪归未晚,骨肉至情深。

意思是,母亲手指刚刚咬,儿子心痛不能禁。背柴归来尚未晚,骨肉相连至情深。还附有一首诗赞:

啮指唤儿儿有感,指痛心焦焦灸还。痛心待客礼不慢,心连母子感万千。

故事及诗赞,为我们描绘了一幅母子情深、热情好客的画面。

这则故事并不可信,这种感应现象难以在现实中找到印证。古代科技落后,普遍存在迷信思想,为这则故事的产生、流传提供了土壤。但古人不迷信的也大有人在,早在东汉时期,思想家王充就在其《论衡》中,辨析认定这则故事是假造的,因为"曾子之孝,天下少双",所以曾子被伪托为故事的主人公。

这则故事渊源久远。东汉王充的《论衡》里,从当时的"传"里引用了这则故事。"传"一般是指解说经义的文字。记载该故事的"传"很可能是汉代谶纬神学家们的著述。请看《论衡·感虚》里的记载:

传书言:"曾子之孝,与母同气。曾子出薪于野,有客至而欲去,曾母曰:'愿留,参方到。'即以右手扼其左臂。曾子左臂立痛,即驰至问母:'臂何故痛?'母曰:'今者客来欲去,吾扼臂以呼汝耳。'盖以至孝,与父母同气,体有疾病,精神辄感。"

这里说曾子的母亲用右手掐左臂,曾子左臂立刻感到疼痛,因为孝到极点,便会与父母息息相通,身体有病痛,就会在精神上相互感应。这与

《二十四孝》的记载有不小的差别。这个故事还另有版本,《孝子传》载:

> 乐正子春者,曾子门人也,来候参,参采薪在野,母啮右指,旋顷走归。曰:"参负薪,右臂痛,薪堕地。"母曰:"客来,无所使,故啮指呼女耳。"参乃悲然。

这里客人有名有姓了,即曾子的弟子乐正子春,并增加了柴坠地以及曾子见母悲伤的情节。曾子为什么悲伤?为母亲咬手指带来的疼痛悲伤。故事以此来表现曾子对母亲无微不至的关心。

臂痛堕薪图(选自清代《宗圣志》)

这则故事虽然是唯心的,但也有可取之处,就是倡导以诚心孝敬父母。俗话说"精诚所至金石为开""心诚则灵",心诚才能孝敬好父母。意念的力量固然神奇,但意念只有转化为行动才有力量。一个人总会有离开父母外出的时候，在外的游子与父母相互牵挂，这时候，古人就梦想着彼此能够相互感通。现代社会，手机、电话、网络等通信方式帮助人们实现了这一梦想。这是人类将对梦想的追求付诸行动而实现的。

此故事《二十四孝》版本诗赞里提到"骨肉至情深"，这告诉我们，孝敬父母就要有对父母的深厚感情。感情是长期相伴产生的，父母对孩子缺少慈爱和陪伴，感情自然不会深厚。《刘子》云："父不慈则子不孝。"父母不慈爱孩子，孩子就不会孝敬父母。"虽孝不待慈，而慈固植孝。"（《金楼子》）虽然子女对父母的孝敬不依赖于父母对子女的慈爱，但父母对子女的慈爱能使子女对父母的孝敬更笃实。不然，子女的孝敬会变得僵硬，仅尽义务而不是发自内心。孩子的健康成长离不开父母的陪伴，陪伴是送给孩子的最好礼物。所以，做父母的，要减少不必要的应酬，拿出时间多陪孩子。同样，子女也要多陪伴年迈的父母，这是非常令父母高兴的事。曾子就是这样，父母年迈时，"不离亲一夕宿于外"，日夜陪侍父母。

二十七、情感万里

跟"啮指痛心"类似的还有"情感万里"故事。这则故事晋代干宝《搜神记》略有记载，大致是：

据说曾子十七岁那年，曾晳感觉自己的学问曾子已经学得差不多了，为了不影响曾子的学业，曾晳决定带他去拜师孔子。当时孔子周游列国，正落脚在楚国。虽然远，但曾晳还是决心送曾子去。曾晳的妻子上官氏说："你不能等孔老先生返回鲁国后，再让参儿去拜师吗？"曾晳说道："等不及啊。庄稼耽误一季可以再种，而参儿的学业耽误了，可是遗恨终生的事。"不得已，上官氏只好为曾子准备行程。临行，上官氏对儿子恋恋不舍。想到曾子平时在家那么听话孝敬，有活儿抢着干，而今就要远走高飞了，更不知什么时候回来，怎能不伤感呢？曾子因为要离开母亲了，彻夜未眠，心潮澎湃。"我走以后，母亲要干更多的活,让我怎能心安?"最后,曾子想开了:"离开父母已成定局,难过有什么用呢?自己刻苦学习,学业有成,父母高兴,这不也是对父母的孝吗?"临行,曾子说:"母亲,孩儿走后,您要多加保重。您不必挂念孩儿,孩儿会照顾好自己的。"母亲说:"孩儿,到楚国要听孔先生的话,学习上要张弛有度,不可熬坏了身体。盼着你早一天平安归来!"曾子答应了。于是曾晳、曾子一起动身。曾子告别母亲,回头看时,发现母亲在悄悄抹眼泪。

曾子到了楚国,行了拜师之礼,从此成了孔子的弟子。他每天早睡早起,惜时如金,刻苦学习。曾子生活得很愉快,只是每天都在思念父母。有一天,曾子正在读书,忽然心跳加剧,隐隐作痛。"这是怎么了?"曾子莫名其妙。他略一思考,忽然大悟:"这是母亲在思念我啊。在家的时候,我上山打柴什么的,每有心痛的感觉,就肯定是母亲在念叨我了。可我远在万里外,母亲的思念我也能感知到吗?我出门这么久了,肯定是母亲在思念我。我不能伤了母亲的心啊。"这样一想,曾子马上告假回家。

回到家,阖家团圆,皆大欢喜。曾子问:"母亲,您是不是这段时间特别想念孩儿啊?因为在楚国,我像以前那样,又感觉到了心痛。"接着曾子告诉母亲心痛的具体时间。母亲发现跟自己心痛的时间相一致,十分惊讶,说:"孩儿,不瞒你说,母亲是在那一刻正好特别想你啊。"从那以后,曾子每感到心痛,就回家看望父母。

后来孔子知道了这件事,赞叹道:"曾参的孝,精诚到可以与万里之外的母亲相感应!"

古人重孝,在外的游子,梦想在万里外仍能跟父母保持沟通。古人将这种梦想的实现寄托在自己的心诚上,认为心诚则灵,最真诚的孝一定能带来相互感应。这种美好愿望靠唯心的空想永远不能实现,而真正实现了这一愿望的,是靠了人类付诸行动的科学实验等实践活动。当人类发明了电话、网络的时候,这个愿望就以古人想都不敢想的方式实现了。

古人不但认为精诚之至母子间可以相互感通,而且人的精诚可以感通天地。比如记载于《列子·汤问》的愚公移山故事,大意是:

愚公带领众人,挖山不止,誓将太行、王屋二山挖掉。当智叟讽刺挖苦他时,他仍不泄气,说只要一代代接续奋斗下去,就一定能够实现目标。愚公的精诚感动了天帝，于是天帝派了两个大力士将两座山移走了。

古人认为精诚之孝也是如此，可以感通天地。曾子之孝，感天动地，"曾子行孝，枯井涌泉"的故事就表达了这种观念。

为什么古人会想象出这一类故事？这跟古人的哲学理念有关。《易传》中，孔子说："同声相应，同气相求。水流湿，火就燥，云从龙，风从虎，圣人作万物睹。本乎天者亲上，本乎地者亲下，则各从其类也。"意思是，在同一个频道的声音会相互应和，同类气息相互求合。水趋于流向湿的地方，火趋于点燃干燥的物品，云往往伴随着龙，风往往伴随着虎，有德行的圣人出现，天下就都向他注目敬仰。从天所生的动物头朝上方；从地所生的植物头朝下方。就是说，同类的事物才会相互感应，就像"物以类聚，人以群分"。曾子的孝为什么会感召到枯井涌泉呢？因为古人认为孝与仁德是同类，所以孝能感通天地好生的仁德，从而使枯井生泉。

类似的曾子孝故事还有"乌乌萃冠"。《古今注·鸟兽》中说："有虞至孝，三足集其庭；曾参锄瓜，三足萃其冠。"是说，大舜最为孝顺，三只脚的乌鸦汇集在他家庭院中；曾子锄瓜的时候，三只脚的乌鸦停栖在他帽子上。

在古人眼里，乌鸦是知道反哺母亲的孝鸟。"反哺"一词最早出自《初学记·鸟赋》："雏既壮而能飞兮，乃衔食而反哺。"乌鸦的雏鸟生长强壮而能够飞翔时，就衔来食物反过来哺育母亲。"反哺"本是乌鸦的一种习性，用来比喻子女对父母的感恩回报。《本草纲目·禽·慈鸟》中说："此鸟初生，母哺六十日，长则反哺六十日，可谓慈孝矣。"

因为乌鸦是孝鸟，物以类聚，所以跟天性至孝的曾子相互感通，喜欢停栖在曾子的帽子上。因为大舜的孝感天动地，舜的家庭在舜的感召下，充满孝爱气氛，所以乌鸦也喜欢光临。而这里为什么乌鸦在曾子锄瓜的时候来停栖呢？这应该是故事的编者联想到了曾子耘瓜受杖的故事，认为曾子耘瓜受杖时表现出的孝心最真诚，所以将乌鸦的来栖选在了这一刻。

历史上表现乌鸦之孝时，往往以"三足乌"出现。这是因为古人以偶数为阴，以奇数为阳，所以将乌鸦的脚表现为三只，以示吉祥之意。白居易有《慈乌夜啼》诗，赞美了乌鸦和曾子，诗曰：

慈乌失其母，哑哑吐哀音。昼夜不飞去，经年守故林。夜夜夜半啼，闻者为沾襟。声中如告诉，未尽反哺心。百鸟岂无母，尔独哀怨深。应是母慈重，使尔悲不任。昔有吴起者，母殁丧不临。嗟哉斯徒辈，其心不如禽。慈乌复慈乌，乌中之曾参。

  大意是，慈孝的乌鸦失去了母亲，哑哑叫着倾吐悲哀的声音。白天黑夜不飞去，一年到头守护着生养它的故林。每晚都在夜半时啼叫，听到的都为之泪下。那声音好像在告诉大家，它没有尽到反哺报答母亲的孝心。鸟类难道都没有母亲吗？为什么唯独你哀怨至深？想是因为母亲慈爱恩情重，使你悲伤难承受。从前有人叫吴起，母亲去世不奔丧。可悲可叹这种人，他的心还不如禽。慈爱的乌鸦啊，慈爱的乌鸦，你就是鸟中的曾参！

二 修身篇

修身，简单讲就是修养自身，在古代也称"修己"。修身要与时俱进，因人而异。不同时代，不同身份，修身应有不同要求。但不论何代何人，修身有三个不变的主题：一是修德，修养自身品德；二是修智，提高自身学识、才能；三是修体，注意养生，保持健康。原北京大学校长、著名教育家蔡元培先生将"修己"分为健康、知识技能、道德三个方面。对于当下的学生来说，就是德智体美劳全面发展；对于成年人来讲，就是要提高思想道德素质、科学文化素质、健康素质。另外，对于不同行业，有着不同的职业道德、工作技能要求，但无论什么人都要遵守社会公德、家庭美德、个人品德。中华民族向来注重道德修养，修身几乎就是修德。如果将自身比作一部车，修德就是把好方向盘；修智就是保养好发动机；修体就是保证机器各部件经久耐用。

修身是儒家思想、曾子思想的核心要义。修身不仅是自身的事，更是家国天下的根本所在。曾子著《大学》中说，身修才能家齐，家齐才能国治，国治才能天下平。而在这些环节中，修身是关键，"自天子以至于庶人，壹是皆以修身为本"，社会上任何阶层任何人，都要以修身为根本。每个人的成长都要从入学接受教育开始，这不就是人人都要以修身为本吗？修身为本不就是"百年大计教育为本"吗？当然，修身绝不仅仅是学生的事，而是每个人的终身课题。领导修养好自身，发挥模范带头作用，才能治理好团队或国家。每个人都修身立德，树立践行社会主义核心价值观，心往一处想，劲往一处使，就会产生无穷凝聚力。

《大学》的修身思想有着悠久的历史渊源，早在尧舜时期就产生了，《尚书·虞书·皋陶谟》中说："慎厥身，修思永；惇叙九族；庶明励翼；迩可远，在兹。"谨慎地修身，修身要考虑持之以恒；按九族的顺序亲近他们；以众多贤明的人作辅佐的大臣；由近及远，先从自身做起。

《中庸》"九经"思想与《大学》宗旨如出一辙。《中庸》"九经"："凡为天下国家有九经，曰：修身也，尊贤也，亲亲也，敬大臣也，体群臣也，子庶民也，来百工也，柔远人也，怀诸侯也。"大凡治理天下和国家有九条常道，那就是：修养自身，尊重贤人，亲爱亲人，礼敬大臣，体恤群臣，爱民如子，招纳工匠，优待远客，安抚诸侯。这里也是将修身放在首位，由近及远，由修身以至家国天下，跟《大学》"修齐治平"的宗旨一致。

曾子丰富的修身思想还集中体现在"曾子十篇"等众多古籍中。曾子忠实继承发展了儒家修身思想。曾子倡导的"三省吾身""慎独""慎微""慎欲"等修身方法，曾子以孝修身的理念，曾子严于修身的故事，都被千古传诵，至今不衰。

关于修身途径，弟子问曾子："读书人怎样修身才能在社会上行得通呢？"曾子回答："没有才能就学，有疑难就问，想做事就仿效贤人，虽有艰险的道路，沿着这个方向走就没有行不通的。如今有的弟子，担心不如别人，但又不谦虚地向贤人学习，对知识贫乏感到羞愧而又不问，事到临头才感到知识不足，因此糊涂不明了此一生，这就是走投无路的人。"(《大戴礼记·曾子立事》)这里曾子概括了一些修身途径：学习、勤问、向榜样看齐。

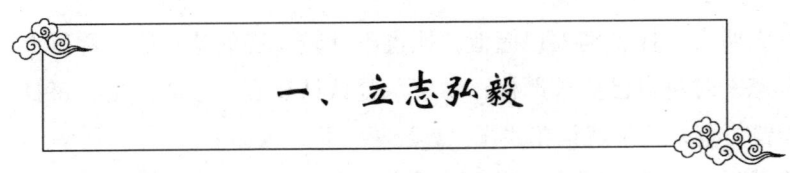
一、立志弘毅

我们知道，做人先立志。曾子在这方面有很深刻的认识。

一天，曾子召集弟子，就立志这个题目给大家授课。曾子说："世间士、农、工、商各有专职，咱们作为'士'阶层的人，就是通过学习古往今来的道理，修养自身，以齐家、治国、平天下。弟子们，修身首先要立志。没有高远的志向，任何事情都做不成。一般来讲，志向越高远，进步就越快。作为士，你们认为应该立什么样的志？怎样立志？"

弟子们私下议论着，有的说要立志做大官，有的说要立志研究学问，还有的立志做孝子……

曾子听着，不置可否。最后，曾子让一位弟子来做总结。弟子说："大家的志向总的来说挺好。但我认为还都没说到点子上。立志做孝子，这当然是高远的志向，很好，但我觉得还是立志行仁更确切些。仁，这是孔子学问的核心啊。仁，就是人心之善，是人之为人区别于禽兽之处。仁可以涵盖义、礼、智、信等道德条目，仁是全德啊。努力学习掌握仁德，并切实践行，这应该是我们士人的志向和担当。"

曾子称赞道："很好，跟我想的一致。"弟子们听了，恍然大悟，感觉自己刚才说的仅仅抓住了一个方面，不如一个"仁"字概括得全面。弟子们纷纷问曾子："先生，怎样才能实现仁的志向呢？"曾子回答："为了实现仁的志向，我认为就不可不具备弘毅精神。"

弟子们第一次听说"弘毅"这个词，纷纷请曾子详细讲讲。曾子说："弘，是指要宽广宏大，就是要能容纳各种思想、建议，要有海纳百川的谦虚胸怀，能虚心请教他人，不耻下问，能接受他人意见。毅，是指要有勇气和力量，守规矩，有坚定的原则立场，努力践行仁德。'弘'和'毅'缺一不可。我们士人任重道远啊，以仁为自己的责任，不是责任很重吗？奋斗到死方休，不是很遥远吗？"弟子们听了，无不表示赞成。

这时候，公明宣站起来，说道："您说以前的一位朋友，自己有本事而能向没本事的请教，自己知识丰富却能向知识贫乏的请教，自己有真才实学却像一无所有一样,别人顶撞他,他也不计较。您的这位朋友称得上'弘'了吧?您平时对自己要求严格,做事总是认认真真,小心谨慎,每日三省,生怕做错了事,这不就是在践行'毅'吗?"

曾子听了,说:"我的那位朋友是做到了'弘',而我本人呢,还算不上'毅',只是在向这个目标努力罢了。"

弟子们感觉这堂课很有意义,各自记录了曾子的教导。后来,他们一起编纂《论语》,便将曾子的意思总结为这样一句话:"士不可以不弘毅,任重而道远。仁以为己任,不亦重乎?死而后已,不亦远乎?"这句话深刻影响了后世,告诉人们要坚定理想信念,树立敢于奋进的精神。

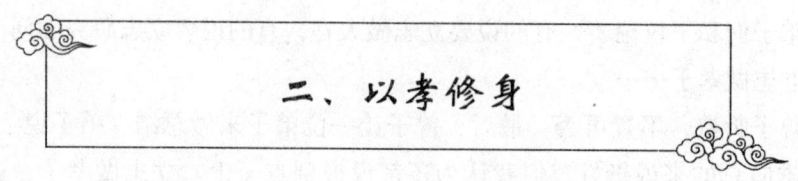

二、以孝修身

"君子"其实就是孝子。《礼记·哀公问》记载,鲁哀公问孔子:"什么叫成就自己的双亲?"孔子回答说:"君子,是一个人成才后的称呼,大家给他这个称号,就是认为他是君子的儿子,就是使其双亲成为君子,所以,君子的含义,就是成就其双亲的名声罢了。"可见,一个人能给父母争光,才称得上君子。要想孝敬好父母,就得修身行道。

孝是曾子修身的动力。曾子把孝置于至高无上的地位,认为一切不道德、不合适的言行都是有辱父母的,都是不孝,所以,要努力修身,好好做人。曾子一生,时刻将孝字放在心头,每动一个念头,每做一件事,总要考虑是否有辱父母,无论父母在世与否都是这样。曾子认为,"望子成龙"是天下父母的最大愿望,父母总是希望儿女具备所有的美德,成就最完美的事业,拥有健康和幸福。所以,子女要努力不辜负父母对自己的美好期望。

曾子以守身为孝,守身即爱护身体、名誉,是修身题中应有之义。曾子终身践行孔子的教导:"天之所生、地之所养的,没有比人再伟大的了。父母给予我们完整的身体,我们就要完整地将身体归还给父母,这可以称得上孝了。不使自己的身体受损伤，不做龌龊之事玷污德行，可以称得上保全身体了。"孔子还说"身体发肤受之父母，不敢毁伤，孝之始也"，爱护好自己的身体是孝敬父母起码要做到的。曾子牢记在心，并将其写进《孝经》。

曾子终生都在为爱护好身体、名誉努力，一生严于修身，时时处于战战兢兢的状态。平时注意避开各种危险，绝不触犯刑法，不与人争斗，认认真真做好自己分内的事。曾子说："自己的身体是父母给的，用父母给的身体做事，怎敢不恭敬认真呢？平常起居不庄重是不孝，奉事当政者不忠诚是不孝，做官不敬业是不孝，对朋友不诚信是不孝，参战上阵不勇敢是不孝。这五种行为做不到，灾祸耻辱就会牵连到父母，怎么敢不恭敬认真呢？"请看曾子临终的故事：

> 曾子病重的时候，知道自己快不行了，把弟子们召集来，说："掀开被子，看看我的脚，看看我的手，《诗经》中说：'小心谨慎多提防，好像站在深渊旁，好像走在薄冰上。'从今以后，我知道身体不会再受到损伤了！弟子们！"曾子终于松了一口气，认为从此可以解脱了。

综合古今学者的研究，曾子的守身应包括爱护身体、爱护人性之善、爱护德行声誉三个方面。这些，不都是修身吗？

《中庸》上说："思修身，不可以不事亲。"想要修好身，就不可不孝敬好父母。孝敬好父母是人生头等大事，这件事做不好，修身无从谈起。孔子说："立身有义矣，而孝为本。"（《孔子家语·六本》）为人处世有方法，而应以孝为根本。反过来讲，修不好身的，也孝敬不好父母，《淮南子》上说："修身不诚，不能事亲矣。"不能尽心修身的，就不能孝敬好父母。可见，修身与行孝有着密切的关系。

中华民族有一个优良传统、民族心理，就是一言一行都要不愧对父母、先人。曾子的孝道对这一传统的发扬应该起了很大作用。

三、勤学好问以修身

学习是修身必不可少的重要环节。《周易》中说："君子以多识前言往行，以畜其德。"君子应该多学习历史文化，以培养提高道德水平。历史是最好的教科书。一个人的德才很大程度上来自读书学习。古代很多读书人是很有才能的，治国理政关键在于发挥这部分人的作用，正所谓"得贤人者得天下"。这说明我们的传统文化是有大用处的，我们要增强文化自信，当下也要善于利用传统文化。诸葛亮应该是古代读书人的优秀代表，他说："才须学也，非学无以广才。"才能需要学习，不学习就不能增长才干。所以，好学是美德。而要学有所成，必须先立志，正如诸葛亮说的："非志无以成学。"古往今来，囊萤夜读、凿壁偷光等好学故事被人们津津乐道。孔子一生"学而不厌，诲人不倦"，他说："即使只有十户人家的小村子，也一定有像我孔丘这样讲忠信的人，只是不如我好学罢了。"（《论语》）孔子最得意的弟子颜回，孔子最赞赏的就是他的好学。有一次哀公问孔子："您的弟子中谁最好学？"孔子回答说："有个叫颜回的最好学。他从不迁怒于别人，也不犯同样的过错。只是他不幸短命死了。现在没有这样的人了，再也没听到谁好学了。"（同上）子贡称赞颜回"夙兴夜寐，讽诵崇礼"（《孔子家语·弟子行》），早起晚睡诵读诗书。据《孔子家语·弟子行》记载，孔子弟子还有两位比较好学：一位是冉求"好学博艺"，好学而多才多艺；一位是曾子"博无不学"，博学到无所不学。曾子不但博学，而且很谦虚："满而不盈，实而如虚，过之如不及，先王难之。"（同上）学问很充实了却不显摆，就像一无所有一样，学问已经超过别人了，却好像赶不上一样，能做到这一点，古代的圣王都感到很难，而曾子做到了。

曾子除了注重书本的学习，还特别注重调查研究。曾子终生践行《大学》里讲的："物格而后知至，知至而后意诚，意诚而后心正，心正而后身修。"研究透了事物的性质规律才能获得真知，获得真知才能真信，真信才能端正心态，心态端正才能修养好自身。曾子说："君子攻其恶，求其过，强其所不能，去私欲，从事于义，可谓学矣。"（《大戴礼记·曾子立事》）君子要去除自己不好的方面，查找自己的过失，努力去做那些困难的事情，去掉私欲，做事合于义，就可称得上学习了。可见曾子所说的学习，就是在实践中修身立德，而不是那种脱离实际的经院式、学究式的学习。

曾子主张理论与实践相结合。他说："君子要珍惜时间用于学习，学到的知识随时准备用于实践，不回避困难，不贪图安逸，以道义为行为准则，白天从事事业，晚上自我反思，以这种态度坚持终身，就可称得上守护基业了。"（《大戴礼记·曾子立事》）这段话逻辑严密，层层递进：学就要珍惜分秒时间，见缝插针；学了就要及时用于实践，学以致用；实践中一定不能偏离正确理论指引的方向，不回避困难，不投机取巧走所谓的捷径；白天将所学理论运用于实践，晚上要进行反思和总结，查找不足。

曾子特别好问，这是曾子的鲜明特点。这一点在《孔子家语》《孔丛子》《孝经》《王言》《曾子问》等古籍记载中随处可见。他说："不懂还不问，是鄙陋。"（《大戴礼记·曾子立事》）"能力不足就学习，有疑惑就问别人。"（《大戴礼记·曾子制言上》）曾子还很讲究提问的方法，他说："君子必须选择好学习内容和方向，向老师请教一定要按照一定的次序。请教了而没有解决问题，凑先生有空时，察言观色，再次请教，即使不满意师长的讲解，也要虚心听取而不争辩。"（同上）《孝经》《曾子问》《王言》等传世典籍都是曾子虚心请教于孔子后，记录流传下来的。"问讯者，知之本"（《说苑·谈丛》），提问是求知的根本，"学问学问，一学二问"，学习离不开提问，不懂就问，要不耻下问。

曾子特别重视提问，对搞不懂的问题绝不臆断，自以为是，总是谦逊地请教于人。孔子说："自己对某事物即使了解知道了，也要进行质证、确证；即使自己有能力也要先谦让于人，然后再去做事。"（《说苑·敬慎》）曾子正是本着孔子的态度扎扎实实做学问。从《孝经》等记载看，回答孔子的提问，曾子总是离开席位恭立回答，即行"避席"之礼，以示尊敬。提到尊师，使我们想到《吕氏春秋》中的故事：

曾子说："君子在道路上行走，有父亲的，可以看出来；有老师的，也可以看出来。那些没有父亲和老师的，他在道路上行走，又怎能看不出来呢？"这是说事奉老师就像事奉父亲一样。曾点派曾参出去办事，曾参过了期限没有回来，人们都来看望曾点，说："曾参大概死在外边了吧？"曾点回答说："我还活着，他怎么敢死呢？"孔子被围困在匡，颜渊落在后面。孔子说："我以为你不幸死了呢。"颜渊说："有老师在，我怎么敢死呢？"颜回对待孔子，就像曾子事奉父亲一样。古代的贤人，他们尊敬老师到了这种地步，所以，老师用尽智慧把所有的知识教给那些尊敬自己的学生。

从这则故事来看，颜回之所以成为孔子最得意的弟子，应该跟他十分尊重孔子大有关系。因为尊重，所以孔子毫不保留地将所学传授给颜回，可惜颜回英年早逝，不然接孔子的班大有希望。从故事中曾子的话来看，曾子尊敬老师就像孝敬父亲一样，他尊师不亚于颜回。这样，孔子将平生所学传授给曾子，曾子成为孔子正宗思想的继承人就没有什么可奇怪的了。

曾子有句名言对学习解读得很透彻："君子既学之，患其不博也；既博之，患其不习也；既习之，患其不知也；既知之，患其不能行也；既能行之，贵其能让也。君子之学，致此五者而已矣。"（《大戴礼记·曾子立事》）是说，君子既然学习了，就要担心学识不渊博；学识渊博了，就要担心对学的知识不能够温习；对学的知识温习巩固了，担心的是不能够理解；对学的知识能够理解了，担心的是不能够把知识运用于实践；能够把所学的知识运用于实践了，可贵的是能够做到谦让。君子的学习，能做到这五点就可以了。

可贵的是曾子学无常师。弟子问曾子："读书人怎样做才能发达亨通呢？"曾子回答："没有才能就学，有疑难就问，想做事就效法贤人，这样做，即使道路艰险，也没有行不通的。如今有的学生，担心不如别人，又不知道谦虚地向贤人学习，对知识贫乏感到羞愧而又不去问，事到临头才感到知识不足，因此糊涂不明了此一生，这就是走投无路的人。"（《大戴礼记·曾子制言上》）曾子还说："以能问于不能，以多问于寡；有若无，实若虚；犯而不校：昔者吾友尝从事于斯矣。"（《论语》）有才能却向没才能的人请教，知识多却向知识少的人请教；有能力像没有能力一样，知识充实像空无所有一样；别人侵犯他，他不计较：从前我的一位朋友就做到了这样啊。有学者说，曾子说的这位朋友就是颜回。这就是孔子说的"不耻下问"，不以请教不如自己的人为耻。孔子说："三人行必有我师焉，择其善者而从之，其不善者而改之。"几个人一起走路，其中必定有人可以做我的老师，我选择他好的地方向他学习，选择他不好的地方作为借鉴。

曾子注重教学相长，师生间相互学习提高。韩愈说："师不必贤于弟子，

弟子不必不如师"(《师说》),老师不一定什么都比学生高明,学生也不一定什么都不如老师。这里有一则故事:

公明宣做曾子的学生,三年不曾读书。曾子说:"你跟随我上学,三年不学习,为什么呢?"公明宣说:"哪里敢不学习呢?我见先生在房内,父母在,呵斥的声音不曾让狗、马听到,我喜欢这一点,学习了但还没能做到。我见先生接待宾客,恭敬俭约却不松懈怠慢,我喜欢这一点,学习了但还没能做到。我见先生在家里,严格对待晚辈却不毁伤他们,我喜欢这一点,学习了但还没能做到。我喜欢这三点,向您学习了但还没能做到,我怎敢跟您上学而不学习呢?"曾子离开坐席道歉说:"我不如你,你是在学习啊!"

曾子没有不问青红皂白地训斥学生,而是先询问他,了解情况,这正是

公明宣像(选自清代《宗圣志》)

没有调查就没有发言权的谨慎作风。而正是曾子的这种谦虚谨慎，使他从学生那里受到启发教益。于是曾子就把学生当作老师，对之行"避席之礼"，可见曾子毫无老师的架子，虚以下人，以能者为师。

四、以礼修身

"礼"在古代涵盖范围很广，包括国家制度、礼法，包括不同阶层的行为规范，可以说礼就是各种规矩的总称。守礼简单地说就是守规矩，曾子一生以守礼修身。对于古代的礼，我们要学会扬弃取舍。对于维护封建社会政权、族权、神权、夫权的礼，我们要坚决摒弃，但有很多古代的礼仍值得我们深入研究利用，大力继承弘扬。中国礼文化经过了数千年的发展积淀，博大精深。古代"缘人情而制礼，依人性而作仪"，礼是根据人情、人性制定的，还有根据自然规律制定的，这些肯定有科学合理的成分，这些对于提高公民文明素质，建设和谐社会仍然意义重大。

曾子极为重视礼。"内仁外礼"是孔子思想的核心。曾子守礼极严，他跟孔子一样，希望天下能回归周礼，但也感到十分渺茫。其实这只是一厢情愿的空想，因为当时新兴地主阶级必然要跟旧贵族争权夺利。当时早已"礼坏乐崩"，周天子早已失去了天下共主的地位，诸侯士大夫僭越礼制的行为比比皆是，诸侯不把周天子放在眼里，卿大夫篡夺诸侯的权位，家臣篡夺卿大夫的权位，子弑父、臣弑君的现象也屡屡发生。《春秋》记载的200多年历史，共有36名君主被杀，52个诸侯国被灭，发生大小战事480多起，诸侯的朝聘和盟会450余次。对于僭越礼制的行为，曾子的父亲曾晳曾勇敢地站出来反对。僭礼篡权的鲁国大夫季武子死了，别人都慑于其权威，以对待国君的礼仪对待他，而曾点非但不谄媚讨好，反而在吊唁时"倚其门而歌"，倚靠着他家的大门唱歌，可见其多么蔑视季武子。曾子也像父亲一样，敢于蔑视权贵。对于合乎情理的礼制，比如君臣、父子、夫妻、朋友等人伦关系间的礼制、礼仪，曾子都是模范遵守。曾子说："君子思不出其位。"（《论语》)君子思考问题不要超出了自己的本分地位。也就是要扮演好自己的各种角色,就像《大学》中说的:"为人君止于仁;为人臣止于敬;为人子止于孝;为人父止于慈;与国人交止于信。"做人君的要做到仁爱,做人臣的要做到恭敬,做人子的要做到孝敬,做人父的要做到慈爱,与国人交往要做到诚信。当然也包括扎实做好本职工作。我们来看曾子是怎样"思不出其位"的,《孟子》记载,大意是:

曾子居于武城时,有越国军队侵犯。有人对曾子说:"越军来了,何不离开这里呢?"曾子说:"好吧。不要让人借住在我的房舍里,也不要损坏那里的树木。"越军退后,曾子说:"修好我的房舍,我将要返回。"越军退走了,曾子也回来了。他旁边的人说:"武城的官员对待先生是这样的忠诚和尊敬,越军来了您却首先离去,这已经受到百姓的责备了;越军退走了您马上返回来,这恐怕不合适吧。"他的学生沈犹行说:"这不是你们所知道的。过去我们家有负刍作乱,跟随曾先生的有七十人,没有一个参与的。"

子思居于卫国时,有齐国军队侵犯。有人对子思说:"齐军来了,何

易箦图(选自清代《宗圣志》)

不离开这里呢?"子思说:"如果我离开了,谁与国君一同守卫国家呢?"

孟子说:"曾子和子思的思想观念是相同的。曾子当时是老师,是长辈,可以随意去留;子思当时是臣子,地位低,必须服从命令。如果曾子与子思对换一下,他们也都会那样做。"

曾子严于守礼,直到生命最后一息:

曾子病重卧床,旁边的童子看到曾子铺的席子很光亮华丽,说:"那不是大夫的席子吗?"而乐正子春却示意童子不要吱声。此时,曾子警觉起来,发现果然是季孙氏的席子,便马上吩咐儿子换下来,认为自己的身份是士,不应该僭越礼制铺大夫的席子,更何况是鲁国篡权贵族季孙氏的席子呢?儿子说:"您病太重了,不能再换席子折腾了。"而曾子却说:"你连那个童子都不如!君子爱人是帮助他守道德,小人爱人是姑息纵容他的苟且行为。我还求什么呢?我能得以守规矩地离世,也就满足了。"不得已,只好换席。席子刚换下来,还没等扶曾子躺好,曾子就咽气了。(《礼记·檀弓上》)

曾子生病时,弟子孟仪去看望他,曾子向孟仪讲了礼仪的三条准则:"君子遵循礼来树立志向,那么思想上就不会出现贪欲;君子思考礼来成就品德,那么怠惰轻慢的情况就不会发生;君子遵循礼用于仁义,那么纷争暴乱的言词就会远离。"(《说苑·修文》)这是说通过遵守规则来达到修身的目的。

孟仪像(选自清代《宗圣志》)

这里需要说的是,"礼"原本是维护等级名分的宗法制的产物,而曾子把"礼"由典章制度向伦理道德转化,把礼节仪式的"礼"逐渐演化为待人恭敬、谦虚、礼貌之"礼"。例如:晏子虽然没有按旧的礼制办丧事,因为他待人恭敬,曾子仍然称赞他懂得礼。曾子说:"德行就是按礼仪行事的意思,礼是尊敬地位高的人,孝顺老年人,慈爱年幼的人,友爱年龄小的人,施恩惠于贫贱的人。这样的礼,做到它就是有德行,树立于天下就是正义。"(《大戴礼记·曾子制言上》)这里的"礼",已经不讲外在的仪节,而完全属于道德的"礼"了。曾子赋予"礼"以积极的意义,跟我们现在所讲的"文明礼貌"高度一致。

当下我们要学习曾子的守礼精神,增强规矩意识,遵纪守法,照章办事。

五、以友修身

曾子特别强调外部环境对修身的影响。在交友上,曾子主张交益友、远损友。曾子说:"蓬生麻中,不扶自直;白沙在泥,与之皆黑",蓬草生长在麻地里,不用扶自直;白沙放在黑泥里,与泥一起都是黑的。曾子的交友思想来自孔子,请看故事:

有一次,孔子对曾子说:"我死以后,卜商会一天天上进,端木赐会一天天退步。"曾子问:"为什么呢?"孔子说:"卜商喜欢与比自己优秀的人相处,端木赐喜欢取悦不如自己的人。如果不了解他的儿子,去观察一下他的父亲就了解了;如果不了解这个人,去观察一下他的朋友就了解了;如果不了解这块地的土质,去观察一下它上面生长的草木就了解了。所以说:与好人在一起居住,就像进入放置芝兰等香草的房间,时间长了就闻不到它的香味,这是与它同化了;与不好的人居住在一起,就像进入存放鲍鱼的店铺,时间长了就闻不到它的腥臭,也是与它同化了啊。存放朱砂的地方是红的,存放漆的地方是黑的,因此,君

子必须谨慎地选择他所共处的人。"(《孔子家语》)

曾子总是将孔子的教导牢记在心。孔子说"无友不如己者",不要交往不如自己的朋友。所以,曾子尽量交往贤人,交往在某方面超过自己的人。从记载来看,曾子交往的朋友都很优秀,如子张、子夏等。曾子还有一位知己好友,那就是名士黔娄。黔娄重修身,节操清高,不求仕进。鲁国国君听说他很贤能,派人送给他礼物,赐予三千钟的小米,想让他为国相,而他推辞不受。齐王又以百斤黄金为礼物,聘他为国卿,他又推辞不就。他著书四篇,论述道家思想,终身不屈服于富贵,得以无疾而终。在他去世时,《列女传·贤明传》记载,大意是:

黔娄去世了,曾子十分悲痛,带着学生前去吊丧。黔娄的妻子迎出大门,曾子向她表示慰问。走进前室,曾子看到黔娄的尸体躺在窗下,头枕砖坯,下铺禾秸,穿着破烂的破絮袍子,盖着麻布被,头脚不能全遮住,盖住头就露出脚,盖住脚就露出头。曾子觉得朋友这样离世很不体面,对黔娄的妻子说:"斜着拉一下先生所盖的被子,不就全盖住了吗?"黔娄的妻子却说:"斜着有剩余,不如正着不够用。先生因为从不偏斜的缘故才到了这个地步。他活着的时候做事从不偏斜,死后却让他偏斜,这不是先生的意愿。"曾子听着听着,禁不住泪如雨下。过了一会儿,曾子哽咽道:"可惜啊,这样一位贤人!先生的死,用什么作谥号呢?"黔娄的妻子回答:"用'康'作为谥号。"曾子感到不解,问道:"先生活着的时候,饭不能吃饱,衣不能遮体,死后手脚都不能覆盖,身旁没有祭祀的酒肉。活着没有享受美好的东西,死后也没有得到荣华,还有什么安乐可讲却用'康'为谥号呢?"黔娄的妻子说:"先生生前,国君曾想授给他政务让他担任国相,他推辞不去任职,这是尊贵有余吧;国君曾赐给他三千钟小米,他推辞不去接受,这是财富有余吧。先生他这个人,甘愿吃天下最清淡的食物,安心居天下最低的位置,不为贫贱而忧惧,不为富贵而欣喜,他追求仁爱就得到了仁爱,追求正义就得到了正义,他的谥号定为'康'不是很合适吗!"曾子听了,赞叹道:"有这样高尚的丈夫就有这样高尚的妻子啊!"

这位黔娄先生正是曾子的知己。曾子说:"晋国和楚国的财富,我赶不上。但他有他的财富,我有我的仁德;他有他的爵位,我有我的道义,我有什么感到不足的呢？"(《孟子》)曾子的价值观与黔娄何其相似。

曾子终身践行孔子教导的亲贤人远小人的交友原则，临终时还用孔子的这一教导来教导儿孙，只不过最后曾子加了一句自己的话："与君子交往，就好像冬至后天渐渐加长，而自己感觉不到；与没有德行的人交往，就好像走在薄冰上，每走一步都在下滑，能用多长时间而不陷入水中！"(《大戴礼记·曾子疾病》)这是很有见地的，我们看到，当下贪腐官员大都是因为结交了不良"朋友"而被拉下水的。曾子以此教育子孙，希望将之作为家风，世代传承下去。

"近朱者赤近墨者黑"，交良友远损友，每个人对此都要高度警惕，这类告诫史不绝书，不胜枚举。如明代高攀龙告诫子孙"重行义，慎择友"，"交游最要审择"，在交友上要坚持宁缺毋滥的谨慎态度。

曾子还主张"以文会友，以友辅仁"，通过朋友间交流讨论来促进学习。《礼记·学记》中说："独学而无友，则孤陋而寡闻。"如果学习中缺乏学友之间的交流切磋，就必然导致知识狭隘，见识短浅。思想相互碰撞，才能产生灵感的火花。

曾子认为朋友间的相互忠告可以促进修身，所以曾子主张对朋友忠诚实在，他每天"三省吾身"，其中两条与交友有关：一是给人谋事是不是不忠诚了，二是与朋友交往是不是没守信用。曾子还对朋友的过失直言相劝，请看故事：

> 子夏死了儿子，悲伤过度，竟然哭瞎了眼睛。曾子听说了，前去看望。曾子见了子夏，说："我听说，朋友的眼睛失明就应该为他哭泣。"说着，曾子就与子夏一起抱头痛哭。过了许久，子夏说："天啊！我没有罪过啊！"曾子一愣，责备道："卜商！你怎么没有罪过呢？我和你过去在鲁城洙水、泗水之间事奉老师，你离开老师后到西河养老，使西河的百姓把你比作老师孔子，你平时为什么不将老师放在自己前头呢？这是你的第一桩罪过。你父母去世，你没有趁机示范丧礼，好让老百姓学习，这是你的第二桩罪过。死了儿子，就哭瞎了眼睛，老师孔子说'身体发肤受之父母，不敢毁伤，孝之始也'，你忘记了他老人家的教诲，做出这不孝的行为，这是你的第三桩罪过。卜商啊，你怎么能说没有罪过呢？"子夏听了，扔掉自己的手杖，下拜道："是我错了，是我错了！我离开大家单独居住，时间也太久了啊！"

对这则故事，《论衡》评论说，子夏认为自己目盲是上天的惩罚，是天命迷信思想，而曾子没有批评子夏的迷信，这说明子夏、曾子都没有"免俗"，即在这一点上见识不高，同于俗人。这反映了曾子思想的历史局限性，但我们不能苛求于古人。

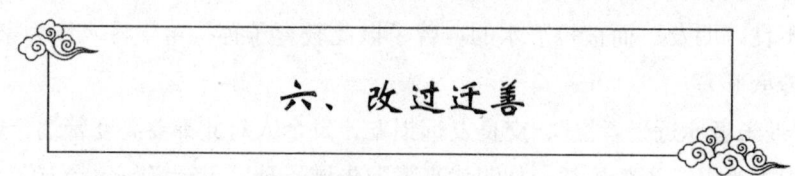

六、改过迁善

人难免会犯错误，可贵的是知错就改。《左传》上说："人谁无过？过而能改，善莫大焉。"人没有不犯错误的，只要能及时改正，就是最好的。孟子说："闻过则喜，闻善则拜。"（《孟子》）听到自己的过错就要欣喜，听到善言就要敬拜感谢。子路闻过则喜，大禹闻过则拜，值得我们学习。孔子说："忠言逆耳利于行，良药苦口利于病。"（《孔子集语》）别人指出自己的缺点，就像给自己药吃，药虽苦却可以治病，所以我们要欣喜感谢。当局者迷旁观者清，人往往看不到自己的缺点，而别人清楚，群众的眼睛是雪亮的。正像唐太宗在谏臣魏征病逝后说的："以铜为镜，可以正衣冠；以古为镜，可以知兴衰；以人为镜，可以知得失。魏征去世，我失去了一面镜子啊！"（《资治通鉴》）

曾子就是闻过则喜，立闻立改。曾子说："有人说我的好话，我生怕他传扬出去。有人说我不好的话，我反而很高兴，生怕自己听到后露出鄙夷的神色。所以君子纠正过错，不是仅仅表面修饰一下文辞就算完了，而是要真诚地发自内心，表现于容貌。他爱自己越深，他更改得也就越快，就像追赶野兔一样只怕赶不上。所以只能不懈努力推进改正，而不能有丝毫懈怠退缩。就像《诗经》中说的：'看那鸟儿叫脊令，一边飞来一边鸣。我要天天向前进，你也月月忙远行。'这说的就是不懈努力上进的意思。"（《中论·贵验》）曾子是这样说的，也是这样做的，请看《荀子·大略》中曾子"食鱼悔过"的故事，大意是：

一天，曾子的弟子捕了很多鱼，这可大大改善了生活，几乎每天吃鱼。可鱼实在太多了，一时吃不了，怎么办？曾子说："把剩下的鱼用米汁浸渍起来吧。"一位弟子说："用米汁浸渍的鱼吃后容易伤人，不如腌制的好。"曾子说："啊？是这样吗？我怎么知道得这么晚呢！"没想到曾子竟泪流满面，说道："我不是存心要害人啊，实在是不知道这些！"曾子对自己的错误深恶痛绝，毫不护短。弟子听了，下拜道："先生，您承认自己的过错如此坦诚，一般人比不了啊！"

《礼记·檀弓上》也记载了两则曾子认错的故事：

曾子在卫国的负夏吊丧。主人已行过了祖奠礼，撤了奠，见到曾子来吊丧，就把灵柩推回到祖奠的位置上，让妇人降到阶下，然后行礼。随从来的人问："这合乎礼吗？"曾子说："祖奠是暂时的礼仪。既然是暂时的，为什么不能将灵柩推回原先停放的地方呢？"随从来的人又去问子游："这样做合乎礼吗？"子游说："饭含在窗下，小殓在寝室向门处，大殓在东阶主位上，停柩在西阶客位上，祖奠在庙的前庭，下葬在墓地，这一切是用来表示逐渐远去的，所以办丧事只能进不能退。"曾子听到后，说："子游说的出祖的道理，胜过我对出祖的理解。"

曾子以袭裘的装束去吊丧，子游以裼裘的装束去吊丧。曾子指着子游给别人说："这个人还是个熟习礼仪的人呢，怎么能以裼裘的装束来吊丧？"小殓以后，主人袒露左臂，去掉头巾，用麻束发。子游快步出去，束上麻带，扎上麻绳，然后进来。这时，曾子连忙说："我错了，我错了，这个人做的才是对的。"

从以上几则故事来看，曾子求知若渴，"博无不学"（《孔子家语》），见什么学什么，不但饱读经史，还很重视对生活、生产知识的学习。古人云："圣人之于天下，耻一物不知。"（《法言·君子》）圣人对于某一事物有所不知，就深感愧耻。曾子正是这样一位圣贤。曾子非常注重自我反省、自我批评，所以对自己的无知深感愧悔。

七、全面发展

要真正修好身,就离不开全面发展。曾子的全面发展,在古代圣贤中并不多见。曾子的父亲曾皙是孔子著名弟子,小时候,曾子从父亲那里接受了良好的教育,精通"六艺":射、御、礼、乐、书、数,即射箭、驾车、礼仪、音乐、识字及书法、算术。古代"六艺"之学早在西周就已普及了。《周礼》记载:"以乡三物教万民而宾兴之:一曰六德,知、仁、圣、义、忠、和;二曰六行,孝、友、睦、姻、任、恤;三曰六艺,礼、乐、射、御、书、数。"在社会上以三件事来教化广大民众:一是六种品德,知、仁、圣、义、忠、和;二是六种德行,孝敬父母、友爱兄弟、和睦乡邻、亲近姻亲、诚信交友、周济贫困;三是六种技艺,礼仪、音乐、射箭、驾车、识字及书法、算术。以上三项中学业优异的,被推举出来,对之行宾客之礼,以示尊重,以使民众学有榜样。《周礼》首先强调的是伦理道德教育,然后是实用技能教育,跟我们当下促进全面发展的素质教育很相似。孔子崇奉《周礼》,所以仍旧注重学生的全面发展,六艺是重要教学内容。

我们当下的素质教育,要求德智体美劳全面发展,而曾子恰在这五方面都很优秀,分别来看一下。

德育。曾子事亲至孝,很多道德故事千古传诵,是古代妇孺皆知的道德楷模,王侯将相、平民百姓无不敬仰他。

智育。在学问上,曾子作《孝经》等,集孝道思想之大成;著《大学》《曾子》等,其功至伟。曾子气节铮铮,不愿与无道的统治者合作,多次推辞了高官厚禄。但他境界高,精通内圣外王的政治智慧,偶尔也小试牛刀,例如下面这则《说苑·尊贤》中的故事:

  曾子在费国为宾师期间,鲁国军队攻打费国。曾子向费国国君告辞说:"请允许我离开这里,进攻结束后我再回来。请暂且不要让狗猪进入我的馆舍。"国君很吃惊,心想:"曾子这算什么贤人?在我危急时刻竟然退缩!"于是,国君愤怒道:"我对先生礼遇有加,无人不知。现在大敌当前，先生却要临阵脱逃，我还为先生守什么馆舍？！你去就去吧，恕我不送！"一怒之下，国君下令拆毁了曾子的馆舍。鲁国果然兵临城下，攻城之前，列数了费国十条罪状。曾子听说了，便去见鲁国带兵的将领。将领久闻曾子大名，迎接曾子落座，待以上宾之礼。曾子针对鲁国列数费国的十条罪状，逐一进行了反驳，驳得将领哑口无言，面红耳赤。将领虽然理屈，但从心里佩服曾子的胆识。于是，对曾子说："将在外君命有所不受。虽然我是奉鲁君之命来攻打费国，但听了先生之言，还是不攻打的好，我们干脆回去复命吧！"于是撤兵。将领回到鲁城向鲁君说明情况，鲁君认为曾子说得有理，便不再攻打费国了。

费君闻此喜讯，对曾子感激涕零，亲自登门道歉，并派人赶紧重新修葺了曾子的馆舍，亲自迎接曾子回来。

曾子当时应该是费国国君的宾师，不是臣子，按照礼制，可以来去自由。曾子选择离开，必有迫不得已的原因，绝不是退缩。类似的故事《孟子》有记载，曾子在越寇来犯武城时躲避了，那是为了带领学生不参与动乱。

体育。曾子家境并不好，他传承了祖上大禹亲身劳作艰苦奋斗的家风。曾子从小跟父母一起参加体力劳动，打柴、耘瓜、耕种样样都行。体力劳动带给曾子一副好身体，曾子活了七十多岁，古代生活条件差，"人活七十古来稀"，曾子算是高寿了。

美育。曾子在音乐上的造诣非同一般，称得上音乐家。父亲曾晳酷爱音乐，爱唱歌、鼓瑟。在"四子侍坐"故事中，孔子让弟子言说志向时，曾晳竟然一直在鼓瑟，直到孔子提到他时，才停下来。而回答孔子自己的志向，也有"唱着歌儿回家"的内容。据记载，曾晳还曾在权贵季武子去世时，倚着门唱歌。在父亲的教育影响下，曾子同样酷爱音乐。"耘瓜受杖"故事中，曾子误断瓜根，曾晳将曾子打昏，曾子回家后鼓琴，以表示自己无恙。

音乐是曾子生活中的重要内容。他喜欢用歌唱、鼓琴来抒发情怀。曾子耕于泰山下，雨雪交加，不能回家看望父母，就以音乐来抒发怀念之情。《庄子》还记载：

曾子居住在卫国，衣衫褴褛，面色浮肿，手、脚布满老茧，连续三天不生火做饭，十年不做一件衣服，戴正帽子却没了帽带，抓住衣衿就露出了胳臂，穿上鞋子脚后跟就裂开了。而他却飘摇着束发的带子咏唱《商颂》，声音充塞天地之间，像敲响的钟磬。天子得不到他做臣下，诸侯得不到他做朋友。曾子有着高尚志向,就忘记了自己的形体,忘记了功名利禄,致力于道义,就忘记了机巧。

曾子琴技高超。《孟子外书》记载,孟子出游到莒地,见到当年曾子讲学的厅堂。孟子登上厅堂一边弹琴一边唱歌,他的两三位弟子跟着唱和。莒地的老人说:"很长时间没有听到这样的音乐了,你们是圣人一类的人啊。"可见孟子之前,曾子曾经在此鼓琴唱歌,格调高雅,流传下来。孟子乐曲的格调与曾子相似,所以唤起了老人的记忆。曾子故里嘉祥县早在金代之前就建有"琴堂",传为曾子鼓琴处。

曾子有很高的音乐鉴赏力。《韩诗外传》记载:

> 一次,孔子正在鼓瑟,曾子、子贡在门旁听。一曲终了,曾子说:"哎呀!老师的瑟声似乎有贪婪如狼的意思、邪恶不端的举动,不仁爱,逐私利,怎么这么严重呢?"子贡认为对,没回答就进入室内。孔子看到子贡有劝谏过错的表情,准备接受责难的样子,便放下瑟等待他。子贡把曾子的话告诉孔子。孔子说:"哎呀!曾参真是天下贤能的人,他熟悉怎样识别乐音了啊。刚才我鼓瑟,有老鼠出来走动,有只猫出现在屋里,它沿着房梁偷偷地爬行,又突然躲避,伏下眼睛,曲起脊背,捕捉老鼠而得不到,我用瑟音表达了它的邪恶。曾参认为我的瑟音贪婪如狼、邪恶不端,不正是这样吗?"

曾子还是一位作曲家。汉代蔡邕《琴操》记载,乐曲《残形操》《曾子归耕》是曾子所作,《琴操》还记载:

> 乐曲《梁山操》就是曾子创作的。曾子年少时对父母非常孝敬,在孔子那里有很高的声誉。曾子家中贫困并且没有固定的职业,所以就在家侍奉父母。曾子亲自努力耕作,在纵横交错的土地上求取收益。根据春夏秋冬四时的不同,适时给父母送上美味的食品。他曾在泰山脚下耕作,遇到了天降连阴雨,雨雪交加,饥寒交迫,整整一个月不能回家。曾子想念父母,于是创作了这首忧虑思念的琴曲。

梁山,应该就是泰山脚下的"梁父山",古代很多帝王举行封禅大典,就是封"泰山"而禅"梁父"。这首乐曲对后世影响很大,诸葛亮在躬耕南阳时,喜欢吟唱《梁父吟》,《梁父吟》就是曾子的《梁山操》。

讴歌孝道的乐曲,在中国由来已久,《诗经》里就有不少。曾子正是继承了《诗经》的这个好传统。

劳育。曾子从小热爱劳动,打柴、种地样样行。曾子说,耸肩谄笑讨好人,"病于夏畦",比夏天在田里劳作还要难受。可见曾子亲身体验过劳作的辛苦,才用了这么贴切的比喻。劳动培养了曾子深厚的爱民情怀。曾子长期生活、劳动在民间,深知劳动人民的疾苦,痛恨统治者对劳动人民的剥削压迫。《论语·子张》记载:

> 孟孙氏任命阳肤做法官,阳肤向曾子请教怎么样才能当好法官。曾子说:"在上位的人不按正道行事,民心离散已经很久了。如果了解罪犯的真实情况,就应该怜悯他而不应该居功自喜。"

曾子看到了当时官逼民反的现实,对民众的造反持理解同情态度,站在劳动人民一边,这是难能可贵的。

阳肤像(选自清代《宗圣志》)

八、三省吾身

在修身上曾子特别重视反省,每天"三省吾身"。人要修饰好仪表就必须经常照镜子,人的心灵也需要经常照镜子,自我反省就是心灵的镜子。反省首先要有正确的标准,通过对照,知道自己哪些没有达到标准。这个标准就是正确的道理,需要通过学习实践才能获得,所以自省绝不是脱离学习和实践的闭门思过。

曾子还将反省的修身方法传授给弟子,他说:"君子应该珍惜点滴时间进行学习,学到的知识随时运用于实践,不回避困难,不贪图安逸,以正义为行为准则,白天从事事业,晚上自我反思,以这种态度坚持终身,就可称得上能守护基业了。"(《大戴礼记·曾子立事》)弟子们谨记教导,并将之写进《曾子》一书,传于后世。

曾子坚持做到"吾日三省吾身",请看故事:

一天,南武城的傍晚,月朗星稀。曾子在书房独自冥坐,窗外隐约传来鼓乐欢笑声。这时,一位弟子满面笑容,快步跑来,敲门而进,行礼毕,问道:"先生,今晚有楚国来的舞乐百戏表演,很精彩,大家都去看了,咱们也一起去看吧?您终日忙于讲学、研究,也该歇歇啦。"曾子神情凝重,若有所思,缓缓说道:"杂耍虽好,非吾所好。我白天忙于工作,晚上总要从三方面反省自身:为人谋事是不是尽心尽力了,与朋友交往是不是失信了,学过的知识是不是温习巩固了,我早已习惯于每日三省了。你愿意去就去吧,我今天虽已完成了'三省'功课,但还要读书,没时间去。"弟子连忙退下,心里对老师更敬佩了。于是打消了看舞乐的念头,回房读书去了。

弟子们听说这件事后,纷纷仿效曾子"三省吾身"的做法,只不过根据自己的实际,反省的内容各有不同。弟子们把曾子的"三省吾身"写进了《论语》,流传开来,至今仍是妇孺皆知的修身箴言。曾子的后人更是发扬祖德,将家族堂号定为"三省堂","三省"作为家风,成为曾氏族人代代相传的精神基因。

曾子思想深刻影响了战国时期的思想家荀子,《荀子》一书明里暗里引用曾子言论故事很多。《荀子·劝学》:"君子博学而日参省乎己,则知明而行无过矣。"对于"参",唐代学者杨倞注:"参,三也。曾子曰:吾日三省吾身。"这句话是说:君子广泛地学习,而且每天多次检查反省自己,那么他就会聪明机智,而行为就不会有过错了。

斗转星移,物是人非,而思想却穿越时空,万古长青。"吾日三省吾身",永远闪耀着思想的光辉,古往今来,激励无数中华儿女立德修身,建功立业。

曾子"吾日三省吾身",将被永远传诵下去!

九、谨慎以修身

谨慎是修身的必要方法。西汉著名学者刘向说:"力胜贫,谨胜祸,慎胜害,戒胜灾。"(《说苑·谈丛》)勤奋可以战胜贫穷,谨慎可以避免祸患,小心可以防止侵害,警惕可以免遭灾难。关于谨慎以修身,刘向在广泛吸收诸子百家基础上,做了精要的总结,大意是:

要想修身走正道,就不可不谨慎。嗜欲会损害人的德行,谗谀会错乱人的正直之心,众人的言论可动摇一个人的主见。忧患生于对事物的忽视,灾祸产生于细微之处,污辱难以洗掉,失败的事情不可追悔,如果不深谋远虑,将来痛悔又有何用?心怀侥幸,是戕害生命的斧子;嗜欲是追逐灾祸的快马;欺谩诌谀是穷辱的斋舍;取笑于人是走向祸乱之路。所以说,不要心存侥幸,务必做到忠信,节制嗜欲,不要取笑于人,这就可以称作君子,好名声常在了。抱怨生于受恩者不知道感恩报答,祸患生于福禄太多,安危在于自己,不困穷在于早做预防,国家、团队的存亡在于能否得到贤人。慎终如始,才能长久平安。能做到这五方面,就可以保全自身。"己所不欲,勿施于人",才是最重要的道理。(《说苑·敬慎》)

要说谨慎以修身远祸，曾子堪称典范。对照刘向总结的谨慎修身的内容，曾子大部分做得很好，刘向的总结应该很多得益于曾子的启发。我们从慎微慎初、谨言慎行、慎欲、预防等方面来看曾子是如何谨慎修身的。

慎微慎初。曾子说："君子遇到祸患就消除它，遇到不正当的财物、女色就远离它，遇到流言就断绝它。灾祸产生之初，总是细小微渺的，因此君子要及早灭绝它。"（《大戴礼记·曾子立事》）

曾子说："君子不因为小的、不明显的善事而不去做，要严于律己，宽以待人。别人理解我是我的愿望，别人不理解我也要这样做。君子应终生勤勤恳恳地践行好这一点。"（《大戴礼记·曾子立事》）这正是"不以善小而不为，不以恶小而为之"的慎微态度。

曾子说："父母不喜欢自己，就不敢与外人交朋友，亲近的人与自己不友爱，就不敢寻求疏远的人相友爱；小事情没有弄明白，就不敢谈论大事情。"（《大戴礼记·曾子疾病》）小事做不好，还谈什么大事呢？所以要谨慎于小事、细节，千里之行始于足下，要踏踏实实走好每一步。

谨言慎行。曾子一生战兢戒惧，十分谨慎。曾子说："君子思考问题要克服感情用事，考虑好再行动，论证后才去做。做事必须能够公开说出去，说话必须考虑全面，考虑全面必须没有可后悔的话，就称得上谨慎了。"这是说要三思而后行，言行一致。

曾子还说："人们相信君子的话，就会跟着去做，人们相信君子的行为，就会跟着反复去做。在做的过程中愈益感到君子的言行是可以效法的榜样，并且可以长久地效法。如此，就可以说言行一致至诚至善了。"（《大戴礼记·曾子立事》）而要成为人们效法学习的榜样，君子就要谨言慎行，所以曾子说："君子在是非没有辨明前不要发表意见，没研究清楚也不要发言，同时有两个问题需要解决，要先易后难。"（同上）可见，曾子主张没有调查就没有发言权。

曾子主张要广泛学习并抓住要领，少说而坚定地去做，行动一定要在别人前面，说话要在别人后边，君子应终生为践行好这一点而忧虑。（《大戴礼记·曾子立事》）曾子还说，行动不求过急才能做好，做事不求过快才能成功，自己说的话，要能够得到后人的宣扬，自己做的事，要能够成为后人的榜样，君子应终生为遵守好这一点而忧恐。（同上）

曾子说:"可说但没有真凭实据的话,宁愿不说。君子整天说话,不会有过错,小人一张口就出错,招致他终生的怨咎。君子不助长胡言乱语,不谈论鬼神,君子追求宏远的道理,精研探讨,使学识逐渐长进。众人之言改变不了自己的主见,不赞许神异之言,别人的话不真实就不要应和。"(《大戴礼记·曾子立事》)俗话说"祸从口出",慎言能远祸。尤其可贵的是,曾子不以众人之言而改变自己正确的主见。

曾子教导学生说:"君子把灾祸作为担忧的事情,把耻辱作为可怕的事情,见到善事唯恐不能参加,见到坏事唯恐涉及自己。因此君子应终生保持警惕的态度。"曾子一言一行始终遵循道义,丝毫不放松警惕。(《大戴礼记·曾子立事》)

曾子还教导学生说:"君子见到利益就要想到由此可能带来的害处,见到坏事就要想到由此可能带来的指责,贪欲就要想到由此可能产生的耻辱,愤怒就要想到由此可能产生的祸患。君子应终生为遵守好这一条而战战兢兢。"(《大戴礼记·曾子立事》)这是说要见利思义,惩忿窒欲。

慎欲。曾子一生慎重对待欲望,远离各种诱惑。曾子病重弥留之际,对儿子们说:

> 鹰隼认为高山低矮,加高后在上面筑巢居住,鱼、鳖、鼋、鼍认为深潭太浅,深挖后在里面作穴居住,之所以终于被人捕捉,是因为贪食诱饵。因此,君子如果不为了谋求私利而去损害正义,那么有什么原因会遭到羞辱呢!(《大戴礼记·曾子疾病》)

曾子从不心存侥幸做事以寻求不该得到的幸福。曾子为了不给父母添心思,从不攀登险峻的高山,不走危险的地方,深的地方也不靠近;不随便说笑,不随便指责别人,在隐幽处与登高处不命令人,不以手指画,以免给众人带来困惑,这样就不会产生过错。曾子不说人坏话,不说没有根据的话,多说赞美的话。因为不对别人出口不逊,所以别人愤怒不逊的话自然也不会涉及自己。

曾子做事总是居安思危早做预防。孔子主张做事要居安思危,有备才能无患,颜回也说:"一言而有益于智,莫如预。"(《孔子家语·颜回》)有一个字最有益于智慧,那就是"预"字。曾子说:"居于高位而做事能把握分寸,遇事而谨慎的人,很少有不成功的。先忧虑于事而后才会安乐于事,先安乐于事而后就会忧愁于事。过去天子每天都在考虑天下的大事,战战兢兢只怕不能治理好；诸侯每天都在考虑封国内的事，战战兢兢只怕失去封国和减少疆土；官吏每天都在考虑职责内的事，战战兢兢只怕不能胜任；普通百姓每天都在考虑自己的职业，战战兢兢只怕受到惩罚。所以遇事谨慎的人，很少有不成功的。"(《大戴礼记·曾子立事》)平时不努力临时抱佛脚，是难以做好事情的。

曾子说："不要疏远亲人而亲近外人，不要自己不好而埋怨别人，不要刑罚已至而呼叫上天。疏远亲人而亲近外人，不是相反了吗？自己不好而埋怨别人，不是扯远了吗？刑罚已至而呼叫上天，不是太晚了吗？有首诗中说：'源头泉水细小时，不堵不塞任其流。车毂到了破碎时，才去加大其车辐。事情已经败坏了，长声叹息犯了愁。'那还有什么用呢！"(《荀子·法行》)这都是在说预防的重要。

十、慎独以修身

曾子主张做事谨慎，将祸患消灭于萌芽状态；做事要有长远打算，提前着手。曾子修身，是将防止祸患的关口前移到意念萌动之初，保持高度警惕，这其实就是"慎独"。新儒家代表牟宗三先生认为，儒家最早讲慎独的应该是曾子，他说："慎独这个学问是扣紧道德意识而发出来的。慎独这个观念孔子没有讲，孟子也没讲。如果你要追溯这个观念的历史渊源，那当该追溯到谁呢？当该是曾子。慎独是严格的道德意识，在孔门中道德意识最强的是哪一个？就是曾子。我们凭什么说慎独是由曾子开端呢？我们能不能从文献中找出线索来呢？曾子不是说'吾日三省吾身'吗？孟子曾经用两个字来说曾子，就是'守约'这两个字。守约就是慎独的精神。所以慎独这个观念是紧扣孔门下来的。因此《中庸》《大学》都讲慎独。"(《中国哲学十九讲》)

"慎独"观念其实由来已久，早在《诗经》中就说"不愧于屋漏"，亦即"不欺暗室"，独处之时也保持心中正大光明，没有不能对人讲的事。《淮南子》上说："周公惭乎景，故君子慎其独也。"周公有了不良念头，独自面对自己的影子都感到惭愧，周公不就是已经有了慎独观念了吗？

朱熹解释"慎独"是"人所不知而己所独知之地"，别人不知道而只有自己知道的地方。这个地方无疑就是自己内心深处，意念萌动之初。"慎独"也就是《大学》所讲的"诚意"，意念要真诚无妄。

关于"慎独"，曾子有很多精彩论述。他说："君子对于诱惑大的恶事，身体能够忍住不去做，但神色不为所动可能就难了；神色不为所动可以做到，内心不为所动可能就做不到了。最好内心不为所动，其次神态不为所动，最低身体不为所动。"(《大戴礼记·曾子立事》)一个人德行的高低，在于其践行道义的自觉程度。曾子说："有仁德的人喜欢道义，有智慧的人以道为利，愚昧的人通过引导可以听从道义，软弱的人畏于道义的威严而服从道义。不愚昧不软弱却偏执于错误，那就可以说是无可救药的人了。"(同上)对于恶行，曾子主张及早预防，防线前移："首先是内心不产生恶念，其次是能及早断绝恶念，最后是做恶而能改过。如果错上加错而不改，发展下去将人亡家败，严重的将失去国家。因此，君子说话就要直言谏诤，做事要小心谨慎，这样大概就会避免过错了。"(同上)曾子顺理成章得出如下结论："所以君子做小事如同做大事一样小心，治家如同做官一样认真。那些处世治国的道理大抵都包括在这里。"(同上)天下大事必做于小，在其萌芽时认真对待势必事半功倍。

这也就是曾子说的"为善必自内始"(《大戴礼记·曾子立事》)，做善事必须从内在根本做起。从修身层面来说，行善要发自内心，不然就是勉强，是虚伪做作；从齐家、治国层面，一般来说，能治理好家庭才能治理好国家。所以，曾子说："能侍奉好父亲就能事奉好君主，能服侍好哥哥就能事奉好老师和长辈；使唤儿子如同使唤臣下，使唤弟弟如同使唤副官一样；能交往好朋友的人，也能交往好同事。赏赐自己的妻妾，就如同国家给人庆赏；怒斥自己的奴仆，就如同国家惩罚民众。所以做善事必须从根本内在做起，自己家里人怨恨你，那么你也没有能力把国家治理好。"(同上)

曾子认为一个人内心所想一定会显现于外，瞒也瞒不住。他说："学生们不要说'没有人会知道我做的事'。鄙陋浅薄的男女幽会于墙根隐蔽处，可说得上隐秘了，可明天就有人宣扬他们说的话。"(《大戴礼记·曾子制言上》)要想人不知除非己莫为，正像《大学》中说的："品德低下的人在私下里做不好的事，一见到品德高尚的君子便躲躲藏藏把不好的掩盖起来，把好的显示出来。其不知,人们看他,就像能看见他的心肺肝脏一样清楚,掩盖有什么用呢?这就是说内心的念头一定会表现在外。所以,君子一定要慎独,对内心的念头一定要谨慎。"《大学》引曾子的话说:"十目所视,十手所指,其严乎!"你内心的想法,就像有十双眼睛盯着,十双手指点着,这种监督还不够严厉吗?怎能掩盖得住呢?

从以上论述来看,《大学》确与曾子思想高度一致,朱熹认定曾子著《大学》是很有根据的。

《大学》以"格物、致知、诚意、正心"为修身路径,在解读"诚意"时说到"慎独":"所谓诚其意者:毋自欺也,如恶恶臭,如好好色,此之谓自谦,故君子必慎其独也!"这句话可以这样理解:所谓使自己意念真诚,就是说不要自己欺骗自己。心里厌恶恶事就像鼻子厌恶臭味一样,心里喜欢善事就像眼睛喜欢美色一样,这就是说,心要像鼻子辨别香臭、眼睛辨别美丑一样,担负起作为心的辨别善恶的职能,对于善恶打心里辨别清楚,不昧明德良知。因此,君子一定要谨慎内心的念头。这里,《大学》认为心具有辨别善恶的职能,就像鼻子辨味、眼睛辨色一样。

慎独是真正的修养功夫。做人要光明磊落,"不欺暗室",问心无愧。正像晏子说的:"君子独立不惭于影,独寝不愧于魂。"(《晏子春秋》)君子独自站立时不愧对自己的影子,独自睡眠时不愧对自己的灵魂。历史上留下很多慎独佳话:

《后汉书·杨震传》记载,杨震在荆州刺史任内,举荐了王密为昌邑县令。杨震调任东莱太守,路过昌邑时,王密为了报知遇之恩,深夜之时,怀揣十斤黄金送给杨震。杨震说:"我作为你的老朋友很了解你,而你却不了解我,这是为什么呢?"王密说:"半夜三更,没谁知道这事。"杨震说:"天知道,神知道,我知道,你知道。怎么说没谁知道!"王密惭愧地走了。"天知,神知,我知,子知"实际上还是一种无人监督的状态,杨震以"四知"自律,拒受厚礼,依靠的是内心的自警自诫、慎独功夫。

北宋大文豪苏轼曾经听他的弟弟讲过这样一件事:有个人死而复生,此人曾问冥官要怎么样修身才能免罪,冥官告诉他准备一本记事簿,每天晚上将自己白天的言行都记录下来,如果有见不得人的不能记载下来的言行,那以后就要避免这样的言行;并且让他经常静坐,就会长寿。并说世间没有什么药能比这更有功效了，既没有坏处又省药钱，可惜没有多少人能做得到。苏轼将此事以《修身历》为名记载下来，以勉励自己修身不懈。

苏轼还引用大儒张载的诗说："怕人知事莫萌心。"意思是：怕人知道的事心中连想都不要想。并引司马光的话说："吾无过人者。但平生所为，未尝有不可对人言者。"我没有什么过人的地方，只是平生的所作所为，没有不可以对人说的。苏轼认为这些话都是值得学习的至理名言。

北宋名臣范仲淹也曾经每晚"自计"，他每天晚上睡觉时，都要反省自己一天的所作所为是否与所得的饮食俸禄相称，如果相称问心无愧他就能安然熟睡，不然，就会整晚上睡不着觉，第二天必定加以弥补。

古人以慎独为"入德之方，官德之最"，我们任何人都要慎独，尤其是党员干部。

十一、知行合一

西汉大儒董仲舒在其上书的对策中，谏劝汉武帝在治理国家、造福民众上用心，说：

曾子曰："尊其所闻则高明矣，行其所知则光大矣。高明光大，不在于它，在乎加之意而已。愿陛下设诚于内而致行之，则三王何异哉。"

意思是，曾子说："君子尊重知识和道义，就能够使德行高超明达；把知识和道义运用于实践，就能够使事业宽广宏伟。德行的高超明达，事业的宽广宏伟，不取决于别的，取决于您是否切实用心去做啊。愿陛下诚心诚意去落实，那么您与夏、商、周的开国明君又有什么区别呢？"

董仲舒引用的曾子名言在《大戴礼记·曾子疾病》中有载，只不过董仲舒的进言里的"加之意"，在《大戴礼记·曾子疾病》中记为"加之志"，"意"与"志"，因形近而讹，是"意"是"志"，虽难以考证，但所表达的意思无大区别。这句话突出表达了曾子的知行合一思想：既要有正确的理论指导，又要将理论付诸实践，理论与实践要紧密结合。恩格斯指出："一个民族想要站在科学的最高峰，就一刻不能没有理论思维。"任何事业的成功，离不开正确理论的指导。不学习，不调研，而一味忙于事务，就是事务主义，容易迷失方向。同样，再好的理论不付诸实践也是毫无价值的。正如马克思所说的："一步实际行动比一打纲领更重要。"

董仲舒对儒学多有创新，汉武帝采纳了他"罢黜百家独尊儒术"的建议，从而奠定了儒学在中国两千多年的正统地位。表达知行合一的曾子名言被董仲舒及后世很多人广泛引用，可见曾子非常注重知行合一。事实正是这样，请看故事：

曾子师从孔子时，就很崇拜孔子的知行合一精神。孔篾曾问孔子做人之道，孔子说："知而弗为，莫如勿知。"（《孔子家语·子路初见》）知道了道理而不去实行，还不如不知道呢。《孔子家语》记载，曾子说："我听说过关于老师孔子的三句话，但我还没有做到。老师见到别人做了一件好事，就忘记了他一百个过错，这是老师容易共事；老师见到别人有善行，就好像自己有善行一样，这是老师不与人争；听到善事必定亲自去做，然后引导人们去做，这是老师能够身体力行。老师能够身体力行，不与人争，容易共事，我学老师的这三句话却没有做到。"

说自己做不到，是曾子的自谦。事实上，曾子以孔子为榜样，发扬光大了知行合一精神，将行放在第一位。曾子对学生从生活实践中学习的态度佩服之至，《说苑》有两则故事，大意是：

子贡问子石："你不学《诗经》吗？"子石说："我哪有空呢？父母要我孝敬，兄弟要我友爱，朋友要我信实。我哪有空呢？"子贡说："我要丢掉我的《诗经》，跟你学习！"

公明宣跟曾子学习，三年不曾读书。曾子说："宣啊，你在我的门下，三年不见你学习，为什么？"公明宣说："我怎么敢不学呢？我看老师在家里，只要有亲长在，你连犬马也不曾呵斥过，我很欣赏老师这样，便努力去学，却还学不好。我看老师接待宾客，谦恭谨慎的态度没松弛过，我很欣赏老师这样，便努力去学，却还学不好。我看老师在家里，管教下人很严格，而从来没毁伤过他们，我很欣赏老师这样，便努力去学，却还学不好。我欣赏这三样，竟没一样学得好，我怎么敢不学而待在老师的门下呢？"曾子离开席位，说："我实在不及你，你确实在学习啊!"

知了一定要去行。曾西说:"子路是曾子所敬畏的人。"(《孟子》)子路当然也是曾子学习的榜样。子路一旦知道了为人处世的正确道理,就一定会付诸实践,如果不能付诸实践,那么他就唯恐知道这道理。就像孟子说的,道义是我想要的,生命也是我想要的,当二者不可兼得时,就要"舍生取义",为践行道义而不惜献出生命。

曾子将儒家这种为真理献身的精神贯彻到生活中去:只要是正确的道理,必定不折不扣遵循去做,百折不挠。曾子牢记孔子的教导:"反思正义在我,对方即使是千军万马,我也要勇往直前;反思正义不在我,对方即使是穿着破烂的老百姓,我也要向他们屈服。"(《孟子》)

曾子还将知行合一思想传授给弟子。这天,曾子备好课,召集弟子们,开了一堂知行合一专题课。

首先,曾子问:"你们知道什么叫学习吗?"大家窃窃私语。曾子见无人回答,说道:"君子祛除他不好的方面,查找自己的过失,增强自己的薄弱环节,去掉偏爱的欲望,见到义举就跟着去做,可称得上学习了。学习是通过读书、实践来提高自身修养,解决实际问题。"

"我总结了学习的五个步骤,大家要牢记,"曾子说,"作为君子,已经学习了,就担心学得不够广博;学得已经广博了,就担心对知识不温习;对知识温习了,担心的是不能够理解;能够理解了,担心的是不能运用于实践;能够运用于实践了,可贵的是能够谦让。君子的学习能够做到这五点就可以了。"曾子看到学生们在记录,就停顿了一下,接着说:"知识在实践中运用自如了,也不能骄傲自满故步自封,因为知识无尽,实际情况在时刻变化,要随时了解新情况,吸纳新知识、新见解,随时改变策略,与时俱进。"

讲堂里很静,偶尔传来窗外的几声鸟鸣。曾子接着讲下去:"君子要珍惜时间用于学习,学到的知识及时用于实践,不回避困难,不贪图安逸,只求做事符合道义,不偏离正确的道理。读书是为了学得道理,学了道理就要去实践。弟子们,从善像登山一样艰难,从恶却像从山上滚落下来一样容易,所以,践行正确的道理要不怕困难百折不挠啊。"

大家都在认真听,曾子接着讲:"君子思考问题要克服感情用事,考虑、论证好再行动。做事情一定要想到它能否公开来讲,即使能公开来讲了,还要考虑到是否可以兑现,想到可以兑现,还要考虑到说出的话不会后悔,这样就算得上谨慎了。别人相信他的话，就跟着去做，所做正确，就会跟着反复去做，反复做的过程中愈益感到这做法可以成为规范。这规范跟君子讲的相一致，这样的君子就可称得上知行合一了。"

曾子停了一下，接着说："所以，君子说话要谨慎，在是非没有辨明前不要发表意见，没研究清楚也不要发言。同时有两个问题需要解决，要先易后难。讲的话要能够兑现，所以，不要轻易许诺，最好是先行后言。"

一位弟子问："您能再深入讲讲吗？"

"好的，"曾子说，"要做到知行合一、言行一致，君子就得好学、博学，任何时候都认为自己很无知。通过学习明白道理，用正确的道理指导做事，才能把事做好。少说话并坚定地去做，行动一定要在别人前面，说话要在别人后边。"

"下面，我再将学、言、行的关系给大家总结一下。"曾子说，"君子一言一行，亲近每一个人，都要有所遵循，这个遵循就是道义礼法。而道义礼法要通过学习得来。要学习就要会问，有疑难就问，老师孔子说过，要不耻于向身份比自己低的人请教。想做事就学习贤人，虽然道路有艰险，也没有行不通的。如今有的学生，担心不如别人，又不知道谦虚地向贤人学习，对知识贫乏感到羞愧而又不去问，事到临头才感到知识不足，因此糊涂不明了此一生，这就是走投无路的人。"

那位弟子听了，又问："先生，知与行哪个重要？"

曾子回答："知与行密切相关，不可偏废。做什么事都要干中学、学中干。但一定要说哪一个重要的话，那还是行重要，知识要能够解决实际问题才行。只要诚心诚意想把事情做好，即使不能完全达到目标，也不会相差太远。比如说，没有哪个女子是先学会养育孩子再出嫁的，可她们不都把孩子养大了吗？"弟子们听了，大受启发。

曾子十分注重知行合一，言行一致。直到他生命弥留之际，仍念念不忘交代儿孙要牢记这一点，他说："你们看，开花多结果少，这是大自然中常有的现象；说得多做得少，这是世人的惯常表现啊。你们要做君子，不能像他们一样啊。"

后来，曾子的上述言论被弟子们分别写进了《曾子立事》《曾子制言》《大学》等篇章，流传后世。

十二、曾子避席

曾子无论对谁都很尊敬有礼。尤其尊敬老师孔子,"曾子避席"的故事被传为千古佳话,《孝经·开宗明义章》记载:

> 仲尼居,曾子侍,子曰:"先王有至德要道,以顺天下,民用和睦,上下无怨,汝知之乎?"曾子避席曰:"参不敏,何足以知之?"

大意是,孔子闲坐着,曾子陪侍在一旁。孔子说:"古代圣王有一种最高的德行和最重要的道理,用来顺服天下。百姓因此和睦相处,无论尊卑贵贱都没有怨言。你知道这是什么吗?"曾子立刻离开坐席,站到席子外面,垂下双手,恭恭敬敬地回答:"曾参不聪敏,哪里能够知道呢?"

曾子对孔子的尊重,古籍中多有记载,《孔子家语·王言解》的一段记载很传神:

> 孔子闲居,曾参侍。孔子曰:"参乎,今之君子,唯士与大夫之言可闻也。至于君子之言者,希也。於乎!吾以王言之,其不出户牖而化天下。"曾子起,下席而对曰:"敢问何谓王之言?"孔子不应。曾子曰:"侍夫子之闲也,难对,是以敢问。"孔子又不应。曾子肃然而惧,抠衣而退,负席而立。

大意是,孔子空闲在家,曾参陪侍在一旁。孔子说:"曾参啊,现在的君子,只有士人和大夫的话可以听到,至于君子的话,就很少听到了。唉!我说一下王道,实行王道不出大门就可以把天下教化治理好。"曾子起身从席子上下来,双手下垂,回答说:"大胆问一下,什么叫作王道?"孔子没有回答。曾子说:"能够在您空闲的时候陪侍您,我对此又难以理解,所以敢斗胆请教。"孔子又没有回答。曾子更加恭敬,甚至有些畏惧了,提起衣服前襟,背对席位站在一旁。

这是曾子在孔子将王道传授给自己时的表现。孔子将平生学问毫无保留地传授给曾子,肯定跟曾子谦虚恭敬的尊师态度大有关系。正像《吕氏春秋》上说的,学生对老师毕恭毕敬,老师就会用尽智慧把所有知识传授给他。

更难能可贵的是，曾子对于给自己以启发教益的学生，当老师看待，也行避席之礼。《说苑·反质》记载，曾子的一位学生三年不读书，曾子问怎么回事，学生说，我是在向老师的现实表现学习。曾子大受启发，竟向这位学生行避席之礼，承认自己的错误。

"曾子避席"的故事被传为千古佳话，后世人们纷纷效仿。后来"避席"成了遍及东亚地区的一种普遍礼仪。

三 德行篇

评价一个人，就是看其德才如何。历史学家司马光说："聪察强毅之谓才，正直中和之谓德。"是说，才应包括两个方面，聪察和强毅。聪察，即明察；强毅，刚强坚定，有毅力。曾子这两个方面都具备。

　　先看聪察。曾子说："眼神是内心的浮现，言论是行动的表示，内心有活动，在外就有表现。所以说，以其显现的，就能看到其隐蔽的；听了他的话，就可以知道他喜欢什么。看他喜欢的，就可以知道他内心想什么。分析其言语就可以知道其心术，能够多次兑现他的诺言，就可以知道他是诚信之人，看他亲近什么样的人，就可以知道他的人品。面对恐惧时才能看出他是否勇敢，对他发怒时才能看出他是否容易昏乱，在他欢喜时才能看出他是否狂妄失态，让他接近美色才能看出他是否有操守，看他的饮食就可知道他是否奢侈无度，使他得到好处才能看到他是否礼让，悲痛时才能看出他的坚贞，贫困时才能看出他不被金钱利禄所诱惑，让他劳累才能看出他是否容易厌烦急躁。"（《大戴礼记·曾子立事》）从这段话可见，曾子有知人之智，善于以小见大。"于细微处见精神"，从细节往往能看透一个人。

　　再看强毅。曾子说"士不可以不弘毅"，章太炎先生认为"弘毅"就是"强毅"，他在《广论语骈枝》中说："《说文》：弘，弓声也。后人借'强'为之，用之'彊'义。此'弘'字即今之'强'字。""强毅"就是刚强坚定，有毅力。

　　在德上，曾子更强。司马光说："正直中和之谓德。"曾子很正直，就"中和"来说，曾子终身践行孔子倡导的中庸之道，为人处世坚持不偏不倚恰到好处。比如曾子对于礼，主张"狎甚则相简，庄甚则不亲，是故君子之狎足以交欢，其庄足以成礼"（《孔子家语·好生》），是说过分亲昵就相互轻视，过分庄重就没有亲切感，因此君子亲昵到足以快乐交往的程度就行，君子庄重到足以成礼的程度即可。孔子听了，称赞说："同学们记住这句话，谁说曾参不知礼呢？"曾子掌握了礼的分寸，行"中和"之道。

　　曾子是德才兼备的圣贤。司马光对德才大致这样定义：

　　　　才是德的辅助，德是才的统帅。就像云梦泽一带的竹子，是天下很强劲的，然而不对之进行加工改造，就不能射入坚硬的物体；棠溪的金属，是天下很坚利的，然而不对之进行冶炼和锻造磨砺，就不能来攻击强敌。所以才德全备的叫作圣人，才德都无的叫作愚人，德超过才的叫

作君子，才超过德的叫作小人。(《资治通鉴》)

对照司马光定义的德才标准，曾子称得上是一位圣人。

曾子在仁义、忠信、礼敬、廉耻、勇毅等德行方面都表现不俗，很多德行故事千古传诵，脍炙人口。

一、曾子的仁义故事

曾子一生"仁以为己任",以践行仁德为自己的人生理想。"仁"是孔子思想的核心,含义十分丰富,"仁者人也","仁"是人之为人的本质属性,是由恻隐不忍之心生发而来的。仁就是友爱互助,大公无私,仁爱万物。曾子笃信孔子,自然"仁以为己任",以践行仁德为自己的责任。曾子以仁德为富贵,他说:"君子以仁为尊,天下之为富,何为富?则仁为富也;天下之为贵,何为贵?则仁为贵也。"(《大戴礼记·曾子制言中》)这句话后来被明成祖朱棣引用到他著名的《圣学心法》一书中,勉励自己施行仁政。

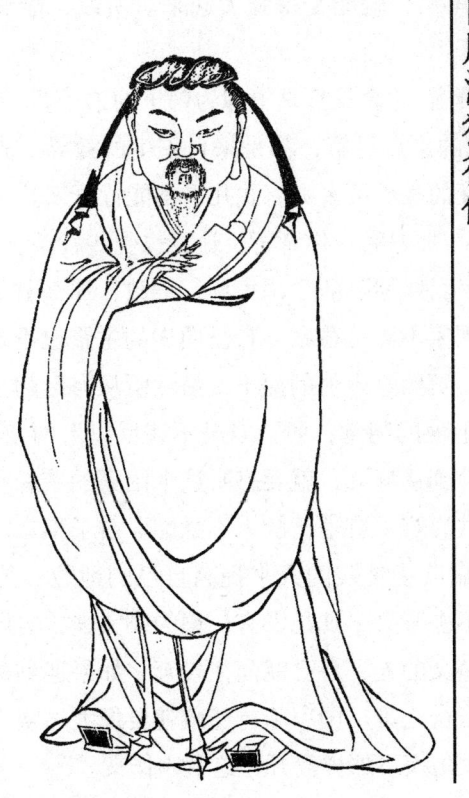

沈犹行像(选自清代《宗圣志》)

曾子与子夏是好友。一次，子夏遇到曾子，曾子见子夏比以前胖了，面色红润，神采奕奕，一改原来憔悴瘦弱的模样。曾子很吃惊，问子夏："你发福了，气色也好多了，恭喜啊！但不知是怎么回事？"子夏笑着回答说："战胜了，所以胖了。"曾子一愣，问："你这是什么意思？战胜了什么？"子夏回答道："这段时间，我在家中用功读书，看到先王的美德就感慕敬仰，可出外听到人家讲富贵的安逸享乐又很羡慕。这两者在我胸中交战，不知道谁胜谁负，所以我就瘦了，憔悴不堪。现在啊，呵呵，先王的美德胜利了，所以我就胖了，人也精神了。"

曾子说道："老师孔子说过，仁者长寿。仁者以财富来维护自身，不仁者以损害自身来发财。富裕了房屋就会华丽起来，有德了身体就会润泽健康。有德才能健康长寿啊。"

这时，旁边曾子的弟子沈犹行听了，插话道："这就是立志的难处啊，要立志战胜自己，而不是战胜别人。人最难战胜的是自己的内心。战胜了自己内心的贪欲、焦躁，就能变得强大起来。所以，能够战胜自己的人就叫强。"

子夏听了，称赞道："高见！真不愧为曾子的弟子。"

沈犹行说："我的这点见解，都是来自先生的教导。先生最崇奉的就是仁义。先生关于仁义的教导可多呢。我几乎都能背下来。"

子夏听了，说："那好啊，你背背，让我也受些教益。"

沈犹行说："先生教导我们：'国家施行德政，那么君子和国君交往就很融洽，志同道合；国家不施行德政，自己向来的主张也不要改变。诸侯不听从自己的主张，就不贸然进入他的疆土；虽然听从自己的主张但不把自己当贤人看待，就不登上他的朝堂，所以君子不违反以上两条禁忌而入仕做官。进入一个国家的国境到达城郊，就要打听这个国家的禁忌和政令，不处于无道危险的邦邑与之共患难。有道德的人不献媚。君子不靠向富贵的人献媚来谋求喜欢自己，不靠欺凌贫贱的人来提高自己的地位。凡是行为不符合道义的国君，自己就不去服事；凡是没有仁德的卿大夫，自己就不去做他的属下。凡是信奉仁德道义的人，自己就向往投奔；如果遇到贼寇抢劫的事，自己就与他一起谋划抵御之策。国家施行德政就要像大鸟疾飞那样奔去，国家不施行德政就要像大鸟疾飞那样离开，这就叫作义。'"

子夏听了，连连点头。沈犹行接着说："先生还说：'有没有大义呢？答案是肯定的。当仁者危殆，恭敬者的谏言不被采纳，谨慎的人不被任用，正直的人近于受刑，在这种情况下若不逃离就会获罪受刑。因此君子就归隐于山林或低湿之地，采集野果野菜充饥，或靠耕种谋生，就这样老死在有十户人家居住的地方。正因为此，从前大禹坐车行路，见到有五对耕田的人就低头扶轼表示敬意，经过有十户人家居住的地方就下车步行，这是对有道德的人表示敬意。'"

子夏听了，对曾子说："不少大国要拜你为卿相，而你却推辞了，我知道是什么原因了。因为当今诸侯无道，你就是出仕为官也不能实现推行仁义的理想啊，与其助纣为虐，还不如归耕保持自己人格的高洁呢。"

曾子说道："你们两位说得很好，我大受启发。为人处世就要以仁义为行为准则。晋国和楚国的财富，我赶不上。但他有他的财富，我有我的仁德；他有他的爵位，我有我的道义，我有什么感到不满足的呢？"

停了一下，曾子接着说："从前，舜只是一个普通的平民，广阔的国土却归他所有，众多的百姓却来归顺，舜只是靠仁德得到了这些。所以君子想要得到富贵，必须在仁德上下功夫。过去，伯夷、叔齐死在田野沟畔，他们的仁德名闻天下。他们两个居住在黄河、济水之间的首阳山下，没有广阔的国土，也没有丰富的财产粮食，他们所说的话人们却作为法令章程，他们的所作所为成为天下人的榜样。因此，君子思慕仁德和正义，白天从事事业忘记吃饭，晚上自我反省忘记睡眠，直到老死，这可称得上能守住基业了。"

子夏说："闵子骞和公皙哀也是先生您这样的人啊。鲁国篡权的季孙氏派人通知闵子骞，让他当季氏采邑费城的长官。闵子骞告诉来人说：'好好地为我推辞掉吧！如果再有人为这事来找我，那我一定逃到汶水那边去了。'公皙哀从来不曾降低自己的人格去做权贵的家臣，老师孔子很欣赏他这一点，说：'天下士人没有德行了，大都去做权贵的家臣，在都城里做官，只有公析哀从来没有想过出仕。'你们都是聪明人啊。"

沈犹行插话道："还有一则故事。记得先生在武城时，有越国军队侵犯。有人来说：'越军来了，何不离开这里呢？'先生说：'好吧。不要让人借住在我的房屋里，也不要损坏那里的树木。'越军退后，先生便说：'修好我住的房屋，我将要返回。'越军退走了，先生也回来了。一位他旁边的人说：'武城的官员对待先生是这样的忠诚和尊敬，越军来了您却首先离去，已经受到百姓的责备了；越军退走了就马上返回，这恐怕不合适吧。'当时我就反驳说：'这不是你们所知道的。过去我们家有负刍作乱，跟随先生的有七十人，没有一个参与的。'先生当时是宾师，地位高于一般官员，不受长官的约束，可以来去自由。老师要离开，是因为他为学生们着想，先生一旦有个三长两短，谁还去教育他们？再者，先生如果带头参与谋划御敌，弟子们也会跟着这样做，一旦有差池，先生怎么对得起弟子们呢？作为老师，首先要为弟子的生命安危着想啊。所以，先生当时的选择是对的。因为先生是宾师的身份，是长辈。但作为臣子，就要义无反顾参与御敌，这也是对的。各人的角色不同啊。"

曾子听了，点头道："是啊，君子考虑问题，不要超越了其职责范围。我作为教书匠，收了那么多学生，为学生着想是我的首要职责。"

武城避寇图（选自清代《宗圣志》）

这时，曾子又说："道义的力量是无穷的，历来邪不压正。记得我曾经在费国为宾师，鲁国军队攻打费国，我向费君告辞离去，到了鲁军那里，对他们列举的费国十条罪状，驳倒了九条。鲁军自知理亏，就退兵了。我以道义战胜了鲁军，可见道义可胜千军啊。"

沈犹行说："先生说得太对了。还有一次，我想去晋国，但又顾虑那里没有我的知心朋友。我请教先生怎么办，去还是不去。先生对我说：'为什么必须有知心朋友呢？君子如果能够保持仁义之心，即使远在千里之外，都有兄弟。如果做不到这样，就是你的亲人，又怎么能够亲近你呢？'我谨遵先生的教导，在晋国以仁义之心待人，果然交了很多好朋友。"

二、曾子的忠信故事

忠信是做人的基本素养。《淮南子》："马先驯而后求良，人先信而后求能。"是说，马先要驯顺然后才求其有力，人先要忠信然后才求其有能力。忠信是孔子非常敬佩的品格，《列子》等载有一则故事：

孔子从卫国返回鲁国，停留在大河的桥上观看。有二十四丈高的瀑布飞流直下，有回旋的急流九十里，鱼鳖不能游过去，鼋鼍不能居止。有一位男子，正想洄渡，孔子派人到离他最近的岸边制止他，说："这瀑布有二十四丈高，回旋的急流有九十里长，鱼鳖鼋鼍都不能居止，我们认为你难以洄渡。"那位男子好像没听见一样，一个猛子扎下去，不见了影子。当大家认为他必死无疑而惋惜时，他却露出了头，游了一圈上了岸。孔子问他："您太厉害了！有什么道术吗？您能扎进水里再浮出来，是靠的什么呢？"那人说："我刚扎进水中时，靠的是忠信，等到我从水里浮出来，又是靠的忠信，我怀着对水流规律、游泳技艺的忠信之心，将身体放在波流中，而不敢有私心，所以能入水而又浮出来啊。"孔子对弟子说："你们几个记住，心存忠信的人，湍急的水尚且能让他亲近而无伤害，何况人呢！只要忠信待人，就没有不能亲近的人啊。"

忠信就是忠诚信实，为人处世遵循正确的道理。曾子极为忠信，孔子赞扬他："孝是道德的起始，悌是道德的秩序，信是道德的忠厚，忠是道德的正直。曾参身上集中体现了这四种品德。"（《孔子家语》）中国古代有"孝悌忠信礼义廉耻"八德之说，而在八德中，曾子成为前四德的楷模，这在孔子弟子中绝无仅有。

曾子确实是忠信的楷模。曾子"吾日三省吾身"，每天都从三方面来反省自身：替别人办事是不是竭尽全力了呢？和朋友交往是不是诚实了呢？老师传授的学业是不是复习了呢？而在"三省"中，第一"省"讲的是忠，为他人尽心尽力；第二"省"讲的是信，与人诚实不欺。曾子努力践行忠信，并对弟子们言传身教。

先来说忠。《论语》有这样一则故事：

有一天，孔子对曾子说："曾参啊！我的思想学说有一条贯彻始终的主线。"曾子立即回答："是。"孔子出门走了，弟子们问曾子："这一以贯之的主线是什么啊？"曾子说："老师的学问，只不过是忠恕罢了。"

忠是为他人尽心尽力；恕是"己所不欲勿施于人"，自己不想做的，不想接受的，也不要推给别人。曾子在《大学》中说："如果自己厌恶上司的某种行为，就不要用这种行为对待下属；如果自己厌恶下属的某种行为，就不要用这种行为对待上司；如果厌恶在你前面的人的某种行为，就不要用这种行为对待你后边的人；如果厌恶在你右边的人的某种行为，就不要用这种行为对待你左边的人；如果厌恶在你左边的人的某种行为，就不要用这种行为对待你右边的人。这就是规范百姓行为的方法。"这其实就是"忠恕之道"。

孔子很看重"恕"道，子贡问孔子："有没有一个字可以终身奉行的呢？"孔子回答说："那就是'恕'吧！自己不愿意的，也不要强加给别人。"（《论语》）"忠恕"后来成了很多人的座右铭。比如宋代名臣、范仲淹的儿子范纯仁曾说："我一生学习，所得到的只有忠、恕二字，这两个字一生也用不完，以至于在朝做官侍奉君王，接待同事和朋友，与亲戚宗族的人和睦相处，从未一刻离开过这两个字。"他又告诫子弟说："一个人即使最笨，他在指责别人时总是很聪明；一个人即使最聪明，宽恕自己时总是显得很糊涂。你们应当用指责别人的心态来指责自己，用宽恕自己的心态来宽恕别人。这样，不怕不到圣贤的地位。"

曾子认为"忠"是"孝"之本。他说:"忠诚无伪,是孝的根本啊!"(《大戴礼记·曾子本孝》)对待君主,曾子奉行孔子的教导:"君子之事上也,进思尽忠,退思补过,将顺其美,匡救其恶,故上下能相亲也。"(《孝经》)君子奉事君主,在位就考虑如何尽心竭力为君主做事,退居就考虑如何弥补自身的过错;顺从奉行君主美好的言行,纠正制止君主的错误举动,所以君臣上下的关系就会密切。

对待朋友,曾子也是忠心可鉴,对朋友的过失直言相告。比如子夏因为儿子去世哭瞎了眼睛,曾子就毫不客气地指出了子夏的三条过错,说得子夏心服口服。

捕彘示信图(选自清代《宗圣志》)

再说信。曾子以诚信著称。子贡评价曾子:"其言于人也,无所不信。"(《孔子家语》)曾子对人说的话,没有不信实的,承诺没有不兑现的。曾子杀猪示信的故事可以说家喻户晓,故事是这样的:

  曾子的妻子去赶集,她的儿子哭闹着要跟着去。她哄儿子说:"你回家去,等我回来给你杀猪吃。"妻子刚从集市回来,看到曾子正准备杀猪。妻子制止他说:"那只是哄骗小孩子的,你怎么能当真啊?猪还小,现在杀太亏了。"曾子却说:"对小孩子是不能哄骗的。小孩子没有识别能力,依靠父母进行学习,听从父母的教诲。现在你欺骗儿子,就是教儿子欺骗。母亲欺骗儿子,儿子就不相信他的母亲了,就无法教育好孩子了。"(《韩非子·外储说左上》)

曾子杀猪在经济上虽然不合算,但经济上的损失与教育孩子的失误相比微不足道。曾子眼光长远,所以能教育好孩子。其实,任何时候都不要以失信为代价去谋取暂时的利益,从长远看,诚信才是最大的财富。比如海尔总裁张瑞敏当初将不合格的冰箱砸掉,虽暂时造成经济损失,但保住了品牌信誉,财富终会滚滚而来,这一砸砸出了一个驰名世界的品牌。

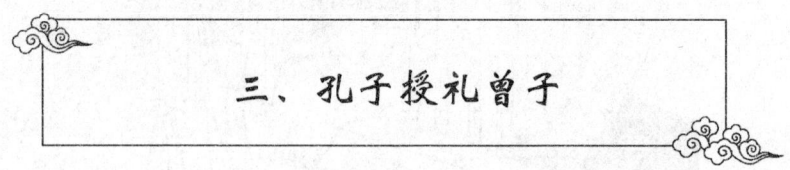

三、孔子授礼曾子

  孔子思想可以用"内仁外礼"概括,而曾子笃信孔子,忠实继承了孔子思想,所以应该对礼很精通。但表面看来,曾子在礼上做得似乎并不好。《礼记·檀弓上》记载:

  曾子在卫国的负夏吊丧。主人已行过了祖奠礼,撤了奠,见到曾子来吊丧,就把灵柩推回到祖奠的位置上,让妇人降到阶下,然后行礼。随从来的人问:"这合乎礼吗?"曾子说:"祖奠是暂时的礼仪。既然是暂时的,为什么不能将灵柩推回原先停放灵柩的地方呢?"随从来的人又去问了子游:"这样做合乎礼吗?"子游说:"饭含在窗下,小殓在寝室向门处,大殓在东阶主位上,停柩在西阶客位上,祖奠在庙的前庭，下葬在墓地，这一切是用来表示逐渐远去的，所以办丧事只能进不能退。"曾子听到这番话后，说："子游说的出祖的道理胜过我对出祖的理解。"

还有一次，曾子穿着皮衣外的全套衣服去吊丧，子游脱去外套露着裼衣去吊丧。曾子指着子游让别人看，说："这个人还是研习礼仪的呢，怎么可以露出裼衣去吊丧？"主人在小殓后，脱去衣袖露出肩膀，用麻布束上头发。子游快步走出，穿好全套衣服，头上腰间系上麻布带后再走进去。曾子见到这情形，说："我错了，我错了！这个人是对的。"

曾子说："人刚死，还没有给尸体穿好衣服，所以用帷幕围着灵堂。小殓后就撤掉帷幕。"仲梁子说："人刚死去，丧家主人主妇正忙乱不能定位，所以用帷幕围着灵堂。小殓后就撤掉帷幕。"小殓时的祭奠，子游说："奠馈放在尸体的东边。"曾子说："放在西边。小殓之后的奠还要设席。"小殓的祭奠在西边举行，是沿用鲁国后期错误的礼节。

曾子在礼上的表现，看起来还不如孔子的其他弟子，孔子却将很多深奥的礼仪知识传授给了曾子，这从《曾子问》上可以看到。《曾子问》被收入《礼记》中，是孔子与曾子问答成书，共40多问，内容丰富，很多是"变礼"，就是面对突发情况，如何变通礼仪。这应该是高级礼仪知识，是在掌握了"常礼"基础上才研习的。可见，孔子将"变礼"授予曾子，是认为曾子礼学基础是好的。东汉班固《白虎通义》是朝廷为了在儒学重大问题上统一认识而召集学者讨论编著的，很有权威性，而《白虎通义》在谈论礼时，引用的大都是《曾子问》中的内容，可见《曾子问》在礼学上的重要地位。

孔子为什么将这么重要的礼学知识传授给曾子，而不是子游、有若、公西华等弟子呢？这些弟子在礼上不是都有突出表现吗？比如公西华就很适合做司仪。这是因为这些弟子虽然在把握礼的外在形式——礼仪上比曾子似乎强些，但在把握礼的实质——礼义上不如曾子深刻。礼的实质是"仁"，孔子正是看中了曾子内在的仁德。尽管有些弟子对曾子在礼仪上的表现不以为然，但孔子对曾子是抱欣赏态度的。《孔子家语·好生》记载，大意是：

曾子说："过分亲昵就会互相轻视怠慢，过于庄重就太疏远了，而不亲近。所以君子之间的交往，亲昵或者庄重都要适当。亲昵能够做到相互间轻松融洽心情舒畅就足够了；庄重足以做到符合礼的要求就可以了。"孔子听了曾子的话,说:"你们这些同学要记住曾参的话,谁说曾参不理解礼?"

孔子的话,一方面赞扬曾子,另一方面似乎是在隐约敲打其他弟子:你们不要看不起曾子在礼仪上的表现,其实曾子在礼学上不比你们差。孔子为什么欣赏曾子的话呢?因为曾子的话表明,他将孔子最推崇的中庸之道运用在了礼上。孔子视"中庸之道"为最高德行,他说:"中庸作为一种道德,该是最高的了!但人们已经长久缺乏这种道德了。"(《论语》)孔子最欣赏的是"中行之士",他说:"不得中行而与之,必也狂狷乎!狂者进取,狷者有所不为也。"找不到行为合乎中庸的人而和他们交往,一定只能和勇于向前及洁身自好的人交往!勇于向前的人努力进取,洁身自好的人不会做坏事!激进的人勇于进取,耿介的人不做坏事。中行之士,就是以中庸之道为处世原则的人。曾子将中庸之道运用在礼上,当然要受到孔子赞赏了。中庸不是有些人理解的折中主义,中行之士更不是老好人,因为孔子最反对的就是老好人,即乡愿,孔子认为乡愿是"德之贼"。中庸是指做事随实际情况的变化而变化,不僵化,始终保持不偏不倚恰到好处的状态。就像人类的直立行走,就像骑自行车,能够时刻保持平衡状态。

古代礼仪烦琐,有些人把形式上的礼仪当作礼的核心,而忽略了礼的核心是诚敬之心。孔子说:"礼,不过是一个敬字罢了。"(《孝经》)《礼记·檀弓下》记载:

一次,曾子说:"晏子可以称得上懂礼了,他既谦恭又肃敬。"有若说:"晏子一件狐皮衣穿了三十年,送葬亲人只用一辆遣车,到墓地葬毕就回家。据礼仪要求,陪葬国君的牲体要有七个,遣车七辆;陪葬大夫的牲体要有五个,遣车五辆。怎么能说晏子懂礼呢?"曾子说:"国君无道,君子耻于把礼仪的细节都做到。国人奢侈,就用节俭来教导他们;国人节俭,就用礼仪来教导他们。"

这里曾子显然比有若正确。曾子注重的是礼的精神实质,主张通过变通来更好发挥礼的作用,而有若只是一味墨守礼的外在形式。对于晏子知礼与否,曾子早年曾请教过孔子,孔子称赞晏子知礼,跟有若对晏子的批评不同。《晏子春秋》记载,大意是:

晏子在为父亲晏桓子居丧时,身着粗麻布丧服,不缝衣边,头戴麻布无顶冠,系着麻布腰带。手挂哭丧棒,穿着用菅草编成的鞋,只吃粥,居住在专为守丧搭建的简陋棚屋里,睡在草苫子上,以草为枕头。晏子的管家说:"这不是大夫为父亲守丧的礼节啊。"晏子说:"只有卿才是大夫。"曾子问孔子这件事,孔子说:"晏子可称得上能远离祸害了。不因为自己的正确而批驳别人的错误,用谦逊的话语来避免怨仇,这是合适的做法啊!"

孔子也是注重礼的实质,而不是外在形式。他说:"礼,与其奢侈,不如节俭;丧礼,与其仪文周到,不如哀伤。"(《论语》)孔子还说:"人要没有仁心,行礼还有什么意义?"(同上)孔子在礼的变革上认为要坚持原则和大节,同时又认为在无关大旨的小事上可以顺时从俗,所以他说:"用麻线来做礼帽,这是合乎礼的;如今用丝来制作礼帽,这样俭省些,我赞成大家的做法。臣见君,先在堂下磕头,然后升堂磕头,这是合乎礼节的;现在大家都只是升堂磕头,这是倨傲的表现。虽然违反了大家的做法,我还是主张要先在堂下磕头。"(同上)

曾子注重礼的内在精神。他说:"所谓德行,就是按礼行事的意思。礼是尊敬地位高的人,孝顺老年人,慈爱年幼的人,友爱比自己年龄小的人,施恩惠于贫贱的人。这样的礼,做到它就是有德行,树立于天下就是正义。"有一则故事也说明曾子重礼的实质而忽视形式,《论语·泰伯》载:

  曾子有病,他的学生孟仪去看望他。曾子说:"鸟到死亡的时候,鸣叫声一定悲哀;君子到死亡的时候,说的话一定善良。对于礼来说,有三个原则,你知道吗?"孟仪回答:"不知道。"曾子说:"坐下,我告诉你。君子立志修行礼,那么贪欲之心就不会产生;君子考虑用礼来修身,那么怠慢懈惰轻佻的礼节就不会产生;君子用仁义来修行礼,那么忿争暴乱的言辞就会远离了。至于布置祭品等具体的礼仪事务,这是主管官吏的职责,君子即使不去做,也是可以的。"

曾子所说礼的三原则,是礼的内在义理,是君子修身的根本,而对于礼的外在形式——礼仪,曾子认为那是司仪的事,君子是不必在乎的。还有一则故事,《说苑·修文》载:

  公孟子高进见颛孙子莫,说:"冒昧地问一下,君子怎样才能做到有礼貌呢?"颛孙子莫说:"去掉那外表的严厉,与你神色上的争胜,以及你的自以为是,去掉这三条就可以了。"公孟子高没有明白,把这话告诉了曾子。曾子肃然起敬,退后几步,显出恭敬的样子,说:"这话太重要了!外表严厉必然内里损伤,神色上争强好胜并自以为是的人必定被人驱使。因此,君子德行圆满却包容不理智的人,知识渊博却不与人争辩,智虑洞达幽微而能不被愚弄。"

可见曾子在礼上注重内在的品德、学识、智慧。

公孟子高像(选自清代《宗圣志》)

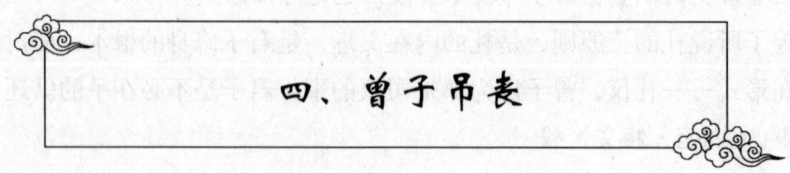

四、曾子吊丧

曾子很重感情,在礼仪上也敢于变通。《礼记·檀弓下》上记载一则故事,大意是:

子张去世的时候，曾子当时正为母亲守丧，曾子就披麻戴孝前去哭子张。有人说："为父母披麻戴孝的人不可以再去吊丧。"曾子说："吊丧是慰问死者的亲属，我是去慰问死者的亲属吗？我是去哭子张。"

子张是曾子的同窗好友。曾子以诚待人，对朋友的缺点总是忠言相告。曾子说过："子张外表堂堂，但难以与他相辅而共同达到仁德境界。"（《论语》）子张虽然有缺点，但并未影响与曾子之间深厚的友情，正是在友情驱动下，曾子才不顾一切去哭子张，受到人们的误解。按照当时的礼制，在为父母服丧期间，不能再去吊丧，孔子也曾经以此教导曾子，《礼记·曾子问》载：

曾子问孔子："为父母服丧，还能为别人吊丧吗？"孔子说："为父母服丧，即使过了一年的练祭之后也不能和人们站在一起、走在一起。君子的礼是用来表明情感的，为父母服丧本已哀痛地自顾不暇，却再去为别人吊丧，那不成了装模作样了吗？"

曾子本来笃信孔子，对老师言听计从，但在哭吊子张上犯了大难，去还是不去？最终曾子想出一个大胆变通的办法，对老师传授的知识活学活用，既深刻把握了礼重感情的实质，又很好表达了对朋友的哀悼之情，还圆满解答了人们的困惑。曾子在礼的运用上可谓娴熟，得其神韵。曾子在礼上从来都是主张灵活变通的，《礼记·檀弓下》有一则故事，大意是：

齐国发生严重饥荒，黔敖在路边做饭，等待饥民来吃。有一个饥民用衣袖蒙着脸，拖着鞋，摸摸索索地走来。黔敖左手拿着饭，右手端着汤，带着看不起的口气招呼他："喂，过来吃吧！"这个饥民抬起眼看着黔敖，说："我正因为不吃人家看不起的施舍饭才落到这地步啊！"黔敖随后就向他道歉，但是这个饥民始终不吃而饿死了。曾子听到这件事，说："这恐怕不对吧！有那样看不起人的招呼应该离去，但有那样的道歉就可以吃了。"

《孝经》上说："丧则致其哀，祭则致其严。"在丧事上要尽力于悲哀，在祭祀上要尽力于尊敬。这里注重的是内在感情，而不是外在礼仪。曾子说："居丧时有了病，悲痛地吃肉饮酒也没有胃口，所以必须加上调味品以增加滋味。"（《礼记·檀弓上》）可见曾子在丧事上最重悲哀。《礼记·檀弓上》载有一则故事，大意是：

有一次，曾子和客人站立在门旁，他的一位学生快步走出门去。曾子说："你要去哪里？"那位学生回答："我父亲去世了，要出去到里巷里哭。"曾子说:"你回来,就在你住宿的地方哭吧。"曾子又脸朝北向他父亲吊丧。

在曾子看来,只要弟子能表达内心的悲痛就可以了,在什么地方哭是次要的。《礼记·檀弓下》还载有一则故事,大意是:

> 鲁哀公派人去慰问正在办丧事的蒉尚,使者在路上遇到了他。蒉尚就让开道路,在地上画了个殡宫图接受吊丧。曾子说:"蒉尚还不如杞梁的妻子懂得礼仪!齐庄公派人从狭路上偷袭莒国,杞梁战死。他的妻子到路上去迎接他的棺柩,哭得很悲痛。庄公派人慰问她,她回答说:'杞梁作为国君的臣子,如果有罪,就应该陈尸集市,并拘捕他的妻妾;如果杞梁没有罪,那么有祖先遗留下来的破旧房舍在,可去那里行礼,请国君不要辱没使命。'"

据东汉经学家郑玄的注解,古代有罪的,大夫以上的陈尸于朝廷,士以下的陈尸于市场。朝廷、市场都是空旷、露天的地方。杞梁的妻子说,有罪该杀的人才陈尸于旷地露天之处,如果没有罪,就不应当在旷地露天的野外吊唁。这是说杞梁的妻子内心十分尊敬丈夫。曾子赞赏的正是这一点。

礼是本着人情、人性制定的。《礼记》:"礼不由天降,不由地出,皆本于人情。"《史记·礼书》上说,圣人"缘人情而制礼,依人性而作仪",为人情而设礼,但这里的人情是指的一般人的人情,不是太厚与太薄的人情,这是为了让大家都能遵守,能通行于天下。这就需要"过者抑之,不及者补之",让情感太多的人压抑一下,太过了则伤身;感情不够的人呢,通过礼节,把他感化。总之,就是要抒发人情又要节制人情,达到乐而不淫、哀而不伤的目的。

这也是孔子一贯的思想。孔子说:"礼呀,礼呀,就是供玉献帛吗?乐呀,乐呀,就是敲钟打鼓吗?"(《论语》)如果没有那种内在的感情,礼乐的形式也没有意义。

西周礼制的价值基础是道德。礼乐的内在精神主要是指仁、孝、义、情、恭、敬、让、中、和等。孔子认为"仁"是礼乐的实质内容,是人之为人的必然要求。而道德也有必要通过礼来实现,孔子说:"克己复礼为仁。"(《论语》),就是说人们只有按礼的规范和制度办事,才能做到仁。孔子还说:"安定国家,治理百姓,没有比用礼再好的办法。所谓礼,就是尊敬罢了!"(《孝经》)

五、礼求简约

曾子对于礼，除了注重内在精神外，还注重俭、简二字。俭即节俭，是物资上的节约；简即简易，是时间上的节约。

古人提倡礼要质朴、简约。《礼记·乐记》："大乐必易，大礼必简。"好的音乐一定是平易的，好的礼一定是简约的。这里是说礼仪、礼节要简约，礼制，即国家政令制度，也要简约。比如刘邦的约法三章"杀人者死，伤人及盗抵罪"，简单明了，使老百姓易学易守。古人认为，音乐越好越平易，以至最好的音乐是无声的；礼乐越好越简约，以至最好的礼没有客套谦让的仪式。《孔子家语·王言》记载一则故事，大意是：

曾子问孔子："敢问什么叫'三至'？"孔子回答："最高的礼是不谦让而天下得到治理，最高的奖赏是不耗费财物而天下的士人都很高兴，最美妙的音乐是没有声音而使百姓和睦。圣明的国君努力做到这三种极致，就可以知道谁是能治理好天下的国君，天下的士人都可以成为他的臣子，天下的百姓都能为他所用。"

曾子说："敢问这是什么意思呢？"

孔子回答说："古代圣明的国君必定知道天下所有贤良士人的名字，既知道他们的名字，又知道他们的实际才能，还知道他们的人数，以及他们所住的地方，然后把天下的爵位封给他们使他们得到尊崇，这就是最高的礼节，不谦让而天下得到治理。……"

这里说的"至礼不计"是指制定礼制，根据德才授予爵位，贤德之人获得爵位就没必要谦让了，因为这是礼制规定的。这是说，治国理政，制定礼制（即制度）最为重要。

勤俭节约是中华传统美德，曾子就是楷模。《礼记·檀弓上》有一则故事，大意是：

宋襄公埋葬他的夫人，用百瓮醋酱陪葬。曾子说："既然已称陪葬的东西为冥器了，而冥器不是实用的，却又盛上实物，这就搞乱了鬼器和人器的区别。"

曾子主张俭葬，所以反对在冥器中盛放食物。孔子主张丧葬节俭。《孔子家语》记载，大意是：

子路问孔子："贫困太让人伤心了，活着没有什么供养父母，父母去世就缺乏办丧礼的财物。"孔子说："即使父母吃豆子饮清水，但只要儿女尽力而为了，父母也会快乐，这就是孝。父母的棺木，能盖住手足就行，悬棺下葬没有墓道没有外棺，跟儿女的财力相称，这就是礼，贫穷有什么可伤心的呢？"

子游在问丧葬用具时，孔子也如是回答。最后还说："对于丧亡之事，与其悲哀不足而礼仪有余，不如礼仪不足而悲哀有余；对于祭祀，与其恭敬不足而礼仪有余，不如礼仪不足而恭敬有余。"

曾子就是按照孔子的主张来办理丧祭的。《礼记·檀弓上》记载："曾子之丧，浴于爨室。"丧葬曾子时，洗尸水是在厨房烧的。按照当时的礼制，要在西墙下垒灶烧洗尸水。曾子的家人省掉了这一麻烦，或是遵照曾子的遗嘱行事，或是在曾子的影响下，习惯了节俭的作风。据《明史》记载，在明代曾经发现曾子的墓穴，发现有"悬棺"，这应该就是孔子说的悬棺葬法，即没有墓道直接用绳子悬着棺木下葬，这是一种俭葬。

曾子主张俭葬，反对借丧礼之机敛财。《礼记·檀弓上》记载，大意是：

鲁国大夫孟献子的丧事，他的家臣司徒敬子把四方赠送的钱财全部归还掉。孔子说："做得对。"

出葬时，宣读人们赠送助丧的车马等物资的清单，曾子说："这不是古代就有的礼俗，古代是不宣读的。而这里竟宣读了两次。"

宣读礼金，会诱使人们为了面子而攀比礼金，会助长坏风气，所以曾子强烈反对。

《礼记·檀弓下》记载，曾子对齐国国相晏子的节俭十分欣赏，说："晏子可以称得上懂礼了，他既谦恭又肃敬。"有若说："晏子一件狐皮衣穿了三十年，送葬亲人只用一辆遣车，到墓地葬毕就回家。据礼仪要求，陪葬国君要有牲体七个，遣车七辆；陪葬大夫要有牲体五个，遣车五辆。怎么能说晏子懂礼呢？"曾子说："国君无道，君子耻于把礼仪的细节都做到。国人奢侈，就用节俭来教导他们；国人节俭，就用礼仪来教导他们。"

六、曾子重廉耻的故事

《管子》中说："礼义廉耻，国之四维；四维不张，国乃灭亡。"礼、义、廉、耻是维系国家的四项纲领，四项纲领不起作用，国家就会灭亡。廉，就是有所不取，不义之财分毫不取；耻，就是有所不为，不义之事坚决不做。

曾子讲气节重廉耻。曾子一生少有做官的经历，这并不是因为德才不足，相反，而是因为他太有德才，所以不做官。据说大国齐、晋、楚聘请他做高官，曾子都拒绝了。因为曾子"仁为己任"，一心想着施行仁政于天下，而当时诸侯们根本做不到，曾子在他们手下为官难以施展自己的抱负，不过成为他们争权夺利的工具，所以，曾子宁肯不做官而保持自身高洁。老师孔子周游列国，游说诸侯，结果无人采用他的政治主张，曾子吸取老师的教训，不轻易出仕做官。

曾子说过："胁肩谄笑，病于夏畦。"（《孟子》）耸起两肩，做出讨好的笑脸，比夏天在田里劳动还要令人难受。所以曾子宁肯亲自劳作也不去事奉君王权贵。

《韩非子》记载权贵卫文子见曾子的故事，可见曾子的为人：

一天，卫国的将军文子慕名拜访曾子，而曾子没有出门迎接，文子只好硬着头皮进见曾子。而更让他不能容忍的是，曾子竟然起都不起，正襟危坐，于室内西南隅的尊位上接见文子。文子气得一句话没说，拂袖而去。文子出门后对他的驾车人说："曾子是一个愚蠢的人啊！如果把我看作君子，君子怎么可以不尊敬呢？如果把我看作不仁义的人，不仁义的人怎么可以怠慢呢？曾子不被杀，只不过是命好罢了。"

子贡曾经评价曾子，说他于富贵之人总是以浩然正气待之，挺立自己的人格尊严。试想，如果曾子真的在朝为官，以对待卫文子的态度对待权贵，真不免有杀身之祸。曾子铁骨铮铮宁折不弯，所以，曾子不做官不失为明哲保身的聪明选择。

曾子虽为布衣之士，但不失廉洁的操守，不是自己的分毫不取，甚至别人赠送的曾子也不要，要了总觉得低人一等，打心里畏惧。《说苑》《孔子家语》等记有这样一则故事，大意是说：

曾子在鲁国南武城，穿着破旧的衣服整日劳作。鲁国国君听说了，心想："曾子的德才，闻名天下，我本想给他个官做，可听说他推掉了大国的高官厚禄，估计小小鲁国的官他也不会做。可这样贤德的人竟穷困到以力取食、衣衫破烂的地步，这是鲁国的耻辱，天下人会说我国君当得不好，让贤人缺衣少食。不行，我得改善一下曾子的生活状况。"

于是，鲁君决定赠给曾子一处采邑，让曾子以采邑的赋税收入维持生活。鲁君派人到了南武城，对曾子说："先生，国君送给您一处采邑，让您用采邑的赋税收入做身新衣裳。"曾子并没有欢天喜地，而是十分平静，推辞道："多谢好意。但我有几亩地种，足以养家糊口，用不着采邑。"使者只好向国君复命。鲁君不敢相信，心想："以往我无论赠给谁采邑，他们都是欢天喜地。曾子这是怎么了？莫非是谦让一下？还是让使者再跑一趟吧。"

于是，鲁君让使者再次来到南武城，说道："先生，国君实在不忍心看您亲自劳作，受苦受累。您连一件像样的衣服都没有，多不体面啊，您还是接受采邑吧，这是国君的一片心意。"曾子还是推辞，说："我知道国君赠我采邑是真心实意，但我推辞也不是虚心假意。我真的用不着，替我谢谢国君好了。"使者很纳闷，说道："这采邑又不是先生您向人家祈求的，而是人家送给您的，多少人做梦都想得到，而您为什么不接受呢？"曾子回答："我听说，接受赠送的人往往害怕赠送的人，赠送的人往往对接受的人表现出傲慢，即使国君赠送我采邑而对我不傲慢，我能不害怕吗？"使者听了，肃然起敬，不禁对曾子竖起了大拇指，说道："先生的德行，真是天下无双，在下领教了！"使者告辞而去。曾子最终也没接受采邑。

后来孔子听说了这件事，称赞说："曾参说的话，足以保全他的节操了。"

《淮南子》中说："曾子立廉，不饮盗泉。"曾子立志廉洁，遇到名为盗泉的水，尽管口渴，也坚决不饮。曾子还说过这样的话："父母既没，必求仁者之粟以祀之。"（《礼记》）父母去世了，一定要用仁人的小米来祭祀。意思是说，祭祀父母，要用来路清白的祭品，而不是来路不正的灰色收入。可见曾子不会取不义之财。由上可见，曾子做官的话，定会一尘不染。

曾子对自己物质生活的贫困不以为意，安贫乐道，满足于精神的富有。《庄子》记载有一则故事，大意是：

曾子居住在卫国时，穿着以乱麻为絮的袍子，破破烂烂，由于饥饿营养不良而面色浮肿，手脚上结满厚厚的老茧。曾子已经连续三天没有生火做饭了，已经十年没做一件衣服了，戴正帽子而帽带却断掉了，提提衣衿竟从衣服破洞里露出了胳臂，穿上鞋子，鞋子的脚后跟处就裂开了。而曾子飘摇着束发的丝带，高声咏唱着《商颂》，嘹亮的声音充塞天地之间，像敲响的钟磬一样。只要不合道义，天子休想得到他做臣下，诸侯休想得到他做朋友。

庄子说："致力于精神丰富、意志坚强的人就会忘记自己的形体，调养形体的人就会忘记追求利禄，致力道义的人就会忘记机巧。"

曾子坚守道义，绝不做不仁不义之事。曾子言行一致，看看曾子说的，就知道曾子会怎么做了。关于廉耻，曾子对弟子说：

君子不崇尚不顾礼义一味求取功名的沽名钓誉之徒，而崇尚有廉耻的人。如果从富贵因违犯礼义而走向贫困，我担心他会失去道德操守；如果从贫贱因违犯礼义而走向富贵，我担心他会更加骄横。有廉耻心的人，对于用不仁不义手段得来的富贵会感到可耻；对于因不仁不义而导致的贫穷也会感到可耻。以曲意逢迎得来的富贵不如贫穷而有个好名声，屈辱地活着不如光荣地死去。耻辱可以避开，就避开它算了；到了不可避开的时候，君子会宁死不屈视死如归。(《大戴礼记·曾子立事》)

七、曾子的勇毅故事

《孟子》中，有一段孟子与弟子的对话，显示了曾子的勇敢，大意是：

孟子的弟子公孙丑问孟子："先生您如果做了齐国的卿相，能够实行您的主张，因此而建立霸业或王业，这也算不上奇怪。如果这样，您是不是会因恐惧疑惑而动心呢？"

孟子回答说:"不,我四十岁之后就不动心了。"

公孙丑说:"如果这样,老师就远远超过孟贲了。"

孟子说:"做到这点不难,告子能够比我更早不动心。"

公孙丑问:"做到不动心有什么方法吗?"

孟子回答:"有。北宫黝是这样培养勇气的:肌肤被刺而不退缩,双目被戳而不转睛;他觉得,受了别人一点小委屈,就像在大庭广众之下挨了鞭打一样;既不能忍受平民百姓的羞辱,也不能忍受大国君主的羞辱;把行刺大国君主看得跟行刺平民百姓一样;毫不畏惧诸侯,挨了骂一定要回击。孟施舍如此培养勇气,他说:'对待不能战胜的敌人,跟对待能够战胜的敌人一样;估量敌人的力量后才前进,考虑到能够取胜再交战,这是畏惧强大的敌人。我哪能做到必胜呢?只是能无所畏惧罢了。'培养勇气的方法,孟施舍像曾子,北宫黝像子夏。这两人的勇气,不知道谁强些,但孟施舍是把握住了培养勇气的要领。从前,曾

西庑子襄像

子襄像(选自清代《宗圣志》)

对子襄说：'你喜好勇敢吗？我曾在老师孔子那里听说过什么是大勇：反省自己觉得自己没理，那么即使对普通百姓，我也不去恐吓他们；反省自己觉得自己有理，纵然面对千万人，我也勇往直前。'孟施舍的养勇是保持一种无所畏惧的盛气，但不如曾子能把握住要领，曾子能以理之曲直为断。"

曾子"虽千万人吾往矣"（反省自己觉得自己有理，纵然面对千万人，我也勇往直前）的勇敢是"义勇"，是为正义献身的精神，不为外界名利所动，勇于坚守道义立场。而北宫黝是匹夫之勇、血气之勇，是不足取的。孟子的义勇精神跟曾子是一致的，身心充满浩然正气，自然会勇于坚持道义。

除了义勇，曾子还讲弘毅，所以曾子身上体现了勇毅精神。曾子说"士不可以不弘毅"，士人不可以不宽宏而刚毅，曾子以弘毅的精神去做正义的事业。

对于来路不正的所谓富贵，曾子从来不动心，正像孔子一样，视之如浮云。这正是孟子所说的大丈夫形象："富贵不能淫，贫贱不能移，威武不能屈。"（《孟子·滕文公下》）没有勇毅精神，就树立不起大丈夫形象。曾子说"冻饿而守仁"（《大戴礼记·曾子制言中》），挨饿受冻也要坚守仁德立场，宁肯牺牲生命也要奉行道义。

"木秀于林风必摧之"，杰出者往往会受到小人的诋毁、打击。《红楼梦》中说："太高人愈妒，过洁世同嫌。"太过高洁容易被世人所忌妒和嫌弃。比如"举世皆浊我独清，众人皆醉我独醒"的屈原，正道直行，尽忠报国，而小人向国君进谗言诋毁他，结果屈原"信而见疑，忠而被谤"，终被放逐，投江自尽。

曾子像屈原一样，不与世俗同流合污。司马迁评价孔子弟子季次、原宪："二人均为民间百姓，他们一心读书，具有独善其身、不随波逐流的君子节操，坚持正义，不与世俗苟合，也不可避免地遭到了当时人们的讥笑。"（《史记》）而坚持正义不惧世俗讥笑，是需要勇气的。曾子说："别人了解自己自己不欣喜，别人不了解自己自己不烦恼。"（《大戴礼记·曾子制言中》）曾子即使遇到不理解自己的人，受到讥笑，也定会坚持操守不为所动，怡然自足。司马迁赞赏季次、原宪这种人格，说："他们逝世已有四百多年了，但他们的弟子依然不断地纪念他们。"曾子、季次、原宪的勇毅，已成为我们的一种民族精神。

曾子在大是大非问题上敢于坚持原则。《孟子》记载，大意是：

孔子去世后，子夏、子张、子游认为有若像孔子，便想用服事孔子的礼节来服事他。想强行说服曾子同意。曾子说："不行！就像用长江汉水的水洗濯过，就像用夏天的太阳曝晒过，孔子他老人家的洁白无瑕，任何人都比不上！"

明初大儒宋濂极为赞赏孔子、曾子的勇毅，他说："孔子之所以圣，勇而已；曾子之所以贤，勇而已。"（《曾志》）

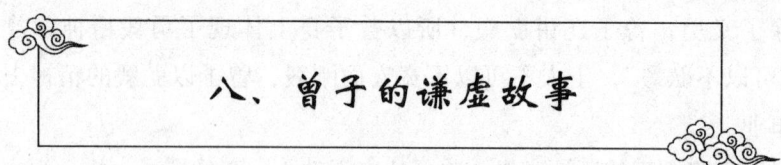

八、曾子的谦虚故事

谦虚是中华传统美德，有着深远的历史渊源，是对天人规律的总结。《尚书·大禹谟》："满招损，谦受益，时乃天道。"骄傲自满会招致损失，谦虚会得到益处，这乃是天道。《金楼子·立言下》："立身之道，唯谦与学。"为人处世最好的做法是谦虚好学。

古代先贤无不教导做人要谦虚。《说苑·敬慎》记载了几则故事，大意是：

从前周成王封周公，周公辞谢不接受，于是封周公的儿子伯禽到鲁国。伯禽辞行要走的时候，周公警戒他说："走吧，你一定不要凭借鲁国就对士人骄傲啊！我是文王的儿子、武王的弟弟、当今成王的叔父，又辅助天子，我的作用在天下也不轻了。但是我为延揽人才曾经洗一次头而三次握发，吃一顿饭而三次吐出食物，忙着接待士人，生怕怠慢，这样，还唯恐失去天下的士人。我听说：品行宽厚而又能持守恭敬的人会获得荣耀；土地广大富庶而又能持守节俭的人会获得安定；俸禄名位显要而又能持守卑谦的人会获得尊贵；人多兵强而又能持守畏惧的人会获得胜利；聪明能干而又能持守愚笨的人会获得好处；广听多记而又能持守浅薄的人会获得广博的知识，这六个持守都是一种谦虚的德行。一个人即使地位尊贵做了天子拥有国家，如果不谦虚，那么他要比天下人先灭亡，夏桀、商纣就是这种人。能不谨慎吗？所以《易经》上说：'这里有一条常理，最大的足够用来守住天下，中等的足够用来守住国家，最小的也足够用来守住自己。'这讲的就是谦虚啊。……衣服成了就缺衣襟，庙宇成了就缺方角，屋子成了就要加上纹饰，故意表示不成，是天道要这样的啊！《易经》上说：'谦虚谨慎，万事皆通，唯有君子能保持长久。'……你一定不要凭借着鲁国就对士人骄傲啊！"

孔子在周庙参观，看到有件欹器，孔子问看守庙宇的说："这是什么器物？"守庙的回答说："大概是座右作为警戒用的器皿。"孔子说："我听说这种器皿，满了就要倾覆，空了就要歪斜，适中就不偏不倚，是这样吗？"那人回答说："是的。"孔子叫子路拿水来试验，果然如此。孔子深深叹息道："哪有满了而不倾覆的呢！"子路说："冒昧地请教先生：保持盈满有办法吗？"孔子说："保持盈满的办法，就是汲取后把它减少一点。"子路又问："减少一点有办法吗？"孔子说："高的能低一点，满的能空一点，富裕的能节俭一点，高贵的能卑贱一点，聪明的能愚笨一点，勇敢的能胆怯一点，善辩的能迟钝一点，渊博的能浅薄一点，明察的能昏暗一点。这就是说减少一点，不让它太满，只有品德最好的人能做到这些。"

孔子说："做人谦虚，自我贬损，不走极端，只有那些德行最高的人才能做到。《易经》中说：'不谦虚而求进步，不但不会进步，反而会退步；自始至终谦虚，不但不退步，反而会进步。'"这是说做人要谦虚。（以上译文参考杨志红、王德芳编译《说苑要览》）

孔子接着讲了常摐临终教导学生老子的话："常摐问：'过故乡而下车，你知道为什么吗？'老子答：'过故乡而下车，不就是说要不忘故旧吗？'常摐说：'好！对了！'常摐问：'过乔木而小步跑，你知道为什么吗？'老子答：'过乔木而小步跑，不就是说要敬老吗？'常摐说：'好！对了！'常摐张口以示老子，问：'我的舌头还在吗？'老子答：'在。''我的牙齿还在吗？'老子答：'不在了。'常摐问：'你知道为什么吗？'老子答：'舌头之所以在，岂不是因为它柔软吗？牙齿之所以不在了，岂不是因为它刚硬吗？'常摐说：'好！对了！天下的事已经说尽了，知道这些就够了，不用再教导你了。'意思是说，为人处世能做到谦虚就够了。

曾子十分谦虚。子贡评价曾子说:"满而不盈,实而如虚,过之如不及,先王难之。"(《孔子家语》)完满却不自足,渊博却如虚空,超过别人却如同赶不上,古代的君王也难以做到,而曾子却做到了。

曾子说:"君子博学而孱守之。"(《大戴礼记·曾子立事》),对这句话的解释千百年来众说纷纭,莫衷一是。但仔细研究发现,"君子博学而孱守之"原本应该是"君子博学而浅守之"。根据是古籍中"博"与"浅"往往作为反义词一起出现,如:"博而能浅"(《说苑》),"以浅持博"(《荀子》),"博之浅之"(同上)等。再就是唐代《群书治要·曾子·修身》篇该句记为"博学而浅守之"。"博学而孱守之"的真正含义是:虽然博学但仍要认为自己很浅薄,不骄傲自满,这样才能更加博学。

曾子讲话有个特点,凡自己引用孔子的话,必定在前面加上"我听老师孔子说过",这是曾子的谦虚,永远把老师放在自己前面。他在请教孔子问题时,总是很谦虚恭敬。曾子临终对儿孙们说:"吾无夫颜氏之言,吾何以语汝哉!"(《大戴礼记·曾子疾病》)是说,我没有颜回那样高深的见解,我拿什么告诉你们呢?曾子始终保持谦虚的作风。

曾子曾说:"有才能却向没才能的人请教,知识多却向知识少的人请教;有能力像没有能力一样,知识充实像空无所有一样;别人侵犯他,他不计较。从前我的一位朋友就做到了这些啊。"(《论语·泰伯》)曾子很敬佩这位朋友的谦虚,有学者说这位朋友就是颜回。

有一次,孔子说:"颜回有四个方面符合君子的道德:尽力地奉行正义,虚心地接受劝谏,警惕地接受俸禄,谨慎地修养自身。史䲡有三方面符合男子的道德:不做官但尊敬在上位的人,不祭祀但尊敬祖先,端正自己而成全别人。"曾子正好陪侍在旁,说:"从前我听说过老师您的三句话,我却没能做到。老师见别人做了一件好事就忘记了他一百个过错,这是您容易共事;老师见别人有了善行就好像自己有了一样,这是您不与人争;老师听到善事必定亲自去做,然后引导大家去做,这是您善于操劳。学习老师这三句话我却没有做到,所以我知道自己终究不如他们两个人。"(《孔子家语·六本》)

四

齐家篇

一、曾子的身世

关于曾子身世的记载，最早、最可靠的是《孔子家语》《史记》。《孔子家语·七十二弟子解》："曾参，南武城人，字子舆，少孔子四十六岁，志存孝道，故孔子因之以作《孝经》。"孔子依托与曾子的问答而作《孝经》，著作权似乎应该归属孔子。但我们知道，《孝经》是孔子与曾子问答而成，按照当时弟子们记录孔子教导的习惯，应该是由曾子记录保存下来，所以，著作权也可以说属于曾子。弟子记录孔子教导的事多有记载，如《论语·卫灵公》中说，对于孔子的教导，弟子子张"书诸绅"，记录在衣带上，永志不忘。《孔子家语·七十二弟子解》记载，对于孔子的教导，弟子子贡"请退而记之"，请求回去后记录下来。而《史记·仲尼弟子列传》记载："曾参……孔子以为能通孝道，故授之业，作《孝经》。"这里，就直接认为曾子作《孝经》。曾子出生于南武城，即今山东省嘉祥县，嘉祥县至今有南武城遗址。据《史记》记载，曾子在鲁国去世。曾子葬于嘉祥县南武山西南，墓至今尚存。曾子出生在一个没落的贵族家庭，由于家道中落，从曾子的父亲曾皙开始，就不得不参加劳动来维持生计。曾皙是孔子的早期弟子，曾子出生时，曾皙已经四十岁了，中年得子，格外珍惜，加之此时曾皙正是学业有成、年富力强的时候，所以曾子从小就受到了很好的教育。曾子十七岁时，曾皙觉得自己平生所学已不能满足曾子旺盛的求知欲了，便不惜跋涉千里，将曾子送到远在楚国的孔子身边，拜孔子为师继续深造。从这里可见曾皙对曾子的一片苦心。颜回曾是孔子最得意的弟子，但不幸英年早逝，这样，曾子就成了孔子晚年最得意的弟子。孔子将自己的学问全部传授给曾子，并将孙子子思托付给曾子。曾子坚决捍卫孔子的思想、地位，果然不负重托，将孔子正宗思想传与子思，子思的学生又传与孟子。

曾子一生以设教讲学为主，少有做官的经历，一生的身份基本就是布衣之士。在古代，士人的追求几乎只有出仕做官一途，而曾子虽不做官，却怡然自得，不以此为人生的失败，而以自己人格的高尚为荣，曾子说："晋国和楚国的财富，我赶不上，但他有他的财富，我有我的仁德；他有他的爵位,我有我的道义,我有什么感到不足的呢?"(《孟子·公孙丑章句下》)曾子认为"士不可不弘毅,任重而道远。仁以为己任,不亦重乎?死而后已,不亦远乎?"尽管不做官,可曾子丝毫没有消极,而是以践行、弘扬仁德为己任,以高远的理想、坚强的意志为支撑,奋斗到生命最后一息。曾子所选择的事业是设教讲学,研究学问,著书立说。这是要有板凳要坐十年冷、淡泊名利的思想准备的。结果曾子成功了,虽未在当时显扬于诸侯,却在身后流芳百世。让我们通过故事来进一步深入了解曾子的身世。

二、先祖大禹的故事

中华儿女被称为炎黄子孙,因为我们的先祖都可以追溯到炎帝、黄帝。曾子的先祖是黄帝。《史记》载,从黄帝,中经昌意、颛顼、鲧,传至禹。禹是曾子的远祖。

大禹是历史上赫赫有名的治水英雄,后来因其治水之功,被推选为舜的继承人登上帝位,后来他的儿子启继承帝位,从此开启了帝位传与子弟的世袭制,推翻了之前的禅让制,禹成为夏代的开国君主,中国开始进入阶级社会。

这里说一下大禹治水的故事。据《尚书·尧典》记载,在尧的时候,洪水滔天,"荡荡怀山襄陵",浩荡的洪水包围了山陵。尧非常着急,派谁去治水呢?大家都认为有崇部落的首领鲧可以担当治水重任,于是就派他去了。据说鲧治理洪水长达九年,但因采取了筑堰围堵的错误方法,最终治水失败,被流放到羽山。而大禹又继承父亲鲧的事业继续治水,他一改鲧围堵的方法,顺应水势进行疏导,最终治水成功。这启示我们,做事情要遵循规律,按规律办事。据说,大禹治水时非常艰苦,大禹跟广大民众同吃同住同劳动,他踏遍九州,调查研究。大禹因为每天都要走很多路,跋山涉水,栉风沐雨,以致腿上的汗毛都磨光了,手脚上磨出了厚厚的老茧。大禹由于过度操劳,可能中过风,落下了半身不遂的毛病,以致走起路来一瘸一拐的。

但尽管这样，大禹还是不顾一切，一心扑在治水事业上。大禹舍小家顾大家，结婚三天就告别家人，在外治水十三年，三过家门而不入，甚至在门外听到了孩子的呱呱啼哭，也顾不得去看一眼。

大禹不但身体力行带头治水，还很注重选贤任能。《吕氏春秋》说"禹周于天下以求贤者"，大禹在全国范围内广泛寻求贤能之人。《吕氏春秋》还说："禹一沐而三捉发，一食而三起，以礼有道之士，通乎己之不足也。"是说大禹洗一次澡要握干头发出来多次，吃一顿饭要起来多次，都是因为不敢怠慢贤能之人，礼貌地接待他们，请教于他们。

大禹治水成功，解除了神州大地的水患，解救了天下苍生，被大家公推为首领，当之无愧地继承了舜的帝位。大禹的艰苦奋斗精神和取得的功业，大受后世敬仰，庄子称大禹为"大圣人"。墨家学派尊奉大禹，以大禹为行动楷模。墨子主张"摩顶放踵以利天下"，只要有利于天下人，自己劳累到从头到脚都磨伤也在所不惜。这不正像大禹一样吗？大禹精神成为我们民族精神的重要组成部分。崇尚慎终追远的曾子当然不会忘记先祖大禹的美德，一定会做发扬祖德的模范。事实上，我们看到，曾晳、曾子都热爱体力劳动，正是受了大禹的影响。大禹自己饮食菲薄而尽心孝敬先人的在天之灵；自己衣服恶劣，而讲究祭服之美；自己宫室卑陋，而尽力修治沟洫水道（《论语》）。孔子对大禹挑不出毛病，非常赞赏。这里，曾子的孝、勤、俭等美德，也应该是在一定程度上继承了大禹之风。比如，曾子主张"慎终追远"，即谨慎办理父母的丧事，祭祀追念祖先；而大禹自己不舍得吃不舍得喝，也要用丰厚的祭品孝敬先人在天之灵，二人的做法何其相似。

曾子在孝道上十分欣赏孔子的一句话："孟庄子的孝行，其他方面别人可以做得到；但他不改换父亲的旧臣和父亲的施政措施，是别人难以做到的。"（《论语·子张》）孟庄子的父亲是鲁国贤人孟献子。孟献子去世时，"司徒旅归四布"（《礼记》），他的家臣将众人送的奠仪都退还了，受到孔子的赞扬，可见其廉洁的家风，绝不像后世很多人借婚丧嫁娶敛财的做法。而孟庄子继承父亲的美德和事业，去实现父亲的遗愿，是最大的孝。周武王继承先人大王、王季、文王的事业而得天下，周公继承周文王的仁德，这些都是大孝的典范。这正如《中庸》所说："夫孝者，善继人之志，善述人之事者也。"孝，就是善于继承前人的志向和事业。

大禹继承父亲治水，完成了父亲未竟的事业，这本身就是大孝。曾子不辜负父亲的期望，继承父亲的事业，将儒家思想传承发扬下去，这也是大孝。

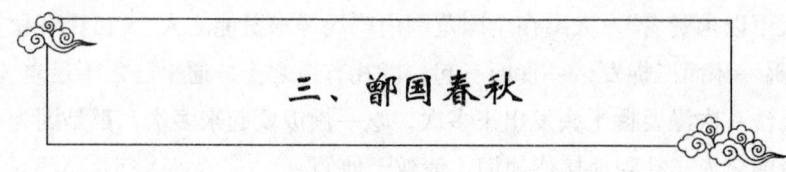

三、鄫国春秋

要了解曾子的身世，不能不提到鄫国的历史。

禹娶涂山氏部族的女子女娇为妻。女娇于禹受命治水第一年生启。据记载，被推举为禹继承人的是掌五刑、负责狱讼的皋陶。皋陶先禹而死，大家又推举了负责管理山林的伯益，因为伯益工作出色。至于启怎样代替伯益登上帝位，大致有两种说法：一种是说启的威望不如伯益，但夏启发动了对伯益的攻伐，打败伯益夺取帝位；一种说法是伯益的威望没有启高，大家拥护启而不拥护伯益，所以在众望所归之下，启顺理成章登上了帝位。启即天子位，变禅位为世袭制，建立起我国历史上第一个王朝。

夏启在位三十九年去世。长子太康继承王位。太康终日田猎游玩，不理国政。一次他玩兴大发，跨过洛水之南，一百多天没有返回都城。东夷有穷国君主后羿乘机占领夏都。太康不能回朝，便选在阳夏（今河南太康县）筑城而居，约一年就病死了。其弟仲康在斟鄩（今河南巩义市）立国继位夏王。仲康在位十三年去世，其子相，继为夏王。夏王室势力的发展引起后羿的注意，后羿以武力威逼相及其王室，年幼的夏王相被逼迁居帝丘（今河南濮阳市）。在同姓诸侯斟灌氏（在今山东寿光市）和斟鄩氏（在今山东潍坊市西南）的帮助下，夏王室势力又开始发展起来。已夺取有穷国政权的寒浞，想消灭夏王室，于是派儿子浇带兵攻打帝丘，夏王相在位二十八年，自杀身亡。浇紧接着又灭掉斟灌、斟鄩两个诸侯国。夏朝一度灭亡。

夏王相娶有仍氏（在今山东济宁）的女子后缗为妻，在寒浞命浇杀相时已有孕在身，她趁乱逃回娘家，生下相的遗腹子少康。少康长大后，有仍氏让他做了牧正，管理畜牧。寒浞知道后派人追杀。少康便从有仍氏逃奔到有虞氏（今河南虞城）。在有虞氏国君帮助下，势力得到发展。又在一个叫伯靡的夏遗臣的辅佐下，率军攻打有穷国都，活捉寒浞，重建夏朝。少康在位二十一年，死后由其长子季杼继承王位。这就是中国古代史上所称的"少康中兴"。

少康在位二十一年，其间天下安定，文化大盛，夏王朝的统治得以巩固。少康把次子曲烈分封在鄫地，建立鄫国。有学者说初封之地在今河南南阳市方城县北，因盛产丝织品缯而得名。曲烈致力于生产，善于发明创造，推进了社会的发展，使鄫国逐渐强大起来，历经整个夏代而不衰。

夏朝末年，夏桀残暴，商汤率兵伐夏。据《有夏志传》记载：鄫和东方八个小国各派精锐之士千人、战车百乘，组成八国之师参战。夏王朝被商灭掉之后，其同姓亲族，或被俘虏做了商的臣仆，或被迫向四方迁徙。唯独鄫国得以延续，封鄫国八世国君伯基为诸侯。商前期邳国（今江苏邳州）等地发生过反商斗争，被商王派鄫等国出兵镇压下去。

进入西周。《国语·周语·郑人伐滑》中有"杞、曾则太妃也"的记载，太妃为周武王之母，鄫国是太妃娘家姒姓的本家，所以仍被封为诸侯。周宣王时，灭掉谢国，在其旧地上营建了谢邑，将舅父申伯改封于此，建立申国，让他镇守南邦，封地在今河南南阳北三十里。从此鄫国便受申国节制。

西周末年，周幽王朝政腐败。他废掉王后申氏（申侯的女儿）和太子宜臼，立宠妃褒姒为王后和褒姒子伯服为太子。宜臼逃奔申国，幽王讨伐申侯，欲杀宜臼，申侯大怒，起兵反抗。鄫国跟随申侯联合西方犬戎进攻幽王，幽王战败，被杀于骊山下戏地。在鲁侯和许文公的支持下，申侯在申地立原太子宜臼为周王，这就是周平王。周平王在申国，要扩大疆土，于是徙封鄫国到中原，在今河南柘城县北、睢县东南的地方建鄫城。《春秋·襄公元年》记载"仲孙蔑会齐崔杼、曹人、邾人、杞人次于鄫"，这个鄫就是此地。

周平王虽然被立为王，但没有能力驱逐犬戎，公元前770年被迫放弃镐京，在晋文侯、郑武公的拥奉下，由申迁往洛邑（今河南洛阳），从此以后周朝便被称为东周。郑国本是西周畿内之国，因勤王赶走犬戎有功，迁至虢、邻之间，建都新郑（今河南新郑），先后灭掉虢、邻等国，又侵占了迁徙不久的鄫国。鄫国又迁今河南与安徽交界的层丘。鄫国曾随晋文侯讨伐东夷，取胜后遂居于东夷故地，故址在今山东省兰陵县向城镇鄫城村。

进入春秋时代后，大国争霸，中等国家也想谋取地区霸权。鄫国徙往东夷时，与鲁、莒等国为邻，后郑国迁往峄山附近，邻国又多了一个郑国。鲁、莒、郑等国，见鄫国弱小，便都想占有它，四邻的威胁，使它处在艰难的环境中。

首先是鲁国。鲁僖公把女儿季姬嫁给鄫国国君，通过政治联姻，想以此把鄫国拉拢到自己身边。起初鄫国国君不买账，并不朝见鲁国和进贡财物。这下惹恼了鲁僖公，鲁僖公就趁季姬回娘家探亲的时候，把季姬扣下，不让她回国。鲁僖公十四年（前646年）夏季，季姬秘密通知丈夫在防地（今山东曲阜东）见面，劝鄫君朝见了鲁僖公。第二年季姬才回国。

接着是郑国。第一位霸主齐桓公去世以后，宋襄公图谋称霸。他于鲁僖公十九年（前641年）夏季，召集曹、郑等国在曹国的一个地方结盟。鄫君想参加会盟以自保，但又不敢贸然前去，于是想托郑国从中说情。郑国认为这是占有鄫国的一次机会，便趁鄫君到达郑国时逮捕了鄫君，把他用作社祭的牺牲品。时隔五十年，即鲁宣公十八年（前591年）七月，郑国又派人到鄫国本土杀害了鄫国另一位国君。

再后来是鲁、莒相争。鲁襄公四年（前569年）冬季，鲁襄公到霸主国晋国去听取有关贡赋的要求。晋悼公招待襄公时，襄公请求把鄫国作为鲁国的附庸，晋悼公同意了鲁国的要求。莒国和郑国知道了这一消息后，于当年十月联合起来攻打鄫国。鲁国为了救援鄫国而派臧纥去袭击郑国，结果在狐骀（今山东滕州东南）打了败仗。第二年，鲁国大夫叔孙豹和鄫太子巫到晋国，完成了鄫国附属于鲁国的手续。此前，莒国也采取政治联姻的方式拉拢鄫国，让莒国的女子嫁给鄫国国君，所生的女儿又返嫁莒国国君，莒国又强迫鄫国国君把此女与莒国国君所生的外孙养在本国宫中，并想让鄫国国君把他作为继承人。叔孙豹和鄫太子巫的举动，自然受到莒国的反对，还没等到鄫太子巫从晋国返回鲁国，莒国便于鲁襄公六年（前567年）秋季杀害了鄫君时泰，立其外孙为新国君，并把鄫国作为自己的附庸国。鄫国国君换了外姓人，这在当时被认为是亡国。鲁昭公四年（前538年）莒国发生动乱，莒丘公做了国君却不安抚鄫国，于是鄫国背叛莒国归服鲁国。后来鄫国又归服齐国，结果却被越国灭掉。

关于鄫国的世系，据《武城曾氏族谱》和《济宁州志》记载，从开国君主曲烈到末代君主时泰，共传了五十三代，并记载了每一代君主的名字。

另外还有一个曾国，位于湖北随州，就是曾侯乙墓所在地，该墓以出土战国编钟而震惊世界。近年来又进行了大规模考古发掘，证明这里就是《左传》上记载的随国所在地，而随国就是曾国。但这一曾国是姬姓国，不同于姒姓鄫国。

四、曾姓由来

天下一曾无二曾，皆以曾子为一世祖。曾姓起源于禹，禹为"姒"姓。古人讲"姓甚名谁"，我们现在不再讲"姓氏"，只讲"姓"，而我们现在所说的"姓"，大都是古代的"氏"，所以我们现在所说的"曾姓"，严格起来应称作"曾氏"。在古代，"姓"与"氏"是有区别的。"姓"一般要早于"氏"，如商代统治者及其后人是"子"姓。而从"子"姓里又分化出了"商""武"等"氏"，我们现在都将"商""武"当作"姓"了。再比如周代统治者是"姬"姓，而"周""蒋""茅""冉"等氏都是从"姬"姓里分化出来的。古代著名的姓还有"姜""嬴"等。"姓"往往有女字旁，所以，有学者认为，"姓"一般起源于母系氏族社会。

曾氏是怎样从大禹的"姒"姓里分化出来的呢？这要从鄫国说起。夏王少康把次子曲烈分封在鄫地，建立鄫国，鄫国历经夏、商、西周，鲁襄公六年，被莒国所灭。莒国灭鄫，其实不是通过武力征伐，而是莒国公子篡夺了鄫国国君之位。古人认为，国君之位是不能传与外姓的，一旦国君换了外姓人，就等同于亡国。《左传》《鄫氏源流流传图》等史料记载，周简王时，莒国国君生三女，长女嫁鲁成公生鲁襄公。鄫国国君时泰娶其二女为先夫人，生子巫。鄫国国君与鲁成公为连襟，巫与鲁襄公为姨表兄弟。后鄫国国君的第一任夫人去世，便继娶莒国国君的小女儿，即先夫人的妹妹为后夫人。后夫人无子只生一女，还嫁回莒家，即与鄫家为姑舅婚。所生子即鄫家外孙。后夫人性悍，爱己女，迫太子巫奔鲁依襄公为附庸。公元前567年，莒人以鄫之外孙嗣位，所以，《左传》说："非灭也，以外姓嗣位，灭亡之道也。"

外姓继承了国君之位,等同于亡国。

据说,鄫国太子巫逃亡鲁国后,因为自己已经失国,便将"鄫"字表示城邑的偏旁"阝"去掉,改为以"曾"为姓。因为他与鲁国国君是姨表亲关系,所以也没受到慢待。

关于鄫太子巫到曾子的世系,史籍中有四代和五代两种说法。据战国时期成书的《世本》记载:"巫生阜、阜生晳,晳生参,字子舆,父子并仲尼弟子。"是四代说。然而,南宋邓名世著《古今姓氏书辨证》记载:"巫生夭,为季孙宰;夭生阜,为叔孙家臣;阜生点,字晳。"多出曾夭一代,为五代说。曾氏历次所修《曾氏族谱》,都采用了从曾巫到曾子为五代的说法。曾夭、曾阜都是在《左传》上有记载的人物,曾夭是季孙氏家的主管,曾阜是叔孙豹的家臣。

五、曾点的故事

曾子的父亲曾点,字晳,生于公元前545年,比孔子小6岁,是孔子的早期弟子,宋真宗大中祥符二年时被朝廷封为"莱芜侯",明世宗嘉靖九年尊为"先贤曾氏"。至今在嘉祥县曾庙内有莱芜侯祠,始建于明正统十二年(1447年)。

曾家到曾晳这一代,已经没落为普通平民了,曾晳不得不靠劳作谋生。《孔子家语》记载,曾晳痛恨当时人们不遵行礼教,想学习礼教,孔子很赞成他。曾晳在40岁时老来得子,他决心把心爱的儿子培养成一代圣贤。据说在曾子六七岁时,曾晳就教曾子读书识字,诵读诗书,并把自己从孔子那里学来的"六艺"知识传授给他。曾晳还教给曾子做人的道理,跟他讲先祖的故事。从曾晳喜欢音乐而曾子精通音乐来看,曾子受父亲的影响是很深的。家长是孩子的第一任老师,曾子的成才与曾晳的良好家教密不可分。

曾晳有着不同凡俗的高远志向,这一点很得孔子赞同。《论语》记载了一则"四子侍坐"的故事:

曾点像（选自清代《宗圣志》）

　　子路、曾晳、冉有、公西华陪孔子聊天。孔子说："不要因为我年纪比你们大一点，就不敢讲了。你们时常感叹没有人了解你们呀！假如有人了解你们，你们打算怎么做呢？"

　　子路不假思索，抢先发言，说："一个拥有方圆百里、千辆兵车的中等诸侯国，夹在大国中间，外有强敌，内遇饥荒，如果让我治理，用三年功夫，就可以使人人勇敢善战，还使众人懂得守规矩。"孔子听了，微微一笑。

　　"冉求，你怎么样？"孔子询问道。冉求说："一个纵横六七十里或五六十里的国家，如果让我去治理，用三年时间，就可以使老百姓富足起来。至于修明礼乐，那就只有等待贤人君子了。"

　　"公西赤，你怎么样？"孔子又接着询问。公西赤说："我不敢说能做到什么，只是愿意学习。宗庙祭祀的工作，或者是诸侯会盟，朝见天子，我愿意穿着礼服，戴着礼帽，做一个小小的赞礼人。"

孔子看曾皙没有说话，于是问道："曾点，你怎么样？"只听瑟声渐渐稀缓，然后铿然一声停住了，曾皙放下琴，站立起来，说："我和他们三人的想法不一样呀！"孔子说："那有什么关系呢？不过是各自谈谈自己的志向！"曾皙说："暮春时节，天气和暖，春天的衣服已经穿上了。相约五六位成年人，六七个少年，一起到沂河里洗洗澡，在舞雩台上吹吹风，唱着歌儿回家。"孔子长叹一声，说："我赞成曾点的想法呀！"

子路、冉有、公西华都出去了，曾皙在最后，问："他们三个人的话怎么样？"孔子说："也不过是各自谈谈自己的志向罢了！"

曾皙问："你为什么笑仲由呢？"孔子说："治理国家要讲礼让，他的话却一点不谦让，所以笑他。"

曾皙问："难道冉求所讲的就不是国家吗？"孔子道："怎见得纵横六七十里或五六十里的地方就不是国家呢？"

曾皙问："难道公西赤所讲的不是国家吗？"孔子道："宗庙祭祀和诸侯会同之事，不是诸侯的大事又是什么呢？如果公西华只能给诸侯做一个小司仪，那谁能来做大司仪呢？"

孔子为什么独独赞赏了曾皙的志向，有多种说法。一种说法认为曾皙描绘了一幅熙熙和乐的大同社会景象，正符合孔子的向往。另一种是明代曾承业《曾志》用前人的说法，说曾皙当时经常带领几位成年、未成年的弟子在沂河边学习讨论，收获很大，所以曾皙的志向就是设教讲学、研究学问。这跟孔子晚年的志向是一致的，孔子一生栖栖惶惶游说诸侯，但不被任用，最后对仕途灰心，从而转向学术一途。这很有可能是根据"沂水春风"典故而编的寓言。《论衡》中还有一种说法，大意是说：

"咏而归"应为"咏而馈"，即歌咏雩祭，周历十月相当于现在农历二月，天还很冷，不可能是在沂水里洗澡，而是蹚过沂水，然后再歌咏雩祭。"《春秋左氏传》曰：'启蛰而雩。'又曰：'龙见而雩。'"春天雩祭是祈谷雨的，孔子说"吾与点也"，是赞赏曾点想以雩祭调和阴阳。

曾点在孔门属于"狂者"，曾点的狂表现在哪里呢？《礼记》记载，大意是：

鲁国专权贵族季武子病重在床，蟜固当时正在服丧，但他没有脱下缝边的麻布丧服就到季武子那里去探望。并说："像我这种做法将要消失啦。作为士来讲，只有在朝廷上才脱去缝边的麻布丧服。"季武子就是鲁国大夫季孙夙，他家世代都是鲁国的上卿，权力强大，在鲁国专权，鲁国人事奉他就像事奉国君，在看望季武子的时候，即使有重孝在身，也要脱了丧服去见他，按照当时的礼仪，只有见国君才能这样。而蟜固守礼坚定不移，不畏惧季武子的权势，见季武子时偏偏不脱去丧服，并且理直气壮地告诉季武子为什么这样做。蟜固这样做，是想通过自己的示范，让世人都敢于以正确的礼仪对待权贵。季武子听了，非常惊讶，但也无可奈何，只好假装赞许，说："这样做不也是很好吗？君子就是要表明那些被隐蔽了的正确道理。"

曾晳打心里赞成蟜固对待权贵的做法。当季武子去世举行葬礼时，曾晳竟然"倚其门而歌"，倚着季武子家的大门唱歌。以此表明自己对权贵的蔑视。这种做法，在当时需要多么大的勇气，可见曾点多么狂放。而曾点的狂放，也深深影响了曾子，曾子也是一位傲视权贵的人，正像《孔子家语》中子贡的评价："其视大人也，常以浩浩。"曾子对待权贵，有一种不屈不挠的浩然之气。

对于"狂者"，孔子是赞赏的，但孔子最欣赏的是"中行之士"。孔子说："不得中行而与之，必也狂狷乎！狂者进取，狷者有所不为也。"（《论语·子路篇》）如果找不到行为合乎中庸的人来交往，那就一定找正直无畏或洁身自好的人交往！正直无畏的人努力进取，洁身自好的人不会做坏事。

从耘瓜受杖的故事里可以看到曾点的狂暴。曾子仅仅因为不小心锄断了瓜根，竟被曾点用大杖打昏过去。曾点显然太过分了。但曾子非但不怪罪，反而安慰父亲。正像《淮南子·齐俗训》中说的，曾子孝敬父亲，就像事奉严厉暴烈的君主。由此可以想见，曾点对曾子平时的教育应该非常严格。虽然"棍棒之下出孝子"的做法不宜提倡，但古人说"娇儿无孝子"，确实是经验之谈。严管教，不溺爱，才能教育出孝敬懂事的孩子。古人说"严父慈母"，是说对孩子该严格的一定要严格，该慈爱的一定要慈爱。

六、曾子的家乡南武城

公元前505年周历10月12日，曾子降生在鲁国南武城。南武城位于今山东省嘉祥县满硐镇，这里至今有南武城遗址，是济宁市重点文物保护单位。南武城群山环绕，林泉茂美，风景秀丽。这里气候适宜，物产富饶，自古就是一方宝地。《春秋》记载的鲁哀公十四年西狩获麟之地，就在南武城附近。能被认为是生长麒麟这种珍稀动物的地方，其气候、水土定是不凡。这里地灵人杰，除了曾皙、曾子外，据史料记载，孔子弟子澹台灭明、商瞿、商泽、冉耕、冉雍、冉求、冉孺、冉季、申枨等也是今嘉祥县人。嘉祥县是春秋时期武城故地，孔子闻弦歌的故事，就发生在这里：

孔子的弟子子游做武城的长官，武城是一座弹丸小城。一天，孔子带了几位弟子来到武城，听到悠扬的弦歌之声，孔子不禁微笑起来，对子游说："杀鸡还用得着解牛刀吗？"意思是治理这样的小地方，还用得着施行礼乐教育吗？子游回答说："从前我听老师您说：'君子学习了礼乐之道就会仁爱于人，老百姓学了礼乐之道就好听使唤。'"孔子对弟子们说："你们几个听着！言偃（子游）的话是对的。我刚才说的不过是开个玩笑。"（《论语》）

孔子问子游："你在武城发现了贤人没有啊？"子游说："有位叫澹台灭明的，做事光明正大，不走邪道，不是公事从不来我办公的地方。"

历代文人墨客对这里多有题咏，从北宋文学家晁补之的文章里看，北宋时期南武城一带美如图画，物产富饶，其他地方不能生长的植物，在这里都能生长。南武城旁边的南武山，虽然现在已经光秃了，但从宋、明时期的诗文描述来看，南武山当时葱茏秀美。明清时期的《宗圣志》里，收录了一些吟咏南武山的诗文，有诗曰："南武山青送晓光，拂阶云树蔼苍苍。"是说南武山是青绿的，树木葱郁。

南武城历史悠久，始建年代不详。据考古发掘证明，故城遗址呈方形，子午向，面积约25万平方米。故城东北、东南城墙角在1970年尚存。原残高4—5米，后被群众取土造田所破坏。考古工作者发现了残存的故城东墙和具有春秋时代特征的夯土夯层窝。调查中还发现了大量春秋至两汉时期的筒瓦、板瓦、鬲、豆、盂、罐等器物陶片。城墙夯土层中包含少量西周晚期和春秋时期陶片，未见春秋以后时期包含物，这种风格与曲阜鲁国故城、洛阳东周王城、山西侯马晋城同期城墙极为相似。所以南武城城墙为春秋时期所筑，筑造时间不晚于春秋中晚期。所以，位于嘉祥县满硐镇南武山村东侧的古城址即是春秋鲁国南武城遗址无疑。

为什么叫南武城呢？因为当时在鲁国另有一武城在其北。这个北部的武城，有据可查就在今嘉祥县城附近嘉祥村一代，是孔子弟子澹台灭明的故里。《史记·仲尼弟子列传》："曾参南武城人……澹台灭明武城人。"南武城、武城显然是两个地方，不能混淆。明清时期的地方志等记载，这里有澹台山、澹台河、澹台祠等历史遗迹，《澹台氏族谱》也记载武城就在这里。这里也还有古城遗址。这座武城附近，有鲁国国君鲁武公墓，或许武城就是为之守墓而建？综合专家的观点，我们认为，武城之名的由来一定跟鲁武公有关。因为有两个武城，而北武城与鲁君鲁武公墓有关，所以这个南部的武城只能称南以别之。武城与南武城相距20多千米，正好一南一北。

南武城怎么来的呢？很可能与世居于此的武氏巨族有关。南武城东北约5千米就是汉代武梁家族的墓地，武氏墓群石刻1961年与故宫、长城一起被列为第一批全国重点文物保护单位。其武斑碑记载："昔殷王武丁久伐鬼方，元功章炳，勋藏王府。官族分析，因以为氏焉，武氏盖其后也，商周假貌，历世圹远，不陨其美。汉兴以来，爵位相踵。"是说，从前商王武丁长期征伐鬼方，立下赫赫战功，功劳被朝廷铭记。后来家族分散，后裔就以"武"为氏，从遥远的商、周时期以来，历代家声不坠。汉代兴起以来，爵位连续不断。这样，南武城很可能就是武氏祖上的封邑，因为姓武而名武城。

南武城遗址西北约1千米处就是曾庙，是祭祀曾子的专庙。曾庙始建年代，难以考证，据唐代贞观三年《重修武城谱系》记载，曾庙原名忠孝祠，是在曾子去世10年后（前425年）修建的。曾庙在明代正统十年（1445年）进行了重修。后来又经多次重修、扩建，逐渐形成现在的规模。曾庙占地约三万平方米，建筑布局分左、中、右三路，前后共五进院落，主体建筑宗圣殿位于中轴线中部，共有殿、庑、堂、亭等各式建筑物三十余座八十余间。庙内还保存古柏三百五十棵，明、清等碑刻二十余座。曾庙布局严谨，气势恢宏，是中国保存比较完整的明、清古代建筑群之一。曾庙现为全国重点文物保护单位。

曾庙西约300米有曾子墓。虽历经沧桑，人移物换，但人们对曾子墓的记忆代代相传。明代正统年间《重修郕国宗圣公庙碑》记载："今庙东南有耘瓜台，西南有曾子墓，其家世南武城也明矣。"是说，曾庙东南有耘瓜台，西南有曾子墓，曾子家在南武城，是很明白的了。几十年后，到了明代成化初年，有一打鱼人，在此地不小心掉进了一个坑穴，他惊奇地发现，坑穴有一悬棺，悬棺旁有一圆头石碑，刻有"曾参之墓"字样。这个发现被报告给了地方官，并上报到省及朝廷。要知道，曾子当时早已被朝廷尊奉为"宗圣"，地位显赫，曾子墓棺木暴露哪行？于是皇帝下令重修曾子墓，一并将那块碑也埋在了墓里。曾子墓的这段故事被载入《明史》。

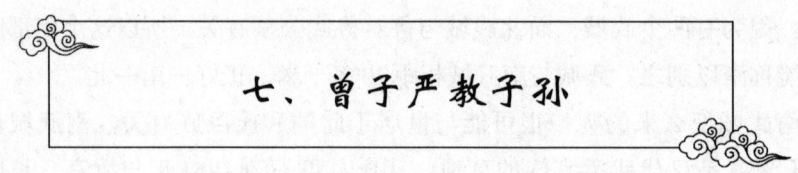

七、曾子严教子孙

曾子是有家学渊源的。据《曾氏族谱》记载，曾子的祖上是鄫国太子巫，后来政治避难到鲁国，其儿子曾夭是鲁国权贵季孙氏的总管家，曾夭的儿子曾阜，是鲁国权贵叔孙氏的家臣。从曾阜的时候，举家搬迁到南武城。曾阜生曾晳，也就是曾子的父亲。曾晳的时候，家道已经败落，曾晳自食其力，躬耕谋生。曾晳是孔子的早期弟子，满腹经纶，性格疏狂，对曾子的教育非常严格。教育内容包括"六艺"（礼、乐、射、御、书、数）等。曾子从小知书识礼，从不惹父母生气。曾子不但博览群书，还全面发展，音乐、劳作等方面无所不通。曾子十七岁时，曾晳千里跋涉，把曾子送到原在楚国的孔子那里继续深造。曾子没有辜负父亲的一片苦心，终成一代圣贤。

曾子一生以设教讲学为主。在家乡南武城，他招收了很多弟子，远方不少人也慕名来学习。曾子家中，藏书甚丰，每日书声琅琅，大家探讨学问、演习礼乐。曾子的儿孙从小在这样的环境里长大，耳濡目染，个个贤能。正

应了曾子那句话："蓬草生长在麻地里，不用扶自直；白沙放在黑泥里，与泥一起都是黑的。"（《大戴礼记·曾子制言上》）

曾子很重视对儿孙言传身教。曾子一生学而不厌诲人不倦，他说："少年时不学习，壮年时不研究学问，老年时不能对人有所教诲，就可以说是事业无成的人了。"（《大戴礼记·曾子立事》）父母是孩子的第一任老师，曾子为子孙树立了很好的榜样，子孙们个个勤奋好学，为人正直，孝敬父母。正像《说苑·杂言》中说的："凡善之生也，皆学之所由。一室之中，必有主道焉，父母之谓也。故君正则百姓治，父母正则子孙孝慈。是以孔子家儿不知骂，曾子家儿不知怒。所以然者，生而善教也。"意思是，凡是善心的产生，都是由于学习的缘故。一个家庭中，必定有处于主导地位的人，这就是所说的父母。因此，国君行为端正百姓就会安定，父母行为端正子孙就会孝老慈幼。所以孔子家的孩子不知道骂人，曾子家的孩子不知道发怒，之所以做到这样，是因为平生善于教养啊。

曾子除了教给孩子礼、乐、射、御、书、数等各门知识，还特别重视他们的伦理道德教育，教他们怎样做人，怎样处理好君臣、父子、兄弟、夫妇、朋友间的关系。曾子的儿孙从小跟弟子们一块听曾子讲课。有一次，曾子看到弟子和儿孙们都到齐了，便开了一堂伦理课。

首先，曾子说："人生活在世上，最重要的就是处理好各种人伦关系。只有这样才能立足于世，才有可能干一番事业。你对别人好，别人也对你好。大家支持你，你才能发达。怎么处理好人伦关系？就要一切为他人着想，为群体着想，达到无私无我的境界。也就是像老师孔子说的，待人要有仁爱之心，要讲忠恕。就是对人尽心尽力，体谅他人，自己不想做、不能接受的事，也不要强加给别人。具体来说，谁知道应该处理好哪几种关系？"

这时乐正子春站了起来，说道："大舜的时候，舜任命契为司徒，负责教育百姓五种人伦道德：父子之间有骨肉之亲，君臣之间有礼义之道，夫妻之间挚爱而又内外有别，老少之间有尊卑之序，朋友之间有诚信之德。"

曾子道："说得好。这五种基本上包括了所有的人伦关系。学习要举一反三，活学活用，比如，处理姻亲关系等，也要参照这五种关系行事；对待一般人，也要像对待朋友一样，讲诚信。"

这时，单居离说："请问先生，服事哥哥有一定的原则吗？"

曾子回答："有。以尊敬的态度对待他并把他作为自己的榜样，像对待长者那样听从他的教导。哥哥的行为合乎道义就以长者对待,如果不合乎道义就为他忧心。内心为他忧虑而不表露于外,就是轻易地放过他的过错;外表显露出忧心的样子而内心不忧虑,就是疏远了他。因此,君子对哥哥的过错既要忧虑于内心,也要把忧虑显露于外表,以此使他感悟。"

单居离继续问:"使唤弟弟有一定的原则吗?"

曾子回答:"有。为弟弟举行成年加冠礼和婚娶这类好事不要错过时机。弟弟的行为如果合乎道义,就以正常对待弟弟的原则对待他;弟弟的行为如果不合乎道义,就拿对待兄长的态度对待他。对他尽到对待兄长的道义他仍不可教化,这样就暂且不去管他。"

曾子稍停,继续道:"我还要补充一下。礼是用于大人的,不可过早地

東廡曾元像

曾元像(选自清代《宗圣志》)

用于小孩。小孩的礼仪,吃饭让年长者先吃,出力的事不退让,受委屈伺候人的活,是小孩应当做的,不要攀着年龄大的人。参加酒场不要喝醉,和谐地跟着年长者唱歌不要露出哀伤的声音。在敬爱哥哥方面,不横坐,不轻率地越过哥哥,不干使哥哥脸色不快活的事,快步如飞地围着哥哥周旋,俯首敬慕地听从哥哥的使唤,哥哥发怒时不去冒犯他。虽做到以上,但没有表现出恭敬和悦的神色,还未算恪守弟道。"

这时,乐正子春问道:"先生,弟弟对待哥哥的方式我们都懂了,您刚才说要举一反三,那么怎么将弟道扩充为对待他人呢?"

曾子道:"问得好!要把天下所有人当作亲人看待。对于年龄是我们哥哥辈的,都要以刚才讲的原则去对待,这就是'悌道'。君子尽到悌道,走

曾华像(选自清代《宗圣志》)

在道路上就要为长者担负行李,卧席让给长者,自己只睡卧于席的末端,若有人唆使他去欺诈长者要坚决拒绝。在家讲孝道和悌道,在外就知道爱人敬人,就会服从尊长,守规矩,这样就会人缘好,不惹祸,就更容易走向成功。"以上这些对话,后来被弟子们记入《曾子事父母》等篇中。

曾子是这样说的,更是这样做的。对于孝悌之道自不必说。对于做人的诚信方面,曾子也很注重。曾子本人以诚信著称,孔子就曾夸奖他"孝悌忠信"。曾子无论对谁都很诚信,对待自己不懂事的孩子,也是言必信,诺必行,大家熟知的"曾子杀猪"故事(见前《曾子的忠信故事》)就是明证。

曾子对自己要求严格,对妻子、孩子的要求同样严格。在教育孩子、和睦家庭上,妻子的作用是非常大的,曾子深知这一点。曾子对妻子的表现很不满意,应该是由来已久,从妻子对孩子的哄骗上也可见一斑。最后,妻子做的错事多了,曾子终于忍无可忍,找了个"蒸藜不熟"的理由休弃了她,并对外隐瞒了她的过错,以让她能够再嫁一位合适的丈夫。

曾子休妻后终身不再娶。儿子曾元请求父亲再娶。曾子对儿子说:"商代的高宗因为后妻的挑拨离间杀了自己的儿子孝己,周的大臣尹吉甫因为后妻放逐了儿子伯奇。我上不及高宗,中不及吉甫,怎么能知道不出现矛盾是非呢?"续娶妻子容易造成很多矛盾和悲剧,正如《颜氏家训》中所说:"离间骨肉,伤心断肠者,何可胜数,慎之哉!"曾子总结历史教训,为儿子着想,没有再娶,可见曾子对家庭、对孩子高度负责。曾子的做法,使他后来成了很多人效法的榜样。

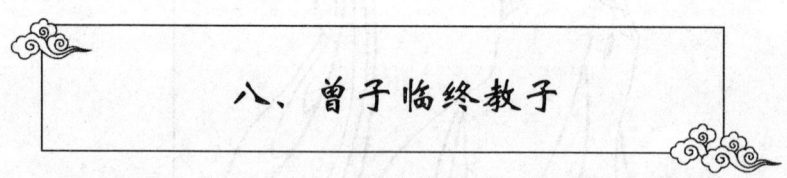

八、曾子临终教子

曾子直到临终之际仍不忘对儿孙谆谆教诲。曾子的病情越来越重了,长子曾元抚摩着他的头,三子曾华握着他的脚。曾子说:"没有什么可说的呀!我没有颜渊那样高明的见解,告诉你们什么呢?然而,君子对于紧要的事情,临终总得有个交代啊!开花多结果少,这是自然界运行的结果,是天意，人左右不了。说得多做得少，这却是人自身造成的。"曾元柔声道："父亲，您这是在教导我们要少说多做。"

曾子接着说："老鹰认为高山低矮，加高以后再在上面筑巢居住，鱼、鳖、鼋、鼍认为深潭太浅，深挖以后再在里面作穴居住，之所以终于被人捕捉，是因为贪食诱饵。因此，君子如果不为了谋求私利而去损害正义，那么有什么原因会遭到羞辱呢！"这时曾华说："孩儿明白，我们一定牢记您的教诲，见利思义，不受诱惑。"

曾子听了，甚感欣慰，继续说道："父母不喜欢自己，就不敢与外人交朋友，亲近的人与自己不友爱，就不敢寻求疏远的人相友爱；小事情没有弄明白，就不敢谈论大事情。人的一生当中，有生病的时候，有年幼的时候，也有年老的时候，所以君子要想到那些无法挽回的事情而先去做。父母去世以后，你虽然想行孝，还有父母让你孝顺吗？自己年纪大了，虽然想对哥哥敬爱，还有哥哥让你敬爱吗？所以孝顺父母和敬爱哥哥都有来不及的时候，大概就是说的这个吧！"曾元说："就像您从前说的，万事万物都有根有末，有因有果。明白了它们的先后次序，就接近掌握它们的发展规律了。做事要抓住根本遵循规律，尽孝要及时啊。"

曾子接着说："言论不脱离实践，是言论有根本；行动不脱离实际，是行动有根本。一切从现实出发，言行以此为根本，就可以称得上有识之士了。君子尊重知识和真理，就能够使德行高超明达；把知识真理运用于实践，就能够使事业宽广宏伟。德行的高超明达，事业的宽广宏伟，不取决于别的，取决于意志的加强罢了。"曾华听了，说道："您这是说学习跟做事要紧密结合，一定要用学得的正确道理指导行动。"

曾子又说："与君子交往，芳香就好像进了存放兰芷的房间，时间长了就闻不见它的香味了，这是与它同化了啊；与没有德行的人交往，腥臭就好像走进存放鲍鱼的地方，时间长了就闻不见它的臭味了，这也是与它同化了啊。因此，君子要慎重地选择他的朋友、师长、环境等。与君子交往，就好像冬至后天渐渐加长，而自己感觉不到；与没有德行的人交往，就好像走在薄冰上，每走一步都在下滑，能用多长时间而不陷入水中！我没见过好学不倦而能坚持到底的，没见过教诲别人像喂养自己有病的孩子那样用心的，没见过每日每月都请朋友监察考校自己德行学业的人，没见过孜孜不倦地帮助来求学的学生改正过失的人，因此每个人都必须时刻自觉地加强自身德行修养。"说到此，曾元、曾华看到父亲露出痛苦的表情，齐声说道："父亲，您累了，好好歇歇吧！我们一定会牢记您的教导，一定热心帮助他人。"曾子此时露出了满意的神色。

到了晚上，曾子病情加重。曾元通知了曾申和乐正子春，让他们都来到曾子的床前。有童子在屋角手持火烛。这是童子说："那席子华丽明亮，是大夫的席子吧？"乐正子春悄声说："别出声！"曾子听见了，惊叫道："啊？"看了一眼自己的席子，说："华丽而明亮，这不是大夫的席子吗？"曾子又说："对了！这是季孙氏赐给的。我不能换下来了。元儿，你起来换席子！"曾元说："您的病很重了，不能再折腾了。如果能有幸坚持到天亮，我再请求您换下来。"曾子说："你爱我还不如那个童子。君子爱人是成全人的德行，小人爱人是姑息纵容其过错。我还要求什么？我能够得以正大光明地离世，也就够了。"无奈之下，只好换席。大家扶起曾子换上席子，曾子还没躺好就永远闭上了眼睛。曾子直到生命最后一息仍在对儿孙言传身教。

曾子的临终遗言及轶事，后来被载入《曾子疾病》《礼记》等著作，流传至今。

由于曾子教子有方，树立了良好家风，培养出了曾元、曾申、曾西等优秀子孙，青史留名。

曾子长子曾元，一生谨慎，曾把"官怠于宦成"（官员松懈在官职成就的时候）书写在日常佩带的绅带上，流着泪述说："这是我父亲临终的遗言啊，怎敢不以此要求自己以免带来耻辱呢？"因此他数十年为官，十分谦虚谨慎，以致身体好像不能承受衣服的重量，话不能说出口，一生清清白白而无过失。

曾子次子曾申，学于卜商，自己还设教讲学，传《诗经》《左传》于后世，是著名的学问家，《礼记》等典籍中有他的言论记载。

曾子的孙子曾西，曾在鲁国为官，他跟随叔父曾申学《诗经》，学问深厚。去魏国向子夏求学，魏文侯听说曾西是贤人，想聘请他做官，他推辞不接受。《孟子·公孙丑上》记载了他的言论，他敢于蔑视推行霸道、辅佐齐桓公成就霸业的管仲，积极倡导王道思想，可见明显继承了家学。

从曾点到曾西，曾氏四代名人辈出，在历史上十分罕见，正如清代学者郑晓如所说："孔门弟子四世著闻者，推鲁曾氏。"这跟曾氏的良好家教、家风密切相关。后来曾氏后人继承发扬家学家风，同样代有闻人。比较著名的有曾巩、曾国藩等。

古人云"至要莫若教子",没有比教育孩子再重要的了。曾子家教的故事至今仍很有启发意义。

曾子的家教名言深刻影响了后世。汉代《潜夫论》就引用曾子临终教子的名言:"鸟在树林中栖息,还恐怕树木不高,筑巢于树枝上;鱼生活在水中,还担心藏得不深,再挖穴于洞窟下,可它们还是被人所获,那是因为它们贪食诱饵的缘故。"(《大戴礼记·曾子疾病》)以此来说明要远离诱惑。唐贞观十六年,唐太宗对身旁的大臣训示时,也引用了曾子这句话,然后加以发挥说:"现在,臣僚们受到君王的信任,身居高位,享受高额俸禄,就应当尽忠正直,行止为公,做人清白,那就不会有什么灾难。古人说:'祸福无门,惟人所召。'陷身失败的人,都是出于贪冒财利,这和水中鱼、树上鸟有什么差别呢?我希望你们好好以这句话作为自己行动的镜鉴。"(《贞观政要·贪鄙》)唐太宗的这句古语,对当下干部仍有教育意义。

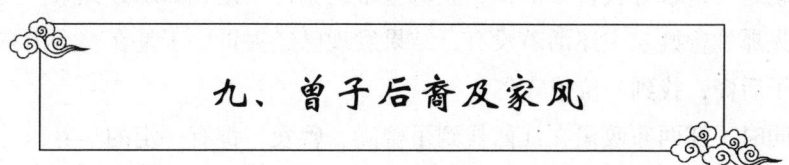

九、曾子后裔及家风

"天下一曾无二曾",海内外曾氏族人皆以曾子为一世祖。据《曾氏族谱》记载,曾子去世后,子孙后代继续在南武城一带生活,少数外迁至青州等地。但大规模迁徙是在曾子十五代孙曾据的时候,当时正值王莽篡汉。曾据被汉朝廷封为关内侯,他看不惯王莽的篡位行为,耻于在王莽手下为官,于是在新莽建国二年(10年)十一月十一日率宗族两千余人,尽徙江南,居豫章郡庐陵吉阳乡(今江西吉安),繁衍昌盛,后裔散布各地,吉阳成为曾氏第二发脉地。

从汉武帝"罢黜百家独尊儒术"时起,儒学正式成为中国封建社会正统思想,延续了两千多年。封建社会统治阶级"崇儒重道",利用儒学来缓和阶级矛盾,维护统治秩序,所以尊奉周公、孔子、颜回、曾子、子思、孟子为圣人,优礼有加。明代景帝景泰二年(1451年),诏令以颜子、孟子后裔子孙中有长子资格并贤德者各一人,到京授予翰林院五经博士,并允许世袭。到了明代武宗正德二年（1507年）又议曾子、子思的后人授翰林院五经博士之事，衍圣公孔闻诏的弟弟孔闻礼被授予翰林院五经博士，以负责祭祀子思的事。自此以后，衍圣公的弟弟授翰林院五经博士成为定制。

曾子作为儒家"宗圣"，理应与颜回、子思、孟子享有同等待遇。而曾子嫡裔为什么迟迟没有封世袭翰林院五经博士？据《礼部志稿》载："当时典礼守土之臣，曾无一言及此者，岂以曾子子孙散在四方，亦世历久远，谱系不明，恐有冒滥之弊与？"是说，当时管国家典礼的官员及地方官，没有一人敢说这件事，难道是因为曾子的子孙散布四方，世代久远，对其家谱记录不太清楚，如果授予翰林院五经博士，怕有冒名顶替的？

当时山东按察司佥事、都御史钱宏巡历到嘉祥，拜谒曾子祠墓，并令当地官员访求附近老百姓中姓曾的，在深山中找到一位农夫，相貌朴野，问他有关问题，他却回答不上来，所以钱宏没有请求朝廷封这位农夫为翰林院五经博士。一直到了嘉靖十二年（1533年），吏部左侍郎兼翰林院学士顾鼎臣上疏朝廷，请求寻找曾子后裔，获得皇帝同意，于是礼部承办此事。先是看看早先那位曾姓农夫还活着没有，结果发现已经去世。于是在整个山东省寻找曾子后裔，找到一位曾守仁。

同时，江西布政司在江西找到了曾嵩、曾衮，都有一定的学养，并且是曾子嫡传子孙，应该是合适人选。但曾嵩兄弟说自己"生长南方，不乐北徙"。唯有一位叫曾质粹的，向来怀念远祖曾子，仰慕不已，肯到山东来。于是查看曾质粹的家谱，真是曾子后裔，明明白白，并且是全宗族的人一致推举的，知书达礼，没有什么污点，是较为合适的人选。

同时浙江布政司也寻找到了宋代文学家曾巩之孙曾忞的后裔曾南明。曾忞抗击金兵，被俘不屈，怒骂敌人，全家四十口人被杀，是有名的忠烈之士，对后世影响很大。

对所寻找到的三人，当天在朝廷上，经过全面慎重的衡量，最后舍去了南明、守仁，独取曾质粹。于是，曾质粹奉命迁居嘉祥县，以秀才身份主持祭祀曾子祠墓。在此之前，曾质粹就曾经来嘉祥祭祀过曾子祠墓。

嘉靖十八年（1539年），太子太保、吏部尚书兼翰林院学士严嵩等上书皇帝，请求授曾质粹世袭翰林院五经博士。不久朝廷圣旨下，准许曾质粹准照颜、孟二氏的例子，授予翰林院五经博士，并准许世袭。朝廷专门在嘉祥县城建了曾府，供曾质粹及世代翰林院五经博士居住。而曾质粹的侄子曾才英则定居在曾庙旁,其后裔现在已有数千人。

曾质粹去世后,世袭翰林院五经博士的认定又发生了波折。曾质粹的儿子曾昊先于质粹去世,其孙曾继祖从小生眼病,没能袭职。嘉靖四十二年(1563年),吉安府永丰县曾子五十八代长房裔孙曾袞谋求继承翰林院五经博士,结果在万历元年(1573年)才得到皇帝准许。不久,吏科给事中李盛春、刘不息和山东道御史刘光国相继参奏,认为曾袞不应承袭翰林院五经博士,而应由曾继祖之后承袭,得到皇帝同意。这样,曾继祖的儿子曾承业得以承袭。

为了让后人铭记这段历史,万历七年(1579年),曾承业在立于曾庙的《重修南武山宗圣公庙记碑》上,由吏科给事中刘不息撰文,大书翰博失而复得的经过。此碑又称"中兴碑",建亭保护。万历二十七年(1599年),曾继祖、曾承业父子又于曾庙立《曾氏永思碑铭》,重点叙述了这段家族中兴的始末,并告诫子孙:

我闻世家,鲜克由礼。凌德以荡,灭义以侈。远悖家学,上乖国纪。
安享厥成,罔恤厥始。用勒贞珉,藏之庙坻。思之思之,孙孙子子!

是说,我听说世代为官的家族,很少能够遵守礼法。行为放荡违背道德,骄奢淫逸不顾礼义,背离祖传家学,违犯国家法纪。安享现成家业,不顾惜当初家业得来之不易。将这些刻在碑上,保藏在曾庙里。要思考再思考啊,子子孙孙们!

从这段谆谆告诫,可看到曾氏优良的家风、家训。这段话还蕴含的深意是:以后翰博的承袭等要守礼,遵守嫡长子继承制。为了防止这类争讼再次发生,曾氏家训特别强调嫡长子继承制,请看清代同治十一年(1872年)曾氏东、南两宗共订的"宗圣曾氏家规":

孝亲悦心,尊师扶幼;世袭立嫡,承嗣立长。嫡宗不婚,子嗣敏聪;
抚子继嗣,同宗择侄。招赘为嗣,宗圣脉混;淫邪乱伦,圣规则罚。

其中规定:世袭的职位要立嫡长子,族人的继承人要立其长子,如果无子,就要在同宗中选择侄子为继承人。作为宗圣曾子后裔,朝廷给予曾氏减免徭役等多项特权,吸引很多外姓人也想进来沾光,所以,"宗圣曾氏家规"规定不要招上门女婿,不要搞婚外恋,意思是要保持曾氏血统的纯正,防止外姓血统混入,防止外姓人享受曾氏特权。

曾子后人很重视家学、家训、家风的传承。比如他们制定了全国统一的

"曾氏宗圣祖训"："孝悌忠信，礼义廉耻；三省诚身，道传一贯。"

翰林院五经博士共传袭了十五位，有作为者不乏其人。如明万历年间的曾承业，编撰《曾子全书》三卷，并创修《曾志》，对曾庙进行了扩建大修。

曾毓墫，乾隆二十六年（1761年）袭翰林院五经博士。对于曾庙、曾林、曾子书院、家庙，他"粘补最勤"。他很重视曾氏家学、家风建设，任职期间，修《武城家乘》十卷，至今传世。他还著《家诫》一篇，突出孝道，对孝道家风进行了卓有见识的创新，打破了盛行已久的出嫁女儿为父母服丧一年的礼制，要求出嫁的女儿也要像儿子一样，为父母服丧三年：

> 出嫁之女降服期年，虽曰古礼，乃汉儒附会相沿已久，习而不察，不惟情理未允，实深违悖圣言。今已详纲考核，刻石于宗圣府中，并记载谱中，勿庸赘述。吾家之女，应从夫家之便；吾家之妇，为其父母必服三年。（清道光《济宁直隶州志·杂稽志上》）

是说，出嫁的女儿为母亲服丧一年，虽说是古礼，却是汉儒附会、后世长期沿袭形成的，人们对之习以为常不加考察。这不仅不合情理，还确实深深违背了圣人的规定。现在已经依据典籍详细考证核实了，刻在碑石上，立于宗圣府中，并记载在家谱中，不用多说了。对于我们曾家的女儿，丈夫家怎么方便就怎么安排，要服从；对于我们家的妇女，为其父母一定要服丧三年。

他还著《训后要言略》，刻石嵌在宗圣书院的墙壁。他在曾庙建"涌泉井"，来弘扬曾子的孝道。于"涌泉井"碑阴镌刻"戒赌文"，告诫族人：我曾家后世子孙，有敢赌博并酗酒失德的，即为忠孝两亏的败类，活着不许入家庙祭祀，死后不许与先人葬在一起。这等于开除了族籍。可见其家法之严、家风之正。

清帝退位后，民国时期，翰林院五经博士不再世袭，而改为"宗圣曾子奉祀官"。

为了解决祭祀曾子等所需直接或间接的费用，朝廷不断赐予祭田。明世宗嘉靖十八年（1539年），拨给嘉祥县曾氏祭田五十顷，后不断赐给田亩。嘉靖间共赐田六十顷，其中郓城县五十顷，嘉祥县十顷。还赐给庙户十四户，专门从事林庙洒扫护卫，并免征他们的各项杂税。

明神宗诏补嘉祥曾氏祭田。曾质粹之后，其子孙两代没有承袭翰林院五经博士，原拨祭田渐被军民等侵占。曾承业承袭世职后，上疏请比照颜、孟二氏例补给祭田,得到皇帝同意,命令清查被占祭田。到万历十九年(1591年)因年远荒废,无从追究,只丈量出祭田五十顷,拨给曾庙暂供祭祀用,还欠的地亩,等丈量土地的时候,再继续查找补给。明天启年间,还批准给予嘉祥县南旺湖水田三十顷,其莲藕茨菱等水产品可作为祭品,永供曾庙祭祀所用。又从白莲教地产中拨五顷以补祭田,再拨一顷用来修办公设施等。

晚清重臣曾国藩拜谒曾庙,增置祭田。同治五年(1866年)六月,曾国藩驻师济宁,作为曾子后裔,特到嘉祥县南武山拜谒曾庙,询问了解到祭祀曾子的情况,随即拿出俸银千两,增置祭田。

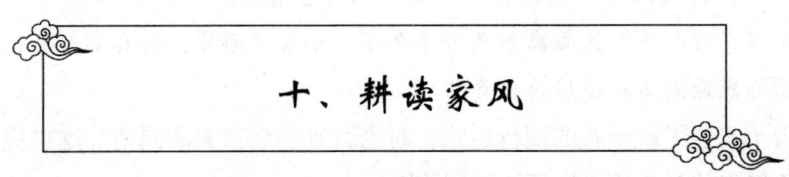

十、耕读家风

中华耕读家风源远流长。大家耳熟能详的"耕读传家久,诗书继世长",是历史经验的结晶。中国数千年来都是农业社会,夏商周时期就已经有了学校机构,中国古代主要通过耕种解决物质生活问题,通过读书解决精神生活问题。耕读还有自力更生的深刻含义,耕读精神仍值得在当下发扬光大。应该说曾晳、曾子开创的耕读家风对中华耕读传统的形成产生了不小的影响。

耕读是曾子家风的鲜明特色。曾晳靠劳作自食其力,曾子也从小跟着参加农业劳动,半耕半读。从古籍记载来看,曾子从小从事耘瓜、打柴、耕作等劳动,如此鲜明的劳动者形象,这在孔子弟子以及古代先贤中,绝无仅有。汉代蔡邕《琴操·卷下》记载:"《梁山操》这首乐曲,是曾子所创作的。曾子小时候,很有仁爱之心,生性孝敬,在孔子的学生里有很好的名声。平常家居生活没有固定职业来挣钱养活父母,于是下田出力耕作,根据不同的土地、不同的季节种植不同的作物,以进献给父母美味的食品。他曾在泰山脚下耕作,遇到天降连阴雨,雨雪交加,贫困寒冷,整一个月不能回家。曾子想念父母,于是创作了这首忧虑思念的琴曲。"

《孔子家语》《说苑》《韩诗外传》等记载,曾子穿着破旧衣服在田里耕作,鲁君多次派人赠送他采邑,让他以采邑的赋税收入来改善生活,可曾子认为接受别人的馈赠就会在人格上低人一等，就会心中不安，还不如自食其力的好，所以拒绝了馈赠。《孔子家语》记载，齐国曾聘请曾子，想让他做高官，他却不去就职，说："我的父母年老了，接受人家的俸禄就要操心人家的事情，我不忍心远离父母而为人所役使。"曾子宁愿自食其力也不愿为权贵做事，保持了自己的人格尊严。

"二十四孝"之一曾子"啮指痛心"故事中，曾子去打柴，也赋予曾子劳动者的形象。

曾子因为长期生活在劳动人民中间，亲自劳作，所以深知民众疾苦，培养了深厚的爱民情怀、民众立场。《论语》中说：

> 孟孙氏任命阳肤做法官，阳肤向曾子请教，曾子说："在上位的人不按正道行事，民心离散已经很久了。如果了解罪犯的真实情况，就应该怜悯他而不应该居功自喜。"

曾子看透了统治者的倒行逆施，对老百姓的痛苦充满同情。这也应该是曾子不愿出仕为统治者做事的重要原因。

由于曾子倡孝崇德，好劳爱民，所以自古以来深受劳动人民喜爱，曾子的嘉言懿行千百年来传唱不衰，脍炙人口。老百姓世世代代纪念曾子，其故里南武城（今山东省嘉祥县）更是如此。嘉祥县有历史悠久的曾庙，曾子墓至今犹存。曾子耘瓜台，20世纪70年代遗址尚存。历代民众无不喜爱曾子这一与劳动人民打成一片的圣贤形象，所以就世代保留了这些遗迹，不忍破坏。正像周代时人们怀念曾在甘棠树下秉公断案的召公，召公去世，人们不忍砍伐其树。

从古代对曾子的祭祀也能看出广大民众对曾子的喜爱。明代姚思明《谒曾庙》诗记载了当时祭祀曾子的盛况："武城潆沆旧台荒，闷祀长临大道旁。伏腊村翁空里社，东南文物足冠裳。"是说：武城一片汪洋，旧时台榭废荒，对曾子的祭祀，长长的队伍列在大道旁；伏、腊祭祀曾子，村社老翁全到，万人空巷，礼乐典章煌煌，官宦士绅满荡荡。难得的是祭祀曾子的不仅有官吏，还有众多老百姓，人们都来祭祀曾子，以至万人空巷。

曾晳、曾子树立了耕读家风，代代传承，成为曾氏家风的一大特色。请看故事：

> 曾穆，曾子四十二代孙，北宋名相曾公亮的祖父，曾任德化县令。德化地处闽中，穷乡僻壤，交通闭塞，但他不辞辛劳，经常深入乡间，

体恤民情。他发觉不少村民患有"粗腿病",即"血丝虫病",他寝食不安,经细心查访和观察,得知是饮水的沟渠污染,遂发动民众清理卫生,多凿水井,保持水源洁净,减少疾病滋生。他对五个儿子历来严于管教,约法三章:一是不得表露父亲县官身份,二是不得好逸恶劳,三是不拿取他人赠物。德化多山,地瘠民穷。当地儿童少年经常上山拾柴草、挖野菜、采木耳等。身为县官的曾穆并不让儿子终日在县衙苦读书,反而鼓励儿子随同农家孩童上山劳动,经受磨炼,从小体悟财物的来之不易,品尝民间的辛苦。由于曾穆教子有方,所以五个儿子皆走上仕途,其中三人荣登进士及第。之后宰相辈出,被敕封"一门十一公"。

晚清重臣曾国藩任侍郎,任总督,任大学士,直到封侯拜相,他的家庭生活仍然和青少年时期当农民一样,克勤克俭,戒骄戒躁,从未丝毫骄奢。日常饮食,总以一荤为主,非客到,不增一荤,时人称"一品宰相"。其穿戴更是简朴,一件青缎马褂一穿就是三十年。曾国藩祖父以"猪、蔬、鱼、书,早、扫、考、宝"要求子孙,即养猪、种菜、喂鱼、读书,这是居家之事;起早、打扫、祭祀、睦邻,这是治家之道。曾国藩时时处处谦虚谨慎,再三告诫子孙后代必须继承祖先的优良传统,半耕半读,勤俭持家,要他们参加打草、捡柴、拾粪、插禾、锄地、收割等农事劳动,不许仗势欺人,不许使婢差奴。其妻子女儿,跟他同住江宁(今南京)两江总督府。他规定她们白天下厨做饭菜,夜晚纺纱织麻到十一点,日日夜夜如此,从未间断。耕读家风使家人远离骄惰,勤奋刻苦。曾国藩家族名人辈出,竟产生了二百四十多位各界名人。耕读是家风,还是政风。清代《德育古鉴》载:

宋代张乖崖为县令时,曾坐城门外,见一小吏背着菜归来,问:"这菜怎么得来的?"小吏说:"从市场上买的。"张乖崖发怒道:"你居于田里,不自种而食,怎么这么懒惰?"鞭答并开除了他。

可见古人多么重视勤劳耕作自食其力,耕读传统历代不衰。

五

政治篇

古人的圣贤标准从不看其做官与否，而是注重德才。孔门圣贤不愿出仕为官者不乏其人。颜回"一箪食，一瓢饮，在陋巷，人不堪其忧，回也不改其乐"（《论语》），孔子赞扬颜回："贤哉，回也！"（同上）颜回安贫乐道，未曾做官，却是孔子最得意的弟子，被后世奉为"复圣"。位列孔门"四科十哲"之德行科的闵子骞开始时也曾想追求物质享受，但在修身养性中，追求物质享受的欲望日益淡薄，仕途观念也随之淡薄起来，最终"不仕大夫，不贪污君之禄"，不做贵族的家臣，不贪图无道君主的俸禄。后来的《盐铁论·地广》篇中记载"不义而富，无名而贵，仁者不为也。故曾参、闵子不以其仁易晋、楚之富"，说的是晋国、楚国想以高官厚禄诱使曾子、闵子骞去干有损仁德的事，被他们断然拒绝。这种品格历代传为美谈。《论语》记载，鲁国专权者季氏派人通知闵子骞，让他当季氏费邑的长官。闵子骞告诉来人说："好好地为我推辞掉吧！如果再有人为这事来找我，那我一定已经逃到汶水那边去了。"（同上）

曾子虽少有做官的经历，却不乏做官的德才，尤其是他著《大学》，传承《孝经》《主言》等著作，对后世产生了极大影响，所以，曾子称得上一位政治家。

孔子认为行孝悌之道就是参与政治。《论语》记载，有人问孔子："您为什么不当官参与政治呢？"孔子说："《尚书》中说：'孝呀！孝顺父母，友爱兄弟，并把孝友的精神扩展、影响到政治上去这也是参与政治，为什么一定要当官才算参与政治呢？"孔子一直看重孝道价值，并把它提高到治国方略的地位，认为将友爱、孝顺之心延及社会事务之中，就是在完善政治。他指出，要是将家庭关系、朋友关系都处理好了，整个社会自然就会和谐，这也是参与政治的一种方式。从政没必要非做官不可，政治是无处不在的。孔子最为重孝，《淮南子·主术训》说孔子："专行孝道以成素王。"是说孔子专行孝道从而成为具有帝王之德而未居帝王之位的人。

曾子认为忠臣必出于孝子之门。他说："能侍奉好父亲就能事奉好君主，能服侍好哥哥就能事奉好老师和长辈；使唤儿子如同使唤臣下，使唤弟弟如同使唤副官；能交到朋友的人，也能有志同道合亲密合作的同事。赏赐自己的妻妾，就如同国家给人庆赏；愤恨自己的奴仆，就如同惩罚民众。所以做好事必须从家里开始，家人怨恨你，那么你也没有能力把国家治理好。所以，孝子将来必定是忠臣，顺从哥哥的将来必定服从领导，修身好的人将来必定是能臣。君子孝敬父母敬顺哥哥，就可以知道他终生的作为了。"(《大戴礼记·曾子大孝》)曾子特别重视孝悌之道，认为这是从政的基础。

古代的政治首重教化，所以曾子设教讲学的内容也放在了政治篇。

一、授受《孝经》

《史记》记载:"曾参……孔子以为能通孝道,故授之业,作《孝经》。"是说,曾子对父母极为孝敬,渴望学通孝道,孔子认为曾子能行,便将孝道传授给他,于是曾子作《孝经》。《孝经》从汉代开始成为历代统治者"以孝治天下"的理论基础,有着很强的政治意义。下面来看孔子传授曾子《孝经》的故事。

一天,孔子在家闲坐着,曾子在一旁陪侍。孔子说:"古代圣王有一种最高的德行和最重要的道理,用来顺服天下。百姓因此和睦相处,无论尊卑贵贱都没有怨言。你知道这是为什么吗?"曾参离开坐席恭敬地说:"曾参不聪敏,哪里能够知道呢?"

孔子说:"孝道,是德行的根本,是教化产生的源头。你返回到座位上去吧,我把其中的道理告诉你。人的身体发肤,都是父母给予的,不敢使之受到损伤和侮辱,这是践行孝道的起点。修养自身,推行道义,扬名后世,使父母尊贵,这是实行孝道的归宿。孝道,从侍奉父母开始,以服事君主作为继续,最终目的是成就自己的忠孝两全。"

孔子说:"亲爱自己父母的人,不敢厌恶别人的父母;尊敬自己父母的人,不敢怠慢别人的父母。侍奉父母竭尽爱敬之心,然后把这种德行教化推及百姓身上,垂范于天下,这就是天子的孝道。《尚书》里说:'天子一人有美德,天下百姓都仰赖。'"

孔子说:"身处高位而不骄纵,即使地位显赫也不会有危险;节制用度,慎守法令,即使财富丰盈也不会溢失。地位显赫而没有危险,因此能够长久地保持尊贵;财富丰盈而不溢失,因此能够长久地保持富足。永远保持其尊贵的地位和丰足的财富,才能够保住他的国家,使他的民众和睦相处,这就是诸侯的孝道。《诗经》里说:'戒惧小心多提防,如同走近深渊旁,如同脚踏薄冰上。'"

孔子说:"不符合先王礼法规定的服饰,不敢穿;不符合先王礼法的言语,不敢说;不符合先王道德的行为,不敢做。因此,不合礼法的话不说,不合道义的事不做；说话谨守先王礼法无可选择，做事遵循先王德行无可选择；所说的话虽传布四海也不会出现过错，所做的事虽遍及天下也不会遭到责怪。这三方面都具备了，然后才能够保全他的宗庙禄位。这就是卿大夫的孝道。《诗经》里说：'从早到晚不懈怠，服事君主尽忠心。'"

孔子说："用奉事父亲的心情去奉事母亲，爱心是相同的；用奉事父亲的心情去奉事君主，敬心是相同的。所以，对待母亲是取其爱心，而对待君主是取其敬心，兼取其爱心、敬心的是父亲。因此，以孝道奉事君主就会忠诚，以敬心奉事尊长就会顺从。忠诚与顺从都能做到，用来奉事自己的上级，这样才能保住自己俸禄和职位，从而守住对其宗庙的祭祀，这就是士的孝道。《诗经》里说：'早起晚睡多操劳，不要辱没你父母。'"

授受《孝经》图（选自清代《宗圣志》）

孔子说:"顺应大自然四时变化的规律,从耕种土地中获取收益,小心处事,节简用度,用来供奉父母,这是普通百姓的孝道。"

孔子最后总结道:"所以,从天子到普通百姓,尊卑虽不同,但都能做到孝,从来不用担心做不到。"

曾子聚精会神地听着,赞叹道:"孝道这么博大精深啊!"

孔子说:"孝道,是上天的常道、大地的至理、人民的行为准则。孝道作为天地的常行规律,人们就取法于它。效法顺应上天普照万物,大地生长万物的公平无私的美德,用来教化天下。因此,这种教化虽不急速却能取得成效,其政令虽不严厉却能使天下太平。先王见教化可以化育人民,所以率先实行博爱,于是就没有人遗弃自己的父母;向人们宣扬道义,于是人们就喜欢依照道义去做;先做到待人恭敬谦让,于是人们就不相互争夺;用礼义和音乐来引导人们,于是人们就和睦相处;用事例告诉人们好坏的标准,人们就知道禁忌而不再犯法。《诗经》里说:'声名显赫的太师尹氏,人们都在仰望着你!'"

孔子说:"从前圣明的帝王用孝道治理天下,不敢遗弃小诸侯国的臣民,何况是公、侯、伯、子、男五等爵位的诸侯呢,所以能得到各国诸侯的欢心,从而继承他先代君王的事业。用孝道治理封国的诸侯,不敢欺侮鳏夫寡妇,何况是官吏和百姓呢?所以能得到广大百姓的欢心,从而继承他先代君主的事业。用孝道治理家庭的人,不敢对奴仆失礼,何况对待他的妻子儿女呢?所以能得到家人的欢心,从而事奉好他的父母。这样,父母在世时就能安乐,死后就能享受祭祀。因此,天下和谐,没有祸患。因为圣明的帝王用孝道治理天下,所以能够如此。《诗经》里说:'帝王德行真正大,四方国家顺服他。'"

曾子问:"敢问先生,圣人的德行有比孝道更重要的吗?"

孔子回答:"天地之间的生命,人最为尊贵。人的德行之中,没有重过孝的,孝之中没有重过尊敬父亲的,尊敬父亲没有重过祭天时让父亲配享的,周公就做到了。从前周公在南郊祭天,请始祖后稷配享;在明堂祭祀上,请父亲文王配享。因此,天下的诸侯,各自按职司前来助祭。由此可知,圣人的德行又有什么比孝道更重要的呢?子女对父母的爱心在孩提偎依父母膝下的时候就已产生,后随着奉养双亲,尊敬的心情又日益加深。圣人根据人们尊敬父母的天性教给人们敬的道理,根据人们亲爱父母的天性教给人们爱的道理。圣人的教化不急速却有成效,圣人的政令不严厉却能使天下太平,就是他顺应了人们的这个本性。父子之间的伦理,是出于人类自然的秉性,含有君臣之间的义理。父母生育子女,功劳没有比这个更大的了;父母既是至亲又像严君一样地对待子女,恩情没有比这个更深厚的了。所以,不爱自己的父母而去爱他人,叫作违背道德;不尊敬自己的父母而去尊敬他人,叫作违背礼义。将爱敬父母的这个顺理搞颠倒,人们就没有准则了。没有美德却与有恶德的人在一起,即使有所得益,君子也不崇尚。君子就不那样。说话考虑是否合乎道义,行事考虑是否使人喜欢,立德行义是否受到尊敬,干起事业是否能使人效法;容貌举止是否可以使人观摩,进退是否可以作为标准;他用这些行为规范来治理他的百姓,所以他的百姓敬服而爱戴他,把他作为榜样,所以能够成就他的德行教化,实行他的措施法令。《诗经》里说:'那位君子心地善,他是典范无差错。'"

孔子接着说:"孝子奉事父母,日常家居尽力做到恭敬,供养服侍尽力使父母乐意,父母得病尽其忧虑,为父母办理丧事极尽悲哀,祭祀父母严肃庄重。这五项都能做到了,然后才称得上奉事父母。奉事父母的人,处在高位时不骄纵,处在下位时不作乱,处在同类人中不争斗。处在高位骄纵就会灭亡,处在下位作乱就会遭受刑罚,处在同类人中争斗就可能遭受伤害。这三种情形不消除,即使每天用牛、羊、猪三牲供养父母,也仍然是不孝。"

孔子说:"墨、劓、剕、宫、大辟五种刑罚所属的条款有三千,而罪名没有大过不孝的。要挟君主的人是目无尊长,非议圣人的人是没有法纪,反对孝道的人是没有父母。这三种人是导致天下大乱的根源。"

孔子说:"教导百姓亲爱,没有比用孝道更好的办法;教导百姓礼貌顺服,没有比敬事兄上更好的办法;转移风气改变习俗,没有比用音乐更好的办法;安定君主,治理百姓,没有比用礼制更好的办法。所谓礼,就是尊敬罢了。尊敬他的父亲,做儿子的就高兴;尊敬他的兄长,做弟弟的就高兴;尊敬他的君主,做臣下的就高兴。敬爱天子一个人,却有千千万万的人高兴。所尊敬的人少而感到高兴的人多,这就是所说的至要的道理!"

孔子说:"君子用孝道教化百姓,并不是家家都到天天都去当面说教。教人孝敬父亲,能用来使天下的人都知道孝敬父亲;教人敬爱哥哥,能用来使天下的人都知道敬爱哥哥;教人忠于君主,能用来使天下的人都知道忠于君主。《诗经》里说:'君子和乐又平易,对待百姓如父母。'如果没有孝这种最高的德行，有谁能在顺服百姓方面有这么大的威力呢？"

孔子说："君子奉事父母亲能够尽孝，把它施用于君主就能够尽忠；奉事哥哥能够恭顺，把它施用于奉事尊长就能够顺服。治家有条理，把它施用于做官治事就能使社会安定。因此，德行虽在家里养成，而名声成就却可以流传于后世。"

曾子认真听着，生怕漏掉一个字。他看孔子停下了，问道："慈爱亲人、恭敬长上，安养父母、显扬声名，老师的这些教诲我已经聆听了。我冒昧地再问老师，儿子服从父亲的命令，可以叫作孝吗？"

孔子回答："这是什么话，这是什么话！从前，天子有能谏诤的官员七人，即使没有德政，也不会失去他的天下；诸侯有能谏诤的官员五人，即使没有德政，也不会失去他的封国；大夫有能谏诤的官员三人，即使没有德政，也不会失去他的采邑；士有能直言规劝的朋友，他就不会失去美好的名声；父亲有能直言规劝的儿子，他就不会做出不义的事。所以，遇到不道义的情况，儿子不可以不直言规劝父亲，臣下不可以不直言规劝君主。因此，如果遇到不道义的情况就要直言劝谏。一味地听从父亲的命令，又怎么能是孝呢？"

孔子说："君子奉事君主，在位就考虑如何尽心竭力为君主做事，退居就考虑如何弥补自身的过错；顺从奉行君主美好的言行，纠正制止君主的错误举动，所以君臣上下的关系密切。《诗经》里说：'深深爱他在心上，为何不能对他讲？真情一片心底藏，哪有一天把他忘！'"

孔子还对曾子讲了其他内容，曾子都谨记在心，回去后详细整理记录下来。

二、授受《王言》

《王言》，是《孔子家语》中的一篇，是孔子传授给曾子的内圣外王之道，讲的是君王如何推行王道于天下。该篇被《大戴礼记》收录，名为《主言》，内容大同小异。所谓王道，就是指施行仁政德治，跟霸道相对，霸道是指君主凭借武力、刑法、权势等进行统治。王道思想至今仍有重要的现实意义。现在来看孔子传授曾子《王言》的故事。

一天，孔子在家闲居，曾子在一旁陪侍。孔子说："曾参啊，现在的君子，只有士和大夫的话可以听到。至于君子的话，很少能听到了，可悲啊。我来说一下王道吧，用王道治国，不出门户就可以治理好天下。"

曾子起立，走下席子问道："敢问什么叫王道？"孔子没有回答。曾子说："能得到您有空闲的机会，我对此又难以理解，所以敢请教您。"孔子还是不回答。曾子恭恭敬敬似乎有些害怕的样子，提起衣服前襟，退到一旁，背对席位站着。

过了一会儿，孔子叹息了一声，回头对曾子说："曾参，根据你的水平，可以告诉你圣明君王的治国之道吗？"曾子说："不敢说我一定能够理解，请求通过您的教导来学习一下。"

孔子说："请坐下，我告诉你！道是用来表明德的，德是用来尊崇道的。所以，没有德，道就不被尊崇；没有道，德就不被彰明。即使有举国闻名的宝马，不遵循正确的道理驾驭它，在道路上就寸步难行；即使有广博的土地和众多的人民，不遵循正确的道理治理他们，就不能成就王霸的事业。所以，从前圣明的君王对内修整'七教'，对外推行'三至'。'七教'修整，然后可以守住国家；'三至'推行，然后可以征服天下。圣明君王的治国之道，对于守护国家来说，就一定能够运筹于宫廷之中而御敌于千里之外；对于征伐来说，就一定能够运筹于坐席之上而使军队凯旋。所以说，对内修整'七教'，君王就不会为政事烦劳；对外推行'三至'，就不会劳民伤财。这就是圣明君王的治国之道啊。"

曾子问道："您说的不为政事烦劳、不劳民伤财的圣明君王，可以听听他们的事迹吗？"

孔子说："从前，舜帝左有大禹右有皋陶，舜不用走下坐席而天下大治，像这样，君王有什么烦劳呢？政局动荡，是君王的忧患；法令不能推行，是臣的罪啊。如果实行十分之一的税率，民众服劳役每年不超过三天，人们在适宜的时节进入山林湖泽樵采渔猎而不征税，负责稽查的关口和市场都不收税，这些本是生财之道，而圣明的君王却不滥用人力、不收税，怎么还能劳民伤财呢？"

曾子问:"敢问什么是'七教'呢?"

孔子回答说:"君王敬老,臣下、民众就会更加孝敬老人;君王尊重年长的人,臣下、民众就会更加遵守少长尊卑的秩序;君王乐于施舍,臣下、民众就会更加宽厚;君王亲近贤人,臣下、民众就会选择益友交往;君王崇尚道德,臣下、民众就不会隐瞒实情;君王憎恶贪婪,臣下、民众就会耻于争夺;君王廉洁谦让,臣下、民众就会耻于缺乏节操,这就叫'七教'。'七教'是治理民众的根本。政治教化确定了,那么政治的根本就正确了。凡是作为君王的,都是民众的表率,表率正什么人还能不正?所以,君王先于自身树立仁德,然后就会大夫忠诚而士诚信,民众敦厚而风俗淳朴,男人诚实谨慎而女子贞洁。这六者,是教化所导致的,散布于天下四方而无人抱怨,纳入寻常人家也不会行不通。用礼来明确等级,用义来使他们立于社会,因势利导来推行,民众就会像雪遇开水迅速融化一样弃恶从善。"

曾子说:"这样的治国之道确实是最好的了,但凭学生我的水平,还不足以理解它。"

孔子说:"曾参,你以为只有这些就完了吗?还有呢。从前圣明君王治理民众,按照法律,一定要分封土地,划分不同的区块来治理,这样民众中的贤人就不会被隐瞒,也没有了暴民的藏身之地。使官员每天省视,定时考察,进用贤良的人,贬退不贤的人,这样贤人就会欢悦而不贤的人就会恐惧。同情无妻和无夫的人,养育孤儿和失去儿子的老人,救济贫穷的人,循循善诱弘扬孝悌之道,选拔有才能的人。做到这七个方面,那么天下就没有触犯刑法的人了。君王亲近臣下和民众,就像手足与腹心一样亲密,那么臣下、民众亲近君王,就像幼儿恋慕慈母一样了。上下之间如此相亲,所以君王一有命令下面就会服从,措施就会得到施行,民众归向他的道德,近的对他心悦诚服,远的也来归附,这是良好政局带来的啊。用手指量可以知道寸有多长,用手量可以知道尺有多长,张开胳膊肘可以知道寻有多长,这就是准则在近不在远。按照周代的制度,三百步为一里,一千步见方为一井,三井为一埒,三埒为一矩,五十里见方的地方可以建都市,百里见方的地方可以分封建立诸侯国,这是为了积蓄生活所需的物品,让安居的人帮助居无定所的人。所以边远少数民族与华夏地区,虽然衣冠不同,言语不合,但没有不宾服的。所以说,虽然没有市场而民众不匮乏,没有刑罚而民众不作乱。打猎捕捉禽兽,不是为了满足君王的需要;征敛百姓,不是为了充盈国库。

怀着忧伤同情之心来救济贫乏的人，依照礼制来限制富裕的人。诚信要多而浮华文饰要少，其礼制能够遵行，其言论能够落实，其行事可以作为楷模，就像饿了吃饭、渴了喝水一样自然。民众相信他，就像相信冬寒夏暑的必然变化一样。所以望远处就像看近处一样，不是距离近，而是看到了君王高尚的品德。所以，不动刀兵而有威力，不用施舍财物民众就会亲近他，民众是在感念他的恩惠。这就是圣明君王的守国之道，运筹宫廷之中，决胜千里之外啊。"

曾子又说："敢问什么是'三至'呢？"

孔子回答说："最好的礼节不用谦让，而天下大治；最好的奖赏不用花费，而天下的士人喜悦；最好的音乐没有声音，而天下的民众和乐。圣明君王切实实行这'三至'，所以天下的君主就可得到了解，天下的士人就可成为臣子，天下的民众就可得到利用。"

曾子说："敢问这是什么意思呢？"

孔子回答说："古代圣明君王一定要知道天下所有贤良人士的名字，既知道其名字，又知道其实情，又知道贤良人士的数量及其所在，然后用天下的爵位来尊封他们，这就是最好的礼节不谦让而使天下大治。用天下的禄位来使天下的士人富裕，这就是最好的奖赏不用花费而使天下的士人喜悦。这样，天下的民众就会重视名誉，这就是最好的音乐没有声音而使天下的民众和乐。所以说：'天下最仁的人，能亲和天下最亲的人。天下最智慧的人，能任用使天下最和谐的人。天下最聪明的人，能举荐天下最贤能的人。'这三者都通行，然后可以征伐。所以，仁爱没有比爱人更大的，聪明没有比识别贤人更大的，好的政局没有比任用贤能更大的了。拥有国土的君王修行这三方面，天下就会随他命令了。圣明君王所征伐的，一定是理应被废止的。所以杀掉它的君主而改变它的政令，慰问它的民众而不掠夺他们的财富。所以圣明君王的政令，就像及时雨，降下来民众就欢悦。所以施舍得越多，亲近他的人就越多，这就是运筹于坐席之上而使军队凯旋。"

曾子回到自己的住所，把对话记录下来复习巩固，并以此来教育弟子。后来曾子或其弟子们将之编著成书。

三、曾子设教讲学的故事

颜回去世后，曾子越来越受到孔子的器重，孔子有意将自己的全部学问传授给曾子。之所以选曾子为继承人，绝非偶然。曾子勤奋好学，谦虚谨慎，孔子称赞他具备"孝悌忠信"等美德。曾子对孔子的学问理解得也最深刻。《论语》记载，大意是：

> 孔子说："曾参啊！我的学问，有一条贯彻始终的思想主线。"曾子立即说："是的！"孔子就出去了。孔子的弟子们问："这条主线是什么啊？"曾子说："老师的学问，只不过是忠恕罢了。"

曾子深得孔子思想的精髓，而其他弟子却很茫然。子贡算得上孔子非常信赖的弟子了，两人关系十分密切，孔子去世后，弟子们为孔子守孝三年，唯有子贡在孔子墓旁搭建了茅草房守孝六年，可见子贡对孔子的敬仰和怀念。孔子也曾问子贡一个几乎同样的问题，孔子说："赐（子贡），你以为我是多学习又能够记得住的吗？"子贡答道："对呀，难道不是这样吗？"孔子道："不是的，我的学问有一条一以贯之的主线。"可见子贡对孔子一以贯之之道的理解没有曾子深刻。正因为此，孔子打算将自己的学说传给曾子。《孝经》是孔子思想的精髓，被学者称为"六经之总汇"，而孔子将之传授给《曾子》，《王言》讲的是孔子的内圣外王之道，《曾子问》是礼学精华，《大学》被后人称作"初学入德之门"，这些也可以说是孔子最重要的思想，孔子都传授给了他，可见，孔子有意让曾子来继承自己的学说。

古籍记载，孔子临终之际，将孙子子思托付给曾子。曾子不负重托，将子思培养成儒家一代宗师，子思著《中庸》等，传承了孔子学说、儒家道统，被后世奉为"述圣"。

孔子去世后，曾子作为孔子继承人的地位，是凭自己的实力和作为，被大家逐渐认可的。《孟子》有记载，大意是：

> 孔子去世后，孔子的著名弟子子夏、子张、子游，想立有若为老师，理由是有若跟孔子很相似，想用对待老师的礼节来对待有若。因为曾子在孔门有相当重要的地位，所以要征求曾子的意见，但曾子不同

意，强求曾子同意，曾子就是不答应，说："不行！就像用长江汉水洗濯过，就像用夏天的太阳曝晒过，孔子他老人家的洁白无瑕，任何人都比不上！"

这里说有若跟孔子相似，是有所依据的。《礼记·檀弓上》有一段记载，这段记载中"有若"始终被尊称为"有子"，大意是：

> 有子问曾子："你在老师孔子那里听说过丧失官位后应该怎么办吗？"曾子说："听说过：丧失了官位要赶快贫穷，死了要赶快腐朽。"有子说："这不是君子说的话。"曾子说："我是从老师那里听来的。"有子又说："这不是君子说的话。"曾子说："我和子游一起听到的。"有子说："唉，这样说来，那老师一定是为了什么事情说的。"曾子把这番话告诉了子游。子游说："有子说的话太像老师孔子了！从前老师住在宋国，看见桓司马为自己设制石椁，三年没做成。老师说：'像这样奢侈，还不如死了快点腐朽的好。'死了要赶快腐朽，是针对桓司马说的。南宫敬叔失去官位后在回到鲁国时，必定载着宝物朝见国君。老师说：'像这样用贿赂求取官位，还不如快点贫穷的好。'丧失官位要赶快贫穷，是针对南宫敬叔说的。"曾子把子游的话告诉了有子。有子说："对了。我本来说过：'不是老师孔子说的话。'"曾子说："你凭什么知道老师不会说这样的话呢？"有子说："老师在中都制定过规则，棺厚四寸，椁厚五寸，凭这一点就知道他不主张人死后快点腐烂。从前老师丧失了鲁国司寇的官位，将要到楚国去，就先使子夏前去表明自己的意思，又再令冉有前去，凭这一点就知道他不主张失去官位后快点贫穷。"

这段话中有若被尊称为"有子"，子游也这样称呼他，相当于"有老师""有先生"，可见有子确实曾经被以老师待之。子游说"有子说的话太像孔子了"，可见，有若应该是语言、思想像孔子，而不是如一些书上说的相貌像孔子。

尽管有若的言论、思想似于孔子，也确实有一些高明的见解，但曾子并未因此承认他的老师地位，在曾子眼里，老师孔子的水平远远高于有若。曾子对孔子思想理解深刻才有这样的真知灼见。以下这则故事证明，曾子没有看错，有若确实不能担当老师的重任。《史记》记载，大意是：

> 孔子去世后，弟子们十分怀念他。有若像孔子，弟子们一起立他为老师，如同孔子在世时那样对待他。有一天，弟子进来问道："昔日

老师孔子要出门上路,让弟子带上雨具,后来果真下了雨。弟子问道:'您凭什么知道会下雨？老师说:'《诗》中不是这样说吗:月亮附着在毕宿,接着就要下滂沱大雨了。昨天晚上月亮不就在毕宿吗？'有一天,月亮在毕宿,结果却没有下雨。商瞿年纪很大仍没有孩子,他的母亲要为他另娶妻室。孔子派商瞿前往齐国,他的母亲请求暂不要派商瞿。孔子说:'不用担心,商瞿四十岁以后应当有五个儿子。'后来果真如此。冒昧相问,老师孔子凭什么知道这些？"有若沉默无语,没法回答。弟子起身说:"有子避开此位,这不是你该坐的地方啊！"

根据南北朝《弘明集》对此故事的记载,那位将有若轰下讲台的弟子应该就是曾子,《弘明集》:"曾子勃然而言曰:'子起,此非子之座！'"曾子在礼仪等一些细节上难免有疏漏,但在大的原则问题上异常清醒。

孔子去世后,弟子们散居四方。《史记》记载,子路定居在卫国,子张定居在陈国,澹台子羽定居在楚国,子夏定居在西河,子贡终老于齐国,如田子方、段干木、吴起、禽滑釐这些人,都受业于子夏学派,成为君王的老师。儒学也产生了较大分化,有"儒分为八"的说法。《韩非子·显学》:"自孔子死后,有子张之儒,有子思之儒,有颜氏之儒,有孟氏之儒,有漆雕氏之儒,有仲梁氏之儒,有孙氏之儒,有乐正氏之儒。"其实这八派至少有三派跟曾子有关:子思之儒,子思是曾子的弟子;孟氏之儒,孟子师从子思的弟子,当然也是受了曾子间接的影响,《孟子》频繁引用曾子的言论故事,对曾子大加褒扬,可见曾子对孟子影响很大;乐正氏之儒,曾子的著名弟子乐正子春,忠实传承了曾子的孝道等思想学说。另外,子张跟曾子关系密切,他们之间会有学术交流,所以"子张之儒"也免不了受曾子的影响。儒分为八的说法显然是不全面的,比如:孔子弟子子夏设教于西河,教育出很多优秀人才,子夏及其弟子不少成了君王的老师;孔子弟子澹台灭明南游到江南一带,曾经招收三百多名弟子,名闻诸侯。这两派影响很大,可"儒分为八"里没有包括。曾子设教讲学,据《孟子》记载,一次跟随他的弟子就曾经有七十多位,培养出很多著名弟子,可曾子学派也没有直接列入"八儒"。所以,有理由说,曾子学派是当时很有影响的一派,并且是纯正的孔子学派,忠实传承了正宗儒学。

曾子学派是存在的。在几乎所有的先秦古籍中,曾子总是被尊称为"曾子",相当于"曾老师""曾先生"。除了老师孔子,很少有称呼曾子的名的。

能够享有这种尊称的，在孔门除了孔子就是曾子。结合曾子的阅历、成就，我们有理由相信曾子就是孔子的继承人，是老师辈的。在《论语》《礼记》等先秦古籍中有很多曾子言行的记载，包括曾子的临终言论；在"曾子十篇"中，记载了大量曾子言论，包括曾子的临终遗言。所有这些告诉我们：曾子学派一定存在，弟子们将曾子以及孔门圣贤的言行思想记录整理成书，流传后世。

四、曾子弟子子思的故事

曾子设教讲学，培养了大量人才，见于典籍记载的著名弟子有子思、乐正子春、阳肤、公明仪、沈犹行、公明高、单居离、公明宣、公孟子高、子襄等。曾子堪称教育家，他培养出一位儒家圣人子思，另外乐正子春等都很有成就，青史留名。让我们看一下曾子弟子们的故事。

子思，名孔伋，孔子之孙，春秋时期著名的思想家。孔子的思想学说由曾子传子思，子思的门人再传孟子。后人把子思、孟子并称为思孟学派，因而子思上承曾子、下启孟子，在"道统"传承中有着重要地位。子思先在鲁国收徒授业，中年一度居住卫国，后又到宋国。晚年返鲁，受到鲁穆公礼遇。著有《子思子》二十三篇，后来大多亡佚了。宋度宗咸淳三年（1267年）封"沂国公"，升为孔庙"四配"之一，配享孔子。元文宗至顺元年（1330年）进封"沂国述圣公"。明世宗嘉靖九年（1530年）改称"述圣子思子"。

子思从小接受祖父孔子的教育，立志继承孔子的学说和事业。孔子去世前，将子思托付给曾子。让我们通过故事来看子思的品格。汪林著《孔子弟子的故事》记载：

子思操守高洁，安贫乐道。有一天，子思出外游玩，见一个渔夫从河里钓上一条百十斤的大鱼。子思问渔夫："听说这种大鱼很狡猾，轻易不会上钩，你是怎么把它钓上来的呢？"渔夫双手按着活蹦乱跳的鱼说:"开始的时候我在鱼钩上放了一点小鱼饵,这条大鱼就从旁边游过去,毫不理会,后来我换上了一挂猪肠子,它就又游过来一口吞下去,结果就上钩了。"子思很有感触地说:"这种大鱼虽然最难上钩,但终因贪恋大块美物而死于诱饵。这和做官的人一样啊,虽然心中明明知道不能贪财,但心存侥幸,禁不住诱惑,最后死于财物!"

子思长大后成了鲁国有名的贤士。鲁国国君鲁穆公听说子思德才兼备,就常请他到宫中叙谈。一次,鲁穆公问子思:"听人说你做了好事不愿被别人称赞,是吗?"子思说:"不是的,我做了好事,总是希望世人都知道,更愿意得到别人的赞扬,还希望别人都像我一样做好事。"鲁穆公又问:"鲁国现在非常衰弱了,还有强盛起来的可能吗?"子思回答:"如果您和大臣们都按照周公的礼制办事,大公无私,对老百姓多施恩惠,对邻国礼尚往来,鲁国能强盛起来,还有可能称霸天下。"鲁穆公听了连声说好,但对子思敬而远之,从来没按子思的主张做过。

后来鲁穆公准备聘请子思为国相,曾子听说后,不由得叹道:"子思性格太刚直太孤傲,恐怕不适合做国相。"子思略为沉思,对曾子

子思像(选自清代《宗圣志》)

说:"在鲁国当前的形势下,即使让我做了国相也无法推行我的政治主张啊,不能推行我的主张,我又何必去干这受罪的差事呢?"鲁穆公不断派人问候子思,有时候送些酒肉礼物。一开始子思都接受了,但心里老觉得别扭。时间长了,子思便将送礼的人拒之门外。有一天鲁穆公又派人到子思家送礼物,子思忍不住了,当着来人的面,面北而跪,说道:"我今天才知道君主把我当狗马一样的喂养呀。"说完,把送礼的人赶出大门。从此,鲁穆公再也不给子思送礼物了。

子思有一肚子才学,但因他不肯跟当权者同流合污,致使一辈子穷困潦倒。朋友们非常佩服子思的骨气,也十分同情他生活的窘迫,经常拿些衣物什么的接济他,可子思坚守无功不受禄的原则,不肯接受,所以往往弄得来接济他的朋友十分尴尬。

一年冬天,子思穿着破旧的单衣在家读书。他的朋友田子方知道了,就请人做了一件狐皮大衣准备送给子思。田子方担心子思不会接受,就装着去子思家拜访,临走时假装忘了把大衣带走。子思发现后,就要请人给田子方捎回去。这时候有人把田子方的用意告诉了子思。子思听了后,立即抱起大衣送还。他对田子方毫不客气地说:"你忘记了把这件大衣拿走,就等于把它丢在了垃圾沟里。我虽穷,但我的身体绝不是别人乱丢垃圾的地方!"说完后,丢下大衣就走。

又有一次,他的朋友送给子思一车粮食,子思高兴地收下了。

另一位朋友或子听说了,立即拿了酒和肉送给子思。子思说:"这样不妥当吧。"

或子不解,问道:"你能接受别人的粮食,为什么不能接受我的酒肉呢?是不是嫌我送的太少了?"

子思抱歉地说:"不是这个意思。因为我自己无德无能而受贫寒,恐怕要断绝对先人的祭祀。我接受粮食是为了生存,而酒肉是富贵人家用来享受的食物,我如今连粗茶淡饭都不能保证,怎么可以接受酒肉,这不符合礼义啊!"

子思主张用人要用其所长,不求全责备记小过。子思推荐苟变给卫侯说:"他的才能可以率领五百辆兵车。"卫侯说:"我知道他可以当将领,但苟变在做小吏时,曾向百姓征赋,还私下吃了他们的两只鸡蛋,所以不能用!"子思说:"聪明仁智的国君选拔人才,拿官职授人,好像工匠用木材,利用它的好的地方，丢舍它的不足之处，所以像梓、杞两种围抱的优质大材，虽有几尺腐烂，能干的巧匠也不会抛弃。现在你生活在战国时代，迫切需要选拔辅佐的武将，怎么因为私吃两只鸡蛋而抛弃捍卫国家的良将，这话可万万不能让周围的国家知道啊！"

子思还有敢于变革的精神。《孔丛子·居卫》记载，大意是：

曾子告诉子思说："从前，我跟着老师周游于各诸侯国，老师不曾丢掉做臣下的礼节，而先王的礼法还不能推行。如今我看你有对国君傲慢的意思，岂不是不合礼法吗？"子思说："时代改变了，世事不同了，各个时代有各个时代相适宜的做法。在我祖父的时候，周朝的制度虽然已遭到破坏，但君臣还各在原来的位置上，仍保持着上下的关系，像一个整体。想推行先王之道，不按礼节去寻求，就不能被接纳。当今天下的诸侯，正欲用实力相竞争，竞相召请英雄，用来做自己的助手。这是得到贤能的人就昌盛，失去贤能的人就灭亡的年代。到这个时候，不抬高我自己，别人就会贬低我；不尊贵我自己，别人就会轻视我。舜和禹以礼相禅让，商汤王和周武王用兵相争夺，不是他们故意相违背，而是时代不同了。"

子思为人刚正不阿，敢于直言。《礼记·檀弓上》记载，大意是：

曾子对子思说："孔伋！我为父亲守丧时，七天没喝一口水浆。"子思说："先王制定礼制，是让做得太过分的人屈身接近礼的规定，又让做不到的人努力达到礼的规定。因此，君子为父亲守孝，不喝水浆只要三天就可以了，要能够拄着杖站起来。"

可见子思"当仁不让于师"，对曾子的不合礼之处敢于辩驳。

五、曾子弟子乐正子春的故事

乐正子春是曾子的著名弟子，他敬重曾子就像曾子敬重孔子一样，总是把老师放在自己前头，引用曾子的话总会说："我听老师曾子说过……"《礼记·檀弓上》记载,曾子病重临终时,乐正子春坐于曾子床下守候。乐正子春忠实继承了曾子的孝道。《礼记·檀弓下》记载,大意是:

乐正子春的母亲去世,乐正子春五天不吃饭,说:"我后悔啊。如果在我母亲的丧事上不能尽我的哀伤之情,我还在哪里能用我的感情呢?"

《礼记·祭义》记载,大意是:

乐正子春下堂时,不小心扭伤了脚,好几个月不出门,还面带忧色。他的弟子对此不解,就问道:"老师的脚伤已经好了,好几个月不出门,还面带忧色,这是为什么呢?"乐正子春说:"你问得太好了!你问得太好了!我听老师曾子说过,而曾子是从孔子那儿听到的:'天之所生,地之所养,没有比人更高贵的。父母完整地把自己生下来,做儿子的也要把身体完整地还给父母,这才叫作孝。不使身体受到损伤,不使名声受到污辱,这才叫作完整。'所以君子抬腿动脚都不敢忘记孝道。现在我扭伤了脚,是忘掉孝道的表现,所以我才面有忧色啊。每一抬脚都不敢忘记父母,每说一句话都不敢忘记父母。每一抬脚都不敢忘

乐正子春像(选自清代《宗圣志》)

记父母，所以走路的时候只走大道而不走邪径，过河的时候要乘船而不游渡，不敢拿父母留给的身体冒险。每一说话都不敢忘记父母，所以伤害他人的话不出于口，别人的辱骂也绝不会涉及自己。这样不让自己受辱，不使双亲蒙羞，就可以称得上孝了。"

乐正子春授徒讲学，《韩非子》"儒分为八"中的"乐正氏之儒"就是乐正子春学派。有学者认为，《吕氏春秋》中的儒家思想来源之一就是乐正氏之儒。乐正氏之儒的主要思想——重孝思想被《吕氏春秋》吸收作为治国的根本；其贵信等思想亦被《吕氏春秋》合理吸收，作为君主修身的重要内容。

乐正子春还以守信闻名。《韩非子·说林下》记载，大意是：

齐国攻打鲁国，讨要"谗鼎"，鲁国送去一个假的。齐国人说这是假的，鲁国人说是真的。齐国人说："让乐正子春来，我们相信他说的。"鲁国国君把乐正子春请来，乐正子春说："为什么不把真的送去呢？"鲁国国君说："我爱惜它。"乐正子春说："我也爱惜自己守信用的名声。"最终乐正子春没有去说假话欺骗齐国。

乐正子春主张孝亲敬老，对孝悌之道有高深的见解。《仪礼经传通解》卷十九记载，大意是：

齐宣王问春子："寡人想施行孝悌之义，有好的办法吗？"春子说："从前我从乐正子春先生那里听说，周文王治理岐山一带，五十岁的在家里挂拐杖不从事力役，六十岁的在乡里挂拐杖不从事力役，七十岁的在国都挂拐杖不从事力役，见君王时才去掉拐杖；八十岁的在朝廷上挂拐杖，见君王时就将拐杖挟于腋下。君王说：'在朝廷上接见客人，不要让老者停留太久。'古代七十岁就辞职不做官了，到君王这里来就要当客人对待。老者上朝要乘坐小些的安稳车子。这样，孝悌之义就会施行于各诸侯国。九十岁在朝廷上挂拐杖，见君王时将拐杖立起来。占卜的以及医生在老者跟前侍候，念叨着愿老者顺利下咽不卡喉咙的祝词，准备好安稳的小车子，乐官奏乐直至吃完饭，把老者送到家中。君王如果有想请教的问题，第二天一早亲自到老者家中，以精美的食品为礼物。这样，孝悌之义就会普及天下。这就是周文王治理岐山一带的做法。君王您如果想施行孝悌的大义，何不效法周文王治理岐山之地的做法呢？"

乐正子春的故事在《水经注》中也有记载:"乐正子春对他的弟子说:'孔子曾到齐国拜访肥邑,因为肥邑有君子在那里。'"有人说这里的君子指的《春秋左传》的作者左丘明,但《水经注》所引用的好多古书早已亡佚,所以也就难以考证了。

六、曾子其他弟子的故事

公明仪。有人认为曾子的弟子孟仪跟他是同一人。东汉经学大师郑玄认为公明仪是曾子弟子,同时他还是子张的弟子。公明仪勤学好问,《礼记》记载了他向曾子问孝、问礼的故事,大意是:

公明仪问曾子:"老师您可以称得上孝了吧?"曾子说:"这是什么话!这是什么话!君子所说的孝,不等父母开口就能顺父母的心意去做,使父母懂得正确的道理。我曾参只不过是能养父母罢了,怎能称得上孝呢?"

公明仪具有鲜明的民本思想。《孟子·滕文公下》中,他说:"厨房里有肥肉,马厩里有肥马,而百姓却面黄肌瘦,野外有饿死的尸骨,这是放任野兽去吃人啊。"

大家熟知的"对牛弹琴"的故事,主人公就是公明仪。东汉《牟子理惑论》记载,大意是:

公明仪为牛弹奏《清角》这样高雅的曲子,牛仍然低头吃草,无动于衷。不是牛没听到,而是牛欣赏不了,不爱听。公明仪转而发出蚊蝇、牛虻的嗡嗡声,牛这时就不停地甩动尾巴,像是在驱赶蚊蝇、牛虻;公明仪发出离开妈妈的牛犊的哀鸣声,这牛就竖起耳朵,小步徘徊,像要尽力听到自己孩子的声音。

沈犹行。赵岐注《孟子》:"沈犹行,曾子弟子。"《孟子·离娄下》记载,大意是:

曾子住在武城时,有越国军队侵犯。有人说:"越军来了,何不离开这里呢?"曾子说:"好吧。不要让人借住在我的房屋里,也不要损坏那里的树木。"越军退后,曾子便说:"修好我住的房屋,我将要返回。"越军退走了,曾子也回来了。他旁边的人说:"武城的官员对待先生是这样的忠诚和尊敬,越军来了就首先离去,已经受到百姓的责备;越军退走了就马上返回,这恐怕不合适吧。"他的学生沈犹行说:"这不是你们所知道的。过去我们家有负刍作乱,跟随先生的有七十人,没有一个参与的。"子思住在卫国的时候,有齐国的军队侵犯。有人说:"齐军来了,何不离开这里呢?"子思说:"如果我离开了,谁与国君一同守卫国家呢?"孟子说:"曾子和子思的思想观念是相同的。曾子当时是老师,是长辈;子思当时是臣子,地位低。如果曾子与子思对换一下地位,他们也都会那样做。"

公明高。《孟子》赵岐注:"公明高,曾子弟子。"公明高很有学识,尤其精通孝道。孟子曾经讲过公明高的故事:

公明高像(选自清代《宗圣志》)

舜的父亲偏袒后妻生的孩子，与后妻一起，百般陷害舜，而舜依然对父母眷慕不已，仍然一如既往到田里辛勤劳作。对此，长息曾经问公明高："舜仍到田里劳作，这可以理解，可他为什么向上天哭诉呢？这样来对待父母，我却不理解。"公明高说："这不是你所能理解的。我以孝子的心来推想，自己与父母的关系，不能那么不在意。有的人认为，我尽力耕田，小心地履行做儿子的责任就行了，父母不喜欢我，有什么关系呢？帝尧让他的孩子九男二女和百官一起带着牛羊、粮食等各种物品到田野中为舜效劳，天下的士人有很多投奔到舜那里去，尧也把管理天下的重任交给了舜。舜却只因为没有得到父母的欢心，就像那困苦的人没有依靠一样。受到天下士人的爱戴，这是人人所期望的，然而不足以解除忧愁；美丽的姑娘，这是人人想得到的，他娶了尧的两个女儿，也不足以消除忧愁；财富，这是人人想获得的，富以至占有天下，也不足以消除忧愁；尊贵，这是人人想得到的，尊贵以至做了君主，还是不足以解除忧愁。人们的爱戴、美丽的姑娘、财富和尊贵都不足以消除忧愁，只有得到父母的欢心才可以消除忧愁。人在年幼的时候，就怀恋父母；懂得喜欢女子，便思念年轻美貌的人；有了妻子，便迷恋妻室；做了官，便讨好君主，得不到君主的赏识，心中便焦躁不安。唯有最孝顺的人才终身怀恋父母。到了五十岁的年纪仍在怀恋自己父母的，我在伟大的舜身上见到了。"（《孟子·万章上》）

公明宣。公明宣特别注重在生活实践中学习，向榜样看齐。《说苑·反质》记载：

公明宣做曾子的学生，三年不曾读书。曾子说："宣啊，你跟我上学，三年不学习，为什么呢？"公明宣说："哪里敢不学习呢？我见先生在房内，父母在，呵斥的声音不曾让狗、马听到，我喜欢这一点，学习了但还没能做到。我见先生接待宾客，恭敬俭约却不松懈怠慢，我喜欢这一点，学习了但还没能做到。我见先生在家里，严格对待晚辈却从不毁伤他们，我喜欢这一点，学习了但还没能做到。我喜欢这三点，向您学习了但还没能做到，我怎敢跟您上学而不学习呢？"曾子离开坐席道歉说："我不如你，你是在学习啊！"

公孟子高。有人认为他与曾子弟子公明高是同一人。《说苑·修文》记载：

公孟子高进见颛孙子莫,说:"冒昧地问一下,君子怎么样才能做到有礼貌呢?"颛孙子莫说:"去掉外表的严厉,与你神色上的争胜,以及你的自以为是,去掉这三条就可以了。"公孟子高没有明白,把这话告诉了曾子。曾子肃然起敬,退后几步,显出恭顺的样子,说:"这是多么重要的话啊!外表严厉必然内里损伤,神色上争强好胜并自以为是的人必定被人驱使。因此,君子德行圆满却包容不理智的人,知识渊博却不与人争辩,智虑洞达幽微而能不被愚弄。"

子襄。《孟子》赵岐注:"子襄,曾子弟子。"《孟子·公孙丑》记载:

曾子对子襄说:"你喜欢勇敢吗?我曾听老师孔子说过什么是最大的勇敢:自我反省,正义不在自己一方,即使对方是普通百姓,我也不让他们恐惧;自我反省,正义在自己一方,即使对方有千军万马,我也勇往直前。"

阳肤。《论语》包咸注:"阳肤,曾子弟子。"《论语·子张》记载:

孟孙氏任命阳肤做法官,阳肤向曾子请教。曾子说:"在上位的人不按正道行事,民心离散已经很久了。如果了解罪犯的真实情况,就应该怜悯他而不应该居功自喜。"

七、曾子子孙的故事

曾子的子孙从小与曾子的弟子们一起学习,有成就的很多,对中华文化的传承弘扬做出了重要贡献。让我们看一下他们的故事。

曾元。曾子的长子。他在政治上颇有见解,《荀子·大略》记载,大意是:

公行子之到燕国去,在路上遇到曾元,问:"燕国的君主怎么样?"曾元说:"他的志向很卑微。志向卑微的人轻视事业,轻视事业的人不求贤人的帮助;如果不求贤人的帮助,怎么能成就事业呢?只能做氐族、羌族人的俘虏罢了。不担心自己被捆绑,而担心死后不被焚烧。得到的利益像毫毛一样，而危害却足以毁灭国家，却还这么做，能算懂得治国大计吗？"曾元一生谨慎，曾把"官怠于宦成（官员松懈在官职成就的时候）"书写在常佩带的衣带上，流着泪说："这是我父亲临终的遗言啊，怎敢不以此严格要求自己以免带来耻辱呢？"因此他数十年为官，十分谦虚谨慎，以致身体好像不能承受衣服的重量，话不能说出口，一生清清白白而无过失。

曾申。曾子的次子。曾申授徒讲学，并为儒家经典《诗经》《春秋左传》的传承做出了重要贡献。唐代经学家陆德明《经典释文序录》："子夏以《诗》传曾申，左丘明作《传》，以授曾申。"西晋文学家陆机《毛诗草木鸟兽虫鱼疏》记载，孔子删《诗》授卜商，卜商为之作序以授鲁国人曾申，曾申授魏国人李克，后数传至鲁国毛悖；《春秋左传》的传承，南宋著名学者王应麟《考证》引刘向《别录》："左丘明授曾申，申授吴起"，后数传至汉代张苍。

曾申像曾子一样，有着高尚的节操。《子思子》记载，曾申告诉子思："要委屈自身来伸展真理啊，坚持高尚的志气而不怕贫贱！"子思说："真理得到伸展，是我们所愿望的。但是，当今天下的王侯哪个能做到呢？与其委屈自己来求得富贵，不如坚持高尚的志气而贫贱。委屈自己求取富贵就会被人控制，坚持高尚的志气而贫贱就无愧于真理。"

曾申博学多才，当时人们喜欢向他请教。《礼记·檀弓上》记载，大意是：

> 鲁穆公的母亲死了，派人去问曾申，说："该怎样治丧呢？"曾申回答说："我从我父亲那里听说：'用哭泣表示悲哀，穿齐斩丧服表示亲情，吃饭只喝粥，这是上自天子下至平民所通行的。用麻布做覆盖棺木的幕，是卫国的习俗；用丝绸做覆盖棺木的幕，是鲁国的习俗。'"

曾西。据《武城曾氏族谱》记载，曾西是曾子的长孙，在鲁国为官。从其叔父曾申学《诗经》，他的思想品格超凡不俗，是来自家学渊源。他去魏国向子夏求学，魏文侯听说曾西是贤人，想聘请他做官，他推辞了。曾西崇奉儒家王道思想。尽管管仲辅佐齐桓公"九合诸侯一匡天下"，九次主持诸侯们的盟会，匡正了天下混乱的秩序，使齐桓公成为号令天下的霸主，但曾西却蔑视管仲的功业，认为霸道治国总是不如王道好。请看《孟子·公孙丑上》中的故事：

有人问曾西："你和子路相比，谁强？"曾西不安地说："子路是我祖父所敬畏的人，我哪敢和他相比？"那人又说："那么，你和管仲相比，谁强？"曾西马上沉下脸来，说："你为什么竟拿我跟管仲比呢？管仲得到齐桓公的信赖是那样的专一，行使国家政权是那样的长久，而功绩却那样的低下。你为什么竟拿我跟他相比呢？"

子孙们继承了曾子设教讲学的事业，最著名的当属曾申。战国时期立下赫赫战功的军事家吴起就是曾申的弟子。《史记·孙子吴起列传》记载，吴起年轻时败坏了家业而一事无成，乡里的人嘲笑他，吴起杀害嘲笑他的人三十多个，然后奔逃。临别与母亲盟誓说，如果自己不担任卿相，就不再回来。他拜曾申为师，母亲去世，竟然不奔丧。曾申因此跟吴起断绝了关系。

南宋学者王应麟《考证》引刘向《别录》记载，曾申将《春秋左传》传授给吴起，吴起数传至汉代的张苍。吴起是一位军事家、政治家，著有《吴子》一书传世，从其内容看，不乏儒家色彩，应该是受教于曾申的结果。

曾西像（选自清代《宗圣志》）

八、《大学》的前世今生

《大学》本是《礼记》中的一篇,南宋理学家朱熹等认为是曾子所著。《大学》是怎么单独抽出来成为儒家经典的呢?

唐代理学开始萌芽,韩愈、李翱等学者意识到《大学》的心性学和工夫论价值,所以用《大学》来批判佛家寂灭、道家清静的学说,用《大学》阐发的儒家"道统"来对抗佛、道思想。后来经过学者、朝廷的不断认可,《大学》思想地位逐渐上升。《大学》经典地位的真正确立,是由朱熹完成的。朱熹认为:在今天可以看到古人做学问的次序、途径的,只是依赖《大学》还保存至今。朱熹补写了《大学》"格致传"一章,在一定程度上将大学之道归结为"格致之教",建立了理性主义认识论体系。

朱熹认为《大学》分为"经一章"和"传十章","经一章"语言简练而道理具备,所言平实而意旨深远,不是圣人孔子就说不出这样的话,然而因为缺乏佐证,所以怀疑可能是出于古代先民的名言;"经"以后的"传十章"是对"经一章"的解读,有的地方引用了曾子的名言,思想内容又多与《中庸》《孟子》一致,所以"传十章"是曾子对"经一章"的阐释,由曾子弟子记下来,而子思把它传授给孟子是无疑的。

从《大学》与曾子在《论语》、"曾子十篇"表现的曾子"忠恕"思想比较来看,《大学》确实与曾子思想十分相似,应该就是曾子所作。

朱熹认为对于孔子的"经一章",孔子的三千弟子没有不学习的,而曾子的"传十章"对"经一章"的解读才"独得其宗",独得孔子的真义。这一说法可以从《礼记》中找到依据。《礼记》记载,子夏对魏文侯讲述古乐时说:"于是道古,修身及家,平均天下:此古乐之发也。"意思是:于是追溯古代的道德,希望音乐达到涵养德行、治理家邑、平定天下的目的,这是古乐所发挥的作用。这里"修身及家,平均天下",是《大学》"修身齐家治国平天下"的另一种表述,意思是一致的。可见,朱熹说《大学》的"经",孔子的弟子没有不学习的,是有根据的。子夏还在"修身及家,平均天下"前加了一句"于是道古",似乎意味着"修身及家,平均天下"是当时流传下来的古语。朱熹认为孔子说的"修身齐家治国平天下"可能是"古昔先民之言",是古代流传下来的名言,也是有根据的。

"修身齐家治国平天下"思想有着悠久的历史渊源,《尚书·皋陶谟》记载,皋陶对大禹说:"慎厥身,修思永。惇叙九族,庶明励翼,迩可远,在兹。"意思是:对自己的言行要谨慎,自己的修养要持之以恒;要使亲属宽厚顺从,使众多的贤明之人努力辅佐,由近及远,首先从这里做起。学者们认为,这跟"修齐治平"含义是一致的,应该是"修齐治平"的来源。至于"修齐治平"思想理念的最初起源,恐怕更早。

朱熹认为《大学》是"四书之首",是"初学入德之门"。作为四书之首的《大学》,自然也位列一切儒学典籍之前,成为"群经之要"。

元皇庆二年(1313年),元仁宗定朱熹的《四书章句集注》为科举取士标准,《大学》"四书之首"和超群经之上的经典地位正式获得了官方的认可,一直延续到清代,成为统治阶级的政治思想纲领。

九、曾子著《大学》

曾子能够著《大学》,在于其勤奋好学。曾子一生谦虚好问,对于不懂的总是虚心请教别人,这是他的鲜明特点。曾子说过,没有才能就学,有疑难就问,对知识贫乏感到羞愧而又不去问,事到临头才感到知识不足,这就是走投无路的人(《大戴礼记·曾子制言上》)。曾子做学问扎扎实实,绝不满足于一知半解,绝不凭自己意气用事,对任何问题总是刨根问底,非彻底搞清楚不可。孔子曾经说"参也鲁",是说曾子有些鲁钝。但鲁钝的人往往不要小聪明、肯用功、守规矩,所以往往能成功。正如人们说的:"笨鸟先入林。"也正如龟兔赛跑故事一样,兔子虽然跑得快,但骄傲大意,最后取得胜利的是乌龟。历史上好多学者认为曾子恰恰因为鲁钝才得孔子之传。比如《琐言》中说:"聪明人学东西容易会也容易忘。就像用针刺毛毯,孔很小随之就合上了。所以曾子说:'子张虽然外表堂堂,但难于和他一起做到仁.'愚笨的人难于学会但不容易忘,就像用棒槌钻牛皮,孔很大难以闭合,所以,就像大儒们说的:'曾子最终因为自己的鲁钝而得到了孔子真传.'"(《曾志》)宋代大儒程颐认为:"曾子能传孔子之道,只是因为一个诚笃。《论语》说:'曾子鲁钝'。比如孔子的弟子中,子游、子夏的言语,子贡、子张的才辨,聪明的很多,但最终传承孔子之道的,乃是生性鲁钝的人。人只要一个诚实就够了。"(《二程遗书》)

曾子能够著《大学》传承孔子之道,是因为他对孔子无比崇敬,笃信孔子思想。曾子言谈涉及孔子的话时,总是先提"我听老师孔子说过",简直是口头禅,可见对孔子的尊重。《荀子·大略》中说:"发表言论、教育他人不遵循老师的教导,就是背叛,对于背叛的人,圣明的君王不让他做臣下,士大夫在路上遇到也不理睬他。"宋代大儒程颢说:"颜子默识孔子的学说,曾子笃信孔子的学说,能得孔子之道的,就他们两人。"(《二程遗书》卷一)而颜回去世早,没有留下著作,所以曾子传道的责任就更大了。

曾子将孔子的一以贯之之道高度总结为"忠恕",是抓中了孔子思想的核心要领,这在孔子弟子中绝无仅有。曾子志向高远,为正义事业奋斗终身,百折不挠。正如他说的:"士人不可不心胸开阔、意志坚强,因为任重而道远。以践行仁德为使命担当,不也很重吗?为之奋斗到生命最后一息,不也很远吗?"(《论语·泰伯》)孔子临终托孤,将自己的孙子子思托付给曾子,曾子最终不负重托,将子思培养成一代大儒,传承发展了孔子的正宗思想。

正如宋代学者杨时所说:"孔子去世后,弟子们离散了,分处各诸侯国,虽各以自己受教于孔子的学问来教授弟子,然而得孔子真传的应该很少。所以子夏的弟子有田子方,田子方的后学弟子为庄子,他们离开孔子思想的本义越来越远了。唯有曾子及其后学弟子子思、孟子,对孔子思想的继承得到了孔子思想的宗旨。"(《中庸义序》)而最能够体现曾子传道之功的,就是《大学》。明初大儒宋濂说:"曾子年七十,文学始就,乃能著书。"(《宋景公笔记》)曾子七十岁才开始著书立说。这是因为曾子治学严谨,一定要等到学问炉火纯青时才敢著书。据《武城家乘》记载,曾子七十岁著《大学》,应该是为之倾注了毕生精力。

十、曾子以《大学》"三纲领"寄托政治理想

曾子70岁了，自觉将不久于人世，便决心将自己继承于孔子、研究探索了一辈子的政治思想传授给弟子们。

第一堂课，曾子讲的是自己的政治理想。曾子说："我本来也想在现实政治中有所作为，辅佐某位国君达到尧舜时期均平和谐的政治局面，但现实告诉我，这只能是幻想。老师孔子没有实现他的这一理想，而世风日下，更别提我所处的时代了。到处是战争杀戮、尔虞我诈，哪里还讲什么仁义道德？跟当政者讲道德，只能被他们敬而远之，甚至说你迂腐不通世务。但我坚信老师孔子传下来的仁政理想总有一天会实现，因为它符合民意，民意就是天意啊。"

曾子见大家都在聆听，继续说道："学校教育，自古以来就是8岁入小学，15岁入大学，以前老师孔子告诉我们，大学教育的主旨包括'三纲领'：一是'明明德'，就是修养好道德；二是'新民'，就是以自身的道德言行影响带动大家都崇尚道德，革故鼎新；三是'止于至善'，就是要将自己所学运用于实践，做好自己的各种角色，为人处世力争样样做到最好。"

弟子们一边听，一边记录。"有了目标才能有定力，为实现目标不动摇；有了定力才能静下心来，静下心来就安定不浮躁，不浮躁才能深入思考，考虑成熟了才会真正有所收获，"曾子接着说，"事物都有根本和枝叶，都有因有果。知道做事的先后顺序，就接近于明白道理了。所以，做事要抓住根本。治国理政就要依次做到'八条目'：格物、致知、诚意、正心、修身、齐家、治国、平天下。也就是说，只有通过学习实践才能获得真知，只有这样获得的真知才会让人真信真用，这样才能思想端正，思想端正才能修好身，修好身才能治好国，治好国才能使天下太平。"曾子稍作停顿，以让学生思考、记录。

"那么，治国理政的根本是什么呢？从天子到百姓，都要以修身为根本啊，"曾子强调说，"修身是'八条目'中承上启下的关键环节。修身是要下苦功夫的，只有修好身才能施行仁政于天下。"

曾子具体讲解了"三纲领"。他说:"'明明德'是有历史渊源的。记载西周初年的政论《尚书·康诰》里说:'弘扬光明的品德。'记载商代政论的《尚书·太甲》里说:'念念不忘上天赋予的光明禀性。'《尚书·帝典》说:'显明崇高的品德。'这些都是说自己要弘扬光明正大的美德。"

曾子接着讲"新民":"商汤王洗澡盆上刻着:'如果能够一天新,就应该保持天天新,新了还要新。'《尚书·康诰》里说:'激励人们弃旧图新。'《诗经》里说:'周虽然是一个旧的邦国,但能够保持焕然一新的面貌。'所以,君子无处不追求完美以保持光明的品德。"

曾子又讲"止于至善",他说:"《诗经》里说:'一只黄鸟绵蛮叫,落脚山丘一角落。'老师孔子说:'连黄鸟都知道它该落脚的地方,难道人还不如一只鸟吗?'那么人要落脚于何处?做君主的要落脚到仁上,做臣子的要落脚到敬上,做子女的要落脚到孝上,做父亲的要落脚到慈上,与他人交往要落脚到信上。而要真正做好这些,就要修身:要读书明理;要结交贤友,相互切磋;要在实践中砥砺品格。这样人就会外有威严的气度,内有美好的品德,并永不懈地追求完美,所以民众对他难以忘怀。周文王、周武王就是这种将立德、新民做到最好的君主,并制礼作乐,使天下后世万事万物都各得其所,秩序井然,所以他们去世后,民众思慕他们,愈久愈不忘记。"

曾子最后强调了做事要抓住根本、遵循"本末"次序的重要性。他说:"老师孔子说过:'审理诉讼案件,我与别人一样,要分清是非曲直。不同的是,我一定要做到防止诉讼案件的发生。'老师是说要使无理的人不敢撒谎狡辩,这是因为民众被我的道德魅力所折服,这样也就会守道德,不违反礼法,自然就不会有诉讼发生了。从这里就可知道什么是根本和枝末了吧。"这时,一位弟子不禁说道:"道德可以感化人、慑服人,所以要首先修好德,这不就是说修身是根本吗?"曾子点头赞许。

曾子总结说:"从以上来看,老师孔子说的大学主旨'三纲领'什么的,应该是古语啊。他老人家'述而不作',注重继承历史经验,不掺杂个人臆见,这就更让我们相信他的思想了。"

以上内容后来被写入《大学》。

十一、《大学》的"内圣"思想

曾子召集弟子,关于大学教育,又开了第二堂课,讲如何通过"格物、致知、诚意、正心"来修身,达到"内圣",即培养内在的圣贤品格。

曾子首先讲"格物致知"。他说:"想获得真知,就要研究透彻事物的原理。研究的事物多了,就会逐渐发现万事万物的普遍原理、共同遵循的规律。"

曾子接着讲"诚意",他说:"所谓诚其意,就是人往往明知要做好事不做坏事,而心中却常有邪念产生,所以每个人都需要时刻把持住自己,将不良念头消灭在萌芽状态,始终保持意念的真诚无妄。立志修身的人,既然知道要做好事不做坏事,就应当努力禁止自己欺骗自己,使自己憎恶坏事就像憎恶臭味,喜欢好事就像喜欢美色,都务必坚决去除不良意念而使意念纯正,心无愧怍,不随波逐流。"一位弟子大受启发,说道:"这不就是您经常说的'慎独'吗?"曾子微笑着点了点头。

"小人暗地里做了坏事总想掩盖。其实别人看他,就像看到其肝肺,掩盖又有什么用呢?暗地里做坏事,就像有十只眼睛盯着,十只手指着,这种监督还不够严厉吗!?"曾子严厉地说。此时,弟子们提高了警觉。

"人富裕了,房屋就会华丽起来;人有德行了,身体就会润泽起来。"曾子接着说,"心胸宽广坦荡,身体就会舒泰安康,所以君子一定要使自己的意念真诚。"

曾子最后讲"正心修身"。他说:"所谓修身在于正心,是因为如果心有所愤怒,心就不能端正;心有所恐惧,心就不能端正;心有所偏好,心就不能端正;心有所忧患,心就不能端正。如果心不在焉,虽然在看却像没有看见,虽然在听却像没有听见,虽然在吃东西却不知道是什么滋味。所以说,要修身必须先正心。"这时,乐正子春深有感悟,说道:"这是说要保持理性,避免感情用事,不要被邪欲牵着鼻子走。"曾子说:"是啊,要慎欲。邪欲如同洪水,不控制就会形成灾难。"

以上内容后来被写入《大学》。

十二、《大学》的"外王"思想

关于大学的教育宗旨,曾子又开了第三堂课,主要讲"外王"思想。大学要教授"内圣外王"之道,"内圣"才能"外王",修养好自身才能推行"王道",将仁政德治推行于天下。

曾子认为要推行王道于天下,就要从"修身齐家"开始。他说:"要治理好家庭,就要先修好身,因为人们对自己所亲近的人常有所偏爱,对所鄙视厌恶的人常有所偏恨,对所敬畏的人常有所偏向,对所同情的人常有所偏心,对所傲慢的人常有所偏见。所以,喜欢一个人又能知道他的缺点,憎恶一个人又能知道他的优点的,这样的人天下少有啊!所以有谚语说:'溺爱子女的人看不到自己孩子的坏处,贪心的农夫看不到自己庄稼的茂盛。'说的就是不修养好自身就整治不好他的家庭。"

接着,曾子讲"齐家治国":"要治理好国家必须先治理好自己的家庭,这是因为,不能管教好家人而能管教好别人,是没有的。所以君子不必走出家门就能具备管教一国的本领。对父母的孝敬可以用于事奉君主,对兄长的恭敬可以用于侍奉官长,对子女的慈爱可用于治理百姓。"

弟子们边听边记,曾子继续说下去:"《尚书·康诰》里说:'君主保护百姓,就像母亲爱护初生婴儿一样。'内心真诚地去追求,即使不能完全达到目标,也不会相差太远。要知道,没有哪个女子是先学会养育孩子再出嫁的啊!"

曾子认为在上者就是民众的风向标,他说:"君主一家仁爱,一国也会兴起仁爱风气;一家礼让,一国也会兴起礼让风气;君主一人贪婪暴戾,一国就会兴起动乱,君主的作用就是如此的关键。这就叫作一句话可以败坏事业,一个人可以使国家安定。"

曾子举例说:"尧舜用仁爱领导天下,百姓就跟着仁爱;桀纣用凶暴统治天下,百姓就跟着凶暴。统治者的命令如果与他们实际做的事相违背,百姓就不会服从。因此,君子必须自己有德行才能要求别人有德行,必须自己没有过失才能去责备别人。自己不怀有推己及人的恕道却劝告别人去实行恕道，那是不可能达到目的的。所以要治理好国家必须先管理好自己的家庭。"

曾子接着说："《诗经》里说：'桃花多艳美，枝叶多茂密，女子出嫁去，和睦全家人。'让全家人和睦，然后才能让一国的人都和睦。《诗经》里还说：'言行仪表无差错，端正四方众邦国。'只有当一个人无论是作为父亲、儿子，还是兄长、弟弟时都值得效法，百姓才会去效法他。这就是所说的治理国家在于治理好他的家庭。"

曾子最后说："治理好自己的国家，为周围的国家做出示范，才能使天下太平。使天下太平，就要实现社会财富分配上的均平，老师孔子说过：'不怕天下财富少，而是怕财富分配不均匀。只要分配均匀，就没有谁说自己贫穷。'"

以上内容后来被写入《大学》。

这里要说的，与"王道"相对应的是"霸道"，是凭借武力、刑法、权势等进行统治。儒家往往是蔑视"霸道"的，朱熹说："仲尼之门，五尺童子羞称五霸，为其先诈力而后仁义也。"一个政权不能迷信武力与刑罚。秦始皇以"霸道"横扫六合，统一天下，并以"霸道"施行统治，结果十四五年秦朝就灭亡了。治国理政施行"王道"而成功的，史不绝书。比如，唐代吴兢《贞观政要》记载，大意是：

> 唐太宗与群臣讨论政治方向。当时封德彝依据法家性恶论，认为人性"浇讹"，主张实行刑治，魏征依据儒家性善论，认为人性"纯朴"，主张实行王道仁政。太宗采纳了魏征的建议，持之以恒施行王道，几年时间，国家太平，民众安康，突厥被攻破消灭。因此，唐太宗对群臣说："贞观初年，观点人人不同，但都认为当今一定不能施行帝道、王道，只有魏征劝我施行王道。采纳他的意见后，不过几年，就使华夏安宁，远方的少数民族都归顺。突厥自古以来，常常是中国的劲敌，现在突厥的酋长也成了我带刀的卫士，他们的部落都穿上了我们中国的衣帽，使我到了这个地步的，都是魏征出的力啊。"

十三、《大学》之道修身为本

弟子们将曾子的讲授写成了《大学》,曾子十分满意。为了让弟子掌握《大学》的精髓,曾子又开了几堂课,其中一堂是"《大学》之道修身为本"。

曾子说:"从天子到普通百姓,所有人都应以修身为根本,根本抓不好而想枝繁叶茂是不可能的,对该重视的却轻视,该轻视的却重视,反而能把事情办好,从来没有这样的。这是老师孔子告诉我们的,是古语。"

"修身为本是历史经验啊。以身示范才能治理好国家,《诗经》上说周文王:'先示范于妻子作典型,再示范于兄弟作典型,这样治理家、国都亨通。'知道做事的先后顺序就是把握住了规律;抓住了做事的根本,就是找到了做事的门道。"

曾子说:"做事要由近及远。父母不喜欢自己,就不敢与外人交朋友,亲近的人与自己不友爱,就不敢寻求疏远的人相友爱;小事情没有弄明白,就不敢谈论大事情。修身做不好,就不要谈别的了。"

"凡有做不好的事,先要从自身找原因,这才是修身为本的态度。"曾子说,"尧曾经说:'我本人若有罪,不要牵连天下万方,天下万方若有罪,都归我一个人承担。'周武王也说过类似的话:'百姓有过错,都在我一人身上。'这就是凡事从自身找原因,不诿过于人,敢于担当负责。"

曾子接着说:"共同出游而不被人喜爱,一定是自己缺乏仁德;与人交往而不被人尊敬,一定是自己没有长者那样值得人尊重的品格;面临财物而不被人信任,一定是自己缺乏信誉。这三种情况发生在自己身上,为什么埋怨别人呢?埋怨别人是词穷的表现,埋怨上天是没有知识的表现。过失在于自己反而在别人身上找原因,难道不是绕远了吗!这就像射箭,射不中不要怪罪他人和靶子,而要怪自己注意力不集中、技术不强。"

修身为本的思想深刻影响了后世。《吕氏春秋·举难》中说:"君子责人则以人,自责则以义。"君子要求别人要用一般人的标准,要求自己就要用道义礼法的标准。就是说,要严于律己宽以待人,对自己的要求是不违背道义礼法，而不是随波逐流。

治国的根本在于修身，确是历史经验。《列子·说符篇》记载，大意是：

> 楚庄王问哲学家詹何："应该怎样治国？"詹何回答："臣知道怎样治身而不知道怎样治国。"楚庄王说："寡人得以守护国家社稷，愿跟您学习怎样守护。"詹何回答："臣未曾听说修好了身而国家出现祸乱的，也未曾听说修不好身而国家得到治理的。所以根本在于自身，不敢回答您枝末的东西。"楚庄王说："太好了。"

修身是每个人的终身课题，人人都要活到老学到老改造到老。

西方人也信奉修身为本。在伦敦闻名世界的威斯敏斯特大教堂地下室的墓碑林中，有一块名扬世界的无名氏墓碑。这块碑跟周围的亨利三世到乔治二世等二十多位英国前国王墓碑，以及牛顿、达尔文、狄更斯等名人的墓碑比较起来，显得微不足道，不值一提。但每一个到过威斯敏斯特大教堂的人，可以不去拜谒那些国王们、名人们的墓碑，也一定要拜谒这一块普通的墓碑，这是因为他们被这块墓碑上的碑文深深地震撼着。碑文是这样的："当我年轻的时候，我的想象力从没有受到过限制，我梦想改变这个世界。当我成熟以后，我发现我不能改变这个世界，我将目光缩短了些，决定只改变我的国家。当我进入暮年后，我发现我不能改变我的国家，我的最后愿望仅仅是改变一下我的家庭。但是，这也不可能。当我躺在床上，行将就木时，我突然意识到：如果一开始我仅仅去改变我自己，然后作为一个榜样，我可能改变我的家庭；在家人的帮助和鼓励下，我可能为国家做一些事情。然后谁知道呢？我甚至可能改变这个世界。"许多世界政要和名人看到这块碑文时都感慨不已。有人说这是一篇人生的教义，有人说这是灵魂的一种自省。南非总统曼德拉，年轻时看到这篇碑文时，顿然有醍醐灌顶之感，声称自己从中找到了改变南非甚至整个世界的金钥匙。回到南非后，这个志向远大、原本赞同以暴制暴填平种族歧视鸿沟的黑人青年，一下子改变了自己的思想和处世风格。他从改变自己、改变自己的家庭和亲朋好友着手，经历了几十年，终于改变了他的国家。

十四、《大学》的"絜矩之道"

曾子开的第二堂《大学》思想精髓课是"絜矩之道"。

曾子说:"所谓平天下在于先治理好国家的,是因为在上位的人尊敬老人,百姓就会孝敬自己的父母;在上位的人尊重长辈,百姓就会尊重自己的兄长;在上位的人体恤孤寡,百姓也会同样跟着去做。所以君子自有规范百姓行为的方法,这就是'絜矩之道'。老师孔子说'其身正,不令而行;其身不正,虽令不从',就是这个意思。"

"我明白了,"沈犹行说道,"絜是度量的意思,矩是画直角或方形用的尺子,也就是法度、规则的意思。'絜矩之道'是指上行下效,在上者的言行表现,就是在下者言行表现的标尺,在上者起到引领示范作用。"

"是这样的,"曾子说,"做人要将心比心,己所不欲勿施于人。所以,如果厌恶上司的某种行为,就不要用这种行为对待下属;如果厌恶下属的某种行为,就不要用这种行为对待上司;如果厌恶在你前面的人的某种行为,就不要用这种行为对待你后边的人;如果厌恶在你右边的人的某种行为,就不要用这种行为对待你左边的人;如果厌恶在你左边的人的某种行为,就不要用这种行为对待你右边的人。这就是规范百姓行为的方法,这也是'絜矩之道'题中应有之义。"沈犹行说:"这不就是您经常讲的忠恕之道吗?这可是孔子思想的纲领啊。"

"是啊,"曾子道,"子贡曾经问老师孔子:'有可以奉行终身的一个字吗?'老师说:'应该是"恕"字吧!自己不想要的,也不要加给别人。'"

"絜矩之道",也就是"忠恕之道",被后世发扬光大。孟子说:"强恕而行,求仁莫近焉。"尽力按恕道办事,便是最接近仁德的道路。

荀子说:"圣人靠什么不被欺骗?回答是:圣人是根据自己的体察来判断事物的。根据人来推断人,根据实情来推断实情,根据一事物来推测同类事物,根据言谈来推测功业,根据道理来推测万物,这在古今都是一样的。"(《荀子·非相》)

明代政治家钱琦说的:"治人者必先自治,责人者必先自责,成人者必须自成。"(《钱公良测语》)讲的是官员自身素质的极端重要性。这个道理古今中外都是一样的,美国管理大师德鲁克也曾说:"一个有能力管理别人的人,不一定是一个好的管理者,而只有那些有能力管理好自己的人才能成为一个好的管理者。"

"忠恕"还应该是一个政治原则。既然贫穷落后是人人都不想要的,那么当政者就要千方百计使民众摆脱贫穷落后;既然谁都不愿意受剥削压迫,都想拥有平等的地位,那么国家就要努力实现社会公平,共同富裕。

十五、《大学》的民本思想

曾子讲的《大学》精髓思想第三堂课是"《大学》的民本思想"。

曾子说:"治国理政要以民为本啊。《诗经》中说:'君子真欢乐,爱民如父母。'百姓喜欢的他就喜欢,百姓厌恶的他就厌恶,这样的君子称得上百姓的父母了。《诗经》中还说:'雄伟高峻终南山,层岩堆积人难攀。势力显赫尹太师,百姓都在把你看。'统治国家的人不可不谨慎。如有偏差,就会被天下人抛弃。《诗经》中说:'殷商没失去民众时,行为也能配上帝。应以殷商为借鉴,获得天命不容易。'这就是说,得到民众的就得到国家,失去民众的就失去国家。"

"以上观点大家已经写进了《大学》,"曾子说,"其实这个观点绝不是我的发明,以民为本观念源远流长,从古到今一以贯之。《尚书·泰誓》记载,周武王说:'上天所看到的来自我们民众所看到的,上天所听到的来自我们民众所听到的。'周武王告诉诸侯们,天意就是民意,君王要遵从百姓的意志办事。《尚书·泰誓》中还说:'上天是一定顺从民心的。'这里,民意就是天意。"

"古书记载,"曾子接着说,"早在楚武王时,大臣季梁就说:'道就是忠于民众而诚信于神灵,执政者考虑造福民众,这就叫忠诚。'这里将民众放在了高于神灵的至高无上地位。季梁还说:'民众是神的主人,所以圣明的君王先要服务好民众,而后才致力于祭祀神灵。'齐国名相管子也说,要想成就王霸事业,根本就在于以人为本。"

后来,思想家们又发展了民本思想。孟子说:"民为贵,社稷次之,君为轻。"《吕氏春秋》中说:"能养天之所生而勿撄之谓天子。"能够养育天地所生的万物而不干扰破坏它的就叫天子。这里不但有民本意识,还有敬畏天地自然的理念。到唐朝的舟水之论、宋代的先天仁德,到明清的"民主君客",再到近现代的"三民主义",可谓民本思想一脉相传、源远流长。

古代统治阶级倡导民本思想,是为了缓和阶级矛盾,从根本上说还是维护剥削阶级的利益。

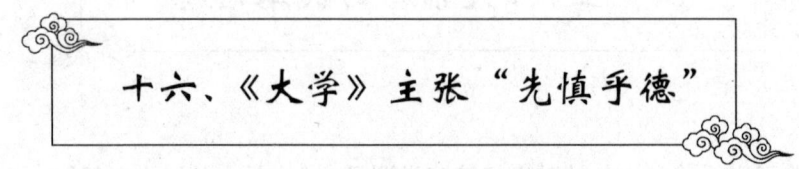

十六、《大学》主张"先慎乎德"

曾子的第四堂《大学》思想精髓课是"先慎乎德"。

曾子说:"要想做君主首先要慎重地修养德行。因为有了德行才会有民众,有了民众才会有国土,有了国土才会有财富,有了财富才能供给使用。德行是根本,财富是枝末。若把根本当成外在的东西而把枝末当成生存的根本,那就会与百姓争夺利益。因此,君主聚敛财富,民众就会离散;君主散财于民,民众就会归聚。所以对人说出违背情理的话,别人也会用违背情理的话来回击;用违背道义的手段得来的财富,也会被别人用违背道义的手段掠夺去。"

曾子又说:"以德为先的慎德思想源远流长。周朝的开国君王,鉴于商纣亡国的教训,认识到上天对谁都没有亲疏远近,谁有德行就辅助谁。《尚书·康诰》中也说:'天命不是永久的。'这是说,行善就会得到天命,不行善就会失去天命。《楚书》中说:'楚国没有什么可以作为宝贝,只是把善作为宝贝。'舅犯说,'流亡在外的人没有什么宝贝,只是把仁爱当作宝贝。'"

"道德的力量是巨大的,"曾子说,"这里有一则我同窗宓子治理亶父的故事。宓子治理亶父三年之后,巫马期乔装打扮,去暗访他的教化。他看到夜里打鱼的人捕到鱼后又放回水里。巫马期便问：'你打鱼，为的是得到鱼。现在你捕了鱼又放回去，这是为什么呢？'打鱼人回答说：'宓子不要人捕取小鱼。刚才捕到的是小鱼，所以又放回去。'巫马期回去，报告老师孔子说：'宓子的德化已经达到很高的境界了，使人在黑夜里行事就好像有严厉的刑罚在身旁一样。宓子怎么能达到这种地步呢？'孔子说：'我曾经问他治理国家的方法，他说："在此出之于诚，在彼就形成了刑。"宓子必定实行这种方法。'"

弟子公明仪说道："古代规定，鱼不够一尺长就不能食用，所以宓子要求捕捉到小鱼就放回水中。治国理政要德刑并用，德主刑辅。首先用道德教化民众，民众懂得礼义廉耻，就会自觉不去触犯刑法了。"

"创造财富有个大原则：要使生产的人多，消费的人少，生财的勤奋，用财的节省，那么财富就可以保持充足了。有仁道的人用财富提高自身的素质，没有仁道的人费尽身心赚取财富，"曾子接着说，"没有居上位的人喜爱仁德

公明仪像（选自清代《宗圣志》）

而居下位的人不喜好道义的，没有喜好道义而事业不成功的，也没有喜好道义而不把国库财富当作自己的财富珍惜的。孟献子说：'有四马之车的士大夫之家就不该计较那些鸡猪小事，能够凿冰丧祭的卿大夫之家就不该饲养牛羊，拥有百辆车的卿大夫之家就不该蓄养搜刮民财的家臣。与其蓄养搜刮民财的家臣，不如有偷盗东西的家臣。'这是说国家不应把财物当作利益，而应把仁义当作利益。身为国君却一心聚敛财物，这必然是受了小人的诱导。国君把小人当作好人，让他们去治理国家，那么灾祸就会降临，即使有贤能的人也无力挽回。所以一个国家不应把财物当作利益，而应把仁义当作利益。"

这时，弟子单居离说："您说的孟献子，是仲孙它的父亲，品德高尚。据说季文子在鲁宣公和鲁成公时担任国相，他的妾不穿丝帛，马匹不喂精料。仲孙它劝他说：'您是鲁国的上卿，辅佐过两朝国君，妾不穿丝帛，马匹不喂精料，国人恐怕会以为您吝啬，而且国家不也有失体面吗？'季文子说：'我也愿意华贵一些啊，但是我看国人中，父兄吃粗粮穿陋衣的还很多，所以我不敢。别人的父兄衣食不丰，而我却优待妾和马匹，这难道是辅佐国君的人该做的吗？况且我只听说高尚的德行可以为国增光，没有听说过以妾和马匹来夸耀的。'季文子把这件事告诉了仲孙它的父亲孟献子。孟献子为此把仲孙它关了七天。从此以后，仲孙它的妾穿的只是粗布衣，喂马的饲料也只是稗草。季文子知道后说：'有错误而能改正，是人中之俊杰啊。'于是推荐仲孙它担任上大夫。"

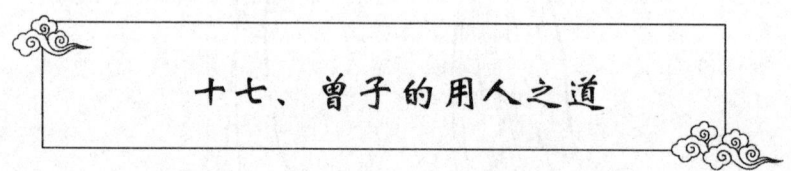

十七、曾子的用人之道

为政之要，要在用人。要说政治文化最重什么，那就是民本和用人。曾子深知这一点，所以，他经常给学生讲用人之道。

一次，曾子说："《尚书·秦誓》中说：'如果有这样一位大臣，为人忠实诚恳，虽没有什么特别的本领，但心胸宽广，有容人的肚量。别人有才能，就像他自己有才能一样；对别人的德才，他从内心里喜爱，不只是嘴里说的，心里确能容那人。任用这样的大臣一定能够保护我的子孙和百姓。相反，如果别人有能力，他就妒忌厌恶；对别人的德才，他想方设法压制排挤，确实不能容忍别人。任用这种人不仅不能保护我的子孙和百姓，而且是个危险人物！'有仁德的人遇到不能容人的人就要流放他，并驱逐到边远之地。这是说，只有仁德之才能爱人，也才能恨人。发现贤人不能举荐或举荐了却不能让他处在自己前面，这是轻慢；发现恶人不能斥退或斥退了却不能把他放逐得远远的，这是过错。喜欢众人所厌恶的，厌恶众人所喜欢的，这是违背人性，灾难一定会降临到自己身上。因此，治理国家有大原则，一定是忠信才能掌握这个原则，骄横放纵就会失去这个原则。"

  弟子们后来将以上曾子说的写入了《大学》。这些不是曾子用人思想的全部。识人是用人的前提，古人说"知人者智"，曾子就是这样的智者，他曾说："眼神是内心的浮现，言论是行动的表示，内心有活动，在外就有表现。所以说，以其显现的，就能看到其隐蔽的；听了他的话，就可以知道他喜欢什么。看他喜欢的什么，就可以知道他内心想什么。分析其言语就可以知道其心术，能够多次兑现他的诺言，就可以知道他是诚信之人，看他亲近什么样的人，就可以知道他的人品。面对恐惧时才能看出他是否无畏，对他发怒时才能看出他是否容易昏乱，在他欢喜的时候才能看出他是否狂妄失态，让他接近美色才能看出他是否有操守，从他的饮食可以看他是否奢侈无度，使他得到好处才能看到他是否礼让，悲痛的时候才能看出他的坚贞，贫困时才能看出他不被利禄所诱惑，让他劳苦才能看出他是急躁还是耐烦。"这些话后来也收入了《曾子》一书，至今仍能在《大戴礼记·曾子立事》中看到。

  以上是说要举贤荐能。汉代马融的《忠经》认为，能够为国家贡献人才，是最大的报国。能够把强于自己的人愉快地举荐出来，给予职位在自己之前，这需要大公无私的宽广胸怀，实属难能可贵。春秋时期，管仲曾经辅佐齐桓公的政敌，箭射齐桓公，差一点要了他的命，幸好射在了带钩上。而鲍叔牙深知管仲的贤能，极力向齐桓公举荐，最后齐桓公任用管仲为相，管仲辅佐齐桓公成就了霸业。我们要赞颂齐桓公不计前嫌的宽宏大量，更要赞颂鲍叔牙的举贤荐能，正如《史记》的评价："天下人不称赞管仲的才干，反而赞美鲍叔牙能够识别人才。""纵观千古存亡局，尽在朝中用佞贤"（《东周列国志》），讲得非常深刻，值得我们借鉴。

十八、不负嘱托教子思

孔子在晚年越来越发现曾子非同一般。所以，他称赞曾子具备"孝悌忠信"的美德。他发现曾子特别勤学好问，但从不炫耀自己的学问，总是非常谦虚谨慎。曾子刚开始跟随孔子学习的时候，孔子还以为曾子有些鲁钝，有些木讷，但后来孔子想，这不正是曾子的优点吗？刚毅木讷近仁啊，曾子就是一位刚毅木讷的仁人啊！所以，孔子就有意将自己的学问毫无保留地传授给曾子。

为了进一步考察曾子的学问，看曾子是否完全理解自己思想的主线，一天，孔子对曾子说："曾参啊！我的学说，有一个道理能把它贯穿起来。"曾子说："明白。"孔子对曾子的回答感到意外，曾子对于稍有不明白的地方总是虚心请教，而这次曾子竟毫不犹豫地说"明白"，那就肯定是完全明白了，所以孔子没再说什么就出去了。这时候，在场的弟子们搞不清楚，问曾子："这是什么意思呢？"曾子告诉他们："老师学说一贯的道理，不过是忠恕而已。"

孔子后来了解到曾子将自己思想一以贯之的主线总结为"忠恕"，非常惊喜，心想："这跟我的想法完全一致啊，从来没有一位弟子能够做这样精辟的总结。甚至我最得意的弟子颜回，也只是对我的学说无限敬仰，说过'仰之弥高，钻之弥坚，瞻之在前，忽焉在后'之类的话，但这是空泛的赞语，高深在何处？前后咋联？语焉不详。曾参的学问不在颜回之下啊。而弟子子贡，当我问他：'你以为我是多学了而一一记在心的吗？'子贡回答说：'是呀。难道不是吗？'我说我的学说有一条贯穿始终的道理时，他竟毫无反应。跟曾子是没法比了。当初我还以为曾参鲁钝呢，真是错怪他了。颜回去世，我当时感觉就像天塌下来一样，以为自己的学问无人传承了。我孔丘真幸运，晚年有了曾参这样一位出色的弟子，真是天助我！斯文有在了！斯文有传了！文王殁后，斯文之传，我算一位，我去世以后，就将是曾参来传了。我的孙子子思特别好学，有志于传承我的学说，那我就把子思托付给曾参吧，别人谁我都不放心。"

孔曾授受图、曾思授受图（选自明代《宗圣志》）

过了不久，孔子重病卧床。孔子将曾子、子思叫到床头，说道："曾参啊，我就这一个宝贝孙子，而他的父亲孔鲤没什么出息，又去世得早，所以我将子思托付给你管教。孔家的学问，就全靠你来帮助传承了。子思，你要听曾先生的话，记住，只有曾先生的学问才是我的真学问！"曾子、子思啜泣着，跪在床下，连声应诺。曾子哽咽道："先生放心，我一定不负重托，把子思带好！"孔子听了，脸上泛起了笑容。随后，慢慢地闭上了眼睛。

孔子去世后，曾子对子思的教育不遗余力，呕心沥血。终于不负所望，将正宗孔子思想传授给子思，将他培养成一代儒学宗师。子思开始游说诸侯，受到很多当政者的器重，名闻天下。子思还设教讲学，著书立说，他流传到汉代的尚有二十三篇著作。他著《中庸》，以"穷性命之原，极天人之奥"（《十六子全书》）。《礼记》中的《表记》《坊记》《缁衣》也是子思的著作。

子思在孔子、曾子的教育熏陶下，养成了刚正不阿的高贵品格，《孔丛子》记载：

曾申告诉子思说："要委屈自身来伸展真理啊，坚持高尚的志气而不怕贫贱！"子思说："真理得到伸展，是我们所愿望的。但是，当今天下的王侯哪个能做到呢？与其委屈自己来求得富贵，不如坚持高尚的志节而贫贱。委屈自己求取富贵就会被人控制，坚持高尚的志节而贫贱就无愧于真理。"

甚至对于老师曾子的言论他也敢于直言反驳，《礼记》记载：

一次，曾子对子思说："孔伋！我为父亲守丧期间，曾经连续七天没喝一口水浆。"子思说："先王制定礼制，是让做得太过分的人屈身接近礼的规定，又让做不到的人努力达到礼的规定。因此，君子为父亲守孝，不喝水浆只要三天就可以了，要能够拄着杖站起来。"

子思面对现实，敢于走与孔子不同的道路。《孔丛子·居卫》载：

曾子对子思说："从前，我跟着老师孔子周游于各诸侯国，老师不曾丢掉做臣下的礼节，而先王的礼法还不能推行。如今我看你有对国君傲慢的意思，岂不是不合礼法吗？"子思说："时代改变了，世事不同了，各个时代有各个时代相适宜的做法。在我祖父的时候，周朝的制度虽然已遭到破坏，但君臣还各在原来的位置上，仍保持着上下的关系，像一个整体。想推行先王之道，不按礼节去寻求，就不能被接纳。当今天下的诸侯，正欲用实力相竞争，竞相召请英雄，用来作自己的助手。这是得到贤能的人就昌盛，失去贤能的人就灭亡的年代。到这个时候，不抬高我自己，别人就会贬低我；不尊贵我自己，别人就会轻视我。舜和禹以礼相禅让，商汤王和周武王用兵相争夺，不是他们故意相反，而是时代不同了。"

子思设教于家乡鲁城。孔子去世后，弟子们散居各地，各以自己对孔子学说的理解传播儒家学说，儒学出现较大分歧，门派纷呈。据《韩非子·显学》记载，孔子去世后，"儒分为八"，其中，由曾子开启的"子思之儒"仍然坚守着孔子的正宗思想；"乐正氏之儒"的掌门人是曾子弟子乐正子春，继承了曾子的孝道等思想；"孟氏之儒"掌门人孟子是子思的再传弟子，也是忠实继承发展了孔子思想。除此之外，几乎都偏离了孔子思想，走向了墨家、杨朱等学派。另外，子夏作为魏文侯的老师，设教于魏国西河，曾经有弟子三百人，培养了田子方、段干木、李悝等著名人物，开法家之先声。宋代学者杨时说，子夏的弟子田子方，开启了庄子之学，离儒学思想更远了。还有澹台灭明在江南一带设教，曾经有弟子三百人，名闻诸侯，影响深远。在这些学派中，曾子开启的包括"子思之儒"在内的学派继承了孔子的正宗思想,被后世称为"洙泗学派",注重传道,开启了宋儒道学;子夏注重传授孔子删定的"六经",被称为"西河学派"。正如清人陈玉澍在《卜子年谱自序》中所说:"无曾子则无宋儒之道学,无卜子(子夏)则无汉儒之经学。"

曾子看到子思的德行和成就,十分欣慰。一次,曾子读到周公辅成王的故事,不禁感叹道:"可以把幼小的君主托付给他,可以把一个国家的命运委托给他,面临生死存亡的关头却不动摇屈服。这样的人是君子吗?是君子啊!"其实,曾子是在感叹自己没有辜负孔子的嘱托啊。

十九、反对有若尊孔子

孔子去世后,弟子们为他心丧三年。虽然不穿孝服,但都打心里深深悼念孔子。而子贡更是在孔子墓旁搭建了茅草屋,为孔子守丧六年。

弟子们怀念孔子,没有了老师,都感觉空落落的,再也没有了当初讨论学问的火热气氛。孔子去世后,弟子们出现了群龙无首状态,大家对一些学术问题产生了分歧,没有谁来下定论。其实这个问题孔子在世时就已露端倪,但当时谁也不敢坚持自己的观点,一切都由老师来决断。于是,大家想从孔子弟子中找一位立为老师,大家都听他的,这样不就有了领袖了吗?子夏、子张、子游认为有若有孔子气象,便想把有若当老师来对待。

从某些方面看,有若确实表现不俗。比如,对于"孝悌",有若认为:"一个人孝顺父母,敬爱兄长,却喜欢触犯在上位的人,这种人是很少见的;不喜欢犯上却喜欢作乱,这种人是不会有的。君子行事致力于根本,确立了根本,道也就产生了。孝悌就是仁道的根本吧!"对于礼,有若认为礼的应用,以和谐为贵,古代君主的治国方法,可宝贵的地方就在这里,但不论大事小事只顾按和谐的办法去做,有的时候就行不通,为和谐而和谐,不以礼来节制和谐,也是不可行的。对于富民,有若也有正确见解。有一次鲁哀公问有若:"遭了饥荒,国家用度困难,怎么办?"有若回答说:"为什么不实行彻法，只抽十分之一的田税呢？"哀公说："现在抽十分之二，我还不够，怎么能实行彻法呢？"有若说："如果百姓的用度够，您怎么会不够呢？如果百姓的用度不够，您又怎么会够呢？"

因为子贡在孔门时间长，对孔子及其弟子最了解，曾对卫将军文子介绍过不少孔子弟子的情况，受到孔子的赞赏。所以子夏、子张、子游征询子贡关于立有若为师的意见。子贡说："我当初事奉老师，刚一年的时候自觉比老师强，二年的时候自觉能跟老师平起平坐，三年的时候自觉不如老师，才知道老师是圣人。圣人德才的高深，可不是容易了解的啊。有若恐怕比不了老师吧？当初鲁国的少正卯与老师孔子齐名，都招收弟子，孔子这边的弟子多次被少正卯吸引了去，唯有颜渊始终不去。当初我还认为少正卯比老师贤能呢，结果老师批评了我的错误认识。老师的学问太高深了，不是我所能理解的。所以，当初齐景公问我老师孔子的才干，我说不知道，他又问我，我说大人小孩都知道天高，天有多高呢？都说不知道，老师的才干正像天。你们觉得有若真的能跟老师相比？曾子的德行学问了不起啊，老师特别青睐他，把孙子都托付给他了，如果要立老师，我看曾子倒是差不多。"可子夏说："曾子毕竟年龄太小，不足以服众啊。"子贡说："那最好还是征求一下曾子的意见。他毕竟是后起之秀，孔门翘楚啊。"于是，子夏、子游、子张一起去征求曾子的意见，但曾子不同意。他们再次强求曾子说："大家差不多都同意了，你怎么还这么固执？"曾子很气愤，反驳道："不行就是不行！孔子他老人家的洁白无瑕，就像用长江汉水洗濯过，就像用夏天的太阳曝晒过，任何人都比不上！"

曾子不同意不是因为自己没有被选为老师，而是他深知有若根本不如孔子。比如对人性与天道的认识方面，"忠恕"仁德等方面，有若都差得远。表面看来，曾子有些地方似乎不如有若，但在把握孔子思想的精髓上，曾子知道自己毫不逊色。曾子对有若的缺点一清二楚，据《礼记·檀弓下》记载：

一次，曾子说："晏子算得上懂得礼了，他既谦恭又肃敬。"有若说："晏子一件狐皮衣穿了三十年，送葬亲人只用一辆遣车，到墓地葬毕就回家。按照礼仪要求，陪葬国君的牲体要有七个，遣车七辆；陪葬大夫的牲体要有五个，遣车五辆。怎么能说晏子懂礼呢？"曾子说："国君无道，君子耻于把礼仪的细节都做到。国人奢侈，就用节俭来教导他们；国人节俭，就用礼仪来教导他们。"

这里曾子显然比有若更能把握礼的实质，知道随时变通礼仪来更好发挥礼的教化作用。而有若只注重礼的形式，僵化死板。

有若还是被推上了老师的位置。但没过多久，有若露馅了，失去了老师的地位，证明了曾子的正确。

二十、曾子与弟子编著《论语》

孔子去世后，曾子始终有一件心事，就是搜集整理孔子的言行事迹，编撰成书，将孔子思想世世代代传承发扬下去。

一天，曾子与弟子孔子之孙子思商量此事。子思说："祖父的弟子们，几乎每年都来鲁城祭拜。我可以趁他们来的时候，把他们受教于祖父的及他们本人的资料收集一下。"曾子说："太好了！"于是，在曾子的带领下，子思和同学乐正子春等日夜不停地收集整理资料，并进行必要的斟酌取舍。在编纂资料时，虽然有若的老师地位早被推翻了，但为了表示对他的尊重，还是以老师相称，称为"有子"，对于老师曾子，更不用说，一律以"子"相称，称为"曾子"。他们还从闵子骞、冉伯牛、冉有等的弟子那里收集到一些资料，这些弟子也尊称老师为"子"，如闵子、冉子。还从当时的公卿士大夫那里收集到很多资料。等收集得差不多了，子思等向曾子报告成绩。曾子看到堆满房间的竹简木牍，十分动情，不禁流下泪来，对子思说："没有老师孔子学而不厌、诲人不倦的艰辛付出，哪能留下这么多宝贵的资料！如今收集得差不多了，可以告慰他老人家的在天之灵了。看到这些资料，就让我想起老师。真是想念他啊。这些资料我们要倍加珍惜。这样吧，子思，作为老师的思想遗产，将来还是把它保存在你那儿吧。老师的弟子，以及学者、官宦祭拜老师，寻访老师的学问，总是要到你那儿去，这样，这些资料就可以更好地发挥作用了。况且，这也是你们的家学啊，子思，你要把它传给子孙后代，发扬光大。"子思没想到老师这么慷慨无私，把资料都给了自己。子思非常感动，想了想，说道："好吧，先生。我一定将这些资料保存好、利用好、传承好，不负先生重托！"这时，曾子忽然想到了什么，急忙说："对了，还有。我们还要从这些资料里提炼精华，编成一本语录体的集子，以方便大家学习。这个集子取个什么名字好？"子思说道："先生这个提议好。大本子是学者研究用的，编撰精华本利于普及，很有必要。但还得先生来主持此事，弟子们做具体工作好了，有什么问题，我们会及时请示您！至于集子的名字嘛，我想想，大家都想想。"过了一会儿，子思说："叫《抡语》怎么样？抡是挑选的意思，就是精选而成的语录。大家以为如何？"这时大家都说好。后来在流传过程中，人们将"抡"写成了"论"，习以为常，就成了《论语》了。《论语》还没有最后完成，曾子就去世了。弟子们为了将曾子思想更好地继承弘扬下去，便特意加入了有关曾子的内容，包括他去世时的言行等。

除了《论语》，收集来的其余资料，后来经过学者的整理、分类，润色加工，编撰成了《孔子家语》等书，将《孝经》抽出来独立成书，将《曾子问》编进了《礼记》，《王言》收录在《大戴礼记》，后来又被收入《孔子家语》。为什么这样说呢？孔子十一世孙汉代孔安国的《孔子家语》序中一段话给出了答案：

《孔子家语》都是当时公卿士大夫及孔子七十二弟子，相互往来谈论切磋问答的言论，后来弟子们各自记下他们问于老师的话，这些内容与《论语》《孝经》是同时的。弟子们取其事实确凿而又有现实意义的内容，选编为《论语》，其余的都汇集记录在一起，名为《孔子家语》。

《孔子家语》《孝经》《王言》等古籍涉及曾子的内容行文风格高度一致：一是往往都有"曾子侍"三字，曾子总是陪侍孔子；二是曾子总爱向孔子提问。这说明，很可能《孔子家语》《孝经》《王言》原本就是一部著作，由共同的作者完成，所以行文风格才一致。共同的作者应该是谁？几乎所有古籍提及曾子都不称其名，而是称"曾子"，相当于"曾老师"，能够享此殊荣的历史上只有孔子和曾子，这说明这共同的作者很可能就是孔子、曾子的弟子或再传弟子。孔安国在《孔子家语》序中还说：

《曾子问礼》本来在《孔子家语》中，但因为与《礼记》中的《曾子问》重复了，所以我在整理《孔子家语》时就没再收录。

再联想到《大戴礼记》收录了"曾子十篇"，所以，现在的《礼记》《大戴礼记》《孔子家语》等儒家经典，其资料来源很可能跟曾子及其弟子的收集大有关系。

对于《论语》的作者，历来众说纷纭，以曾子及其弟子编纂的可能性为最大。为什么呢？首先在于曾子传承了孔子之道。唐代韩愈在《送王埙序》中有一段话，大意是说：

> 孔子之道博大精深，弟子们不大可能完全准确地学习掌握，所以大都不过是接近孔子思想的真义。后来弟子们离开孔子散居各诸侯国，又各以其所理解的孔子思想教授弟子，离孔子的本源思想就越来越远了，最后分歧、误差也就越来越大。唯有孟子师从子思，而子思的学问应该来自曾子。自从孔子去世后，孔子弟子们几乎都有著述，但只有孟子对孔子思想的传承得其真义。

唐代文学大家柳宗元认为曾子的弟子著《论语》，他说：

> 孔子的弟子，曾子最年轻，小孔子46岁。曾子年老去世，《论语》记载了曾子的去世，那么离孔子时代也就很远了。曾子去世后，孔子的弟子几乎没有活着的了。我想《论语》是曾子的弟子编纂的。为什么呢？因为这部书记载孔子弟子时一定是称呼其"字"的，唯有曾子、有子不是这样，称呼为"子"，由此来说，这应该是曾子、有子的弟子对老师的称呼。然而，有子为什么称为"子"呢？回答是：孔子去世后，弟子们认为有子跟孔子相似，于是立他为师，后来，有子不能回答弟子们的提问，于是被轰下了讲台，虽然不再是老师了，可曾经有过老师的称号啊。《论语》所记唯有曾子最后去世，我以此得知，《论语》应该是乐正子春、子思等曾子的弟子一起编纂的。有人说：孔子的弟子曾经杂乱无章地记录过孔子等人的一些话，然而，最后完成这部《论语》的，是曾子的弟子们。（《论语辩·上篇》）

这些话很有道理。曾子在孔子的年轻弟子中学问最好，且较长寿，所以，收集整理孔子及其弟子们的言行事迹，只有曾子最合适，因为曾子晚于孔子其他弟子去世，才有可能收集到孔子弟子终生的言论事迹，曾子的学识又保证了这项工作的顺利开展。子思又广泛联系着孔子弟子，这样，曾子与子思等共同编《论语》也就顺理成章了。

二十一、弟子齐心著《曾子》

曾子去世后,弟子们为了让老师的学说能很好地传承下去,仿照收集编纂《论语》的做法,将曾子平时的言论事迹尤其是对弟子的教导收集起来,编纂成书,名曰《曾子》,涵盖了曾子的修身、孝道、政治等思想。《曾子》一书广泛流传,对当时及后世产生了重要影响,诸子百家众多学者对其都很重视,广泛引用,如《孟子》《荀子》《吕氏春秋》等。到了汉代,《汉书·艺文志》录有"《曾子》十八篇"。据记载,唐宋时期《曾子》一书尚存,共有十篇内容,比汉代佚失了八篇。元末明初大儒宋濂在其《文宪集》中说:"《曾子》……今世所传自《修身》至《天圆》,凡十篇,……其书备见《大戴礼记》中。"可见,在明朝初年《曾子》一书还存世,宋濂将《曾子》与《大戴礼记》中的"曾子十篇"对照,发现内容基本一致,只是《曾子》首篇题目为"修身",而"曾子十篇"首篇题目为"立事"。唐代《群书治要》收录了《曾子》,首篇也名"修身"。现在《曾子》一书早已亡佚。

对现存于《大戴礼记》中的"曾子十篇",学者评价甚高。明代大儒宋濂说:

> 我专门读了"曾子十篇",内容何其明白皎洁,就像群星悬于高天;又何其丰满而谆厚笃实,就像万千花朵含着雨露。古书上说:"有德的人一定有卓尔不凡的言论。"确实如此啊!(《文宪集》)

清代著名学者卢文弨对"曾子十篇"有高度评价,他说:

> 《大戴礼记》中极精粹的内容,只不过"曾子十篇"而已,而《曾子立事》一篇,尤其需要学者们每天反复诵读。(《抱经堂文集·新刻〈大戴礼记〉跋》)

清代大儒阮元非常看重"曾子十篇",他将"曾子十篇"从《大戴礼记》中抽出,专门做以注释,名《曾子注释》。阮元认为"曾子十篇"是唯一流传下来的孔子弟子的作品,是最接近孔子思想的作品,并且"曾子十篇"很接近生活,便于人们践行,所以"曾子十篇"应该与《论语》有着同等价值,要学习孔子思想,应该从学习曾子开始。

清代思想家魏源在《曾子章句序》中说:

"曾子十篇"应该与"四书"并列,曾子思想的精髓、曾子一生行事的遵循都在"曾子十篇"中,《曾子》一书由曾子弟子完成后,儒者无不诵读践履,是古代读好小学、大学的关键所在。可惜的是,"曾子十篇"在汉代被收入《大戴礼记》,而东汉经学家郑玄没有注解《大戴礼记》,而是注解了《小戴礼记》(即现在的《礼记》),所以《大戴礼记》就没有被列为"经","曾子十篇"又没有能够与《大学》《孝经》一样被宋儒表彰,只有笃学大儒宋代的杨简、明代的刘宗周开始注释"曾子十篇",以流传后世。……"曾子十篇"不被列于"四书",这是儒林憾事!(《魏源集》)

清代著名学者皮锡瑞在《经学历史》中说,"曾子十篇"引用的经典都很纯正恰当,赞赏《曾子天圆》篇表现了曾子的博学多识。

二十二、《曾子》思想重放光芒

"曾子十篇"比较集中地反映了曾子的思想。第一篇为《曾子立事》(《群书治要》作《修身》),通篇围绕修身,强调以义为准则,包括学习、思考、言行、为人处世、治家理政等方面,具体全面地阐述了学习和修身的方法与途径。

第二至第五篇分别为《曾子本孝》《曾子立孝》《曾子大孝》《曾子事父母》,也就是著名的"曾子孝四篇",重点阐述了孝道思想。《曾子本孝》指出,孝的根本是敬,尊敬父母就要保护好身体,一切为父母着想,继承父母的遗愿,用美好的德行纠正父母的过错,行孝终生。《曾子立孝》强调对父母恭敬要发自内心,也就是"忠",尽力按照孝的礼仪行事。并提出"移孝作忠"观点。《曾子大孝》认为最高的孝是使父母受到尊敬。并指出,孝是人类最根本的教化,是天下最根本的法则。《曾子事父母》主要阐述父子之间、兄弟之间、大人与小孩之间如何相互对待的问题。

第六至第九篇分别为《曾子制言》上、中、下和《曾子疾病》，重点论述君子人格。论述了如何做才算有"德行"，如何做到"仁义"，要近君子远小人。

第十篇为《曾子天圆》，以曾子与弟子单居离问答的方式阐述曾子的自然社会观。

值得注意的是，上海博物馆收藏的战国竹简《内豊》与"曾子十篇"有很多十分相似的内容，学界普遍认为《内豊》中该部分内容来自早期的《曾子》，从《内豊》的该部分内容，我们可以看到一些《曾子》思想的本来面目。如，《内豊》有以下一段：

> 故为人君者，言人之君之不能使其臣者，不与言人之臣之不能事其君者；故为人臣者，言人之臣之不能事其君者，不与言人之君之不能使其臣者。故为人父者，言人之父之不能畜子者，不与言人之子之不孝者；故为人子者，言人之子之不孝者，不与言人之父之不能畜子者。故为人兄者，言人兄之不能慈弟者，不与言人之弟之不能承兄者；故为人弟者，言人之弟之不能承兄者，不与言人之兄之不能慈弟者。故曰：与君言，言使臣；与臣言，言事君。与父言，言畜子；与子言，言孝父。与兄言，言慈弟；与弟言，言承兄。(简1-6)

与之对应，今本《大戴礼记·曾子立孝》为：

> 故为人子而不能孝其父者，不敢言人父不畜其子者；为人弟而不能承其兄者，不敢言人兄不能训其弟者；为人臣而不能事其君者，不敢言人君不能使其臣者也。

《内豊》关于"为人君""为人父""为人兄"的句子，今本《大戴礼记·曾子立孝》皆失载。而原始本《曾子立孝》篇是应该有此三句的。从《大戴礼记·曾子立孝》中看到，"故与父言，言畜子……与臣言，言事君"是对前文的总结，它强调了两个方面的内容：一是"与子言""与弟言""与臣言"；二是"与父言""与兄言""与君言"。这两个方面提及君臣、夫子、兄弟的义务是对称的、双向的。显然，原始本《曾子立孝篇》并非只强调"为人臣""为人子""为人弟"的单向义务，也就是说，原始本《曾子》在后来流传过程中，遭到窜改，被删去了对"君、父、兄"要求的句子，只保留了对"臣、子、弟"要求的句子。今本《大戴礼记》"《曾子》十篇"反映的正是原本《曾子》书遭到删改后的情况。这种删改使曾子的伦理孝道思想变得僵化，充满了政治意识。

梁涛教授认为，"为人君""为人父""为人兄"三句被删除的原因可能与后来儒家君臣父子关系被绝对化，竹简要求君臣父子互"爱"、互"礼"的观点显得大逆不道、难以被接受有关。（《上博简〈内礼〉与〈大戴礼记·曾子〉》，简帛研究网，2005/6/26）这是有一定道理的。汉以后出于专制统治的需要，父子人伦演变成"君为臣纲、父为子纲、夫为妇纲"的片面上下从属关系的三纲说，在这样的思想氛围下，《曾子立孝》的内容被删是可以想见的，而竹简本《内豊》却因埋于地下而幸免于难，它的出土，使《曾子》思想重放光芒，对于澄清人们对曾子"孝"思想的误解，有着极其重要的意义。

二十三、曾子问狱

在讲这则故事之前，很有必要先了解一下我们中华民族慎重刑罚的优良传统。这个传统由来已久，至少在四千年前的尧舜时期就已经很成熟了。

据《尚书》记载，尧的时候，皋陶是管理全国狱讼刑罚的大臣。那时，皋陶执法严明，公平正直。凡是有了罪该杀头的，皋陶就按照程序将案子呈给尧审批，皋陶会自信地在旁边再三说："这个人该杀。"而尧在审查案子时，却反复推敲，看能不能找到不杀的理由，再三地说："宽宥了他吧。"按照法律，可杀可不杀的就驳回皋陶的建议，坚决不杀。实在找不到法律规定可以赦免的理由，也就只好执行死刑，而这时候尧总是很难过，往往在行刑的这天减少饭食，更谈不上歌舞娱乐了。老百姓乐于看到尧如此宽仁，称赞尧有上天养育万物的仁德。同时畏服于皋陶的执法严明，都竞相守法，即使有犯罪受罚的，也都心服口服。

在刑罚上尧常常坚决驳回皋陶的量刑，而在用人为官上，却往往听从臣下的意见。有一次要任用一名管理水土的大臣，要征求四岳的意见，四岳说："鲧可以被任用。"尧说："不行，鲧曾经违抗命令，残害族人。"但尧想了想，最后还是说："那就让鲧试试吧。"尧对鲧的功劳、德行虽有疑问，但就当作没有疑问，任其为官。这就像古书上说的："该不该赏拿不准的就赏，可以用来广施恩德；该不该罚拿不准的就不罚，可以用来慎重刑罚。"

后来尧将帝位禅让给了舜，皋陶仍是管理狱讼刑罚的大臣。这时，皋陶就将尧时代的成功做法传授给舜。皋陶说："帝德罔愆，临下以简，御众以宽；罚弗及嗣，赏延于世。宥过无大，刑故无小；罪疑惟轻，功疑惟重；与其杀不辜，宁失不经；好生之德，洽于民心，兹用不犯于有司。"（《尚书》）意思是，最高统治者的德行不能有差错，对待下面臣子要简而不烦，管理民众要宽大；刑罚不能加给罪人的后代，而奖赏要世代相续。该宽宥的，无论罪过多大都要宽宥，对故意犯罪，无论罪过多小都要严惩。怀疑其有罪但拿不准的，一律从轻处罚；对功劳有疑问的，一律按照有功对待。与其滥杀无辜，宁可犯不守常法的过失；爱惜生灵不事杀戮的品德，合于民心，民众感化于这种品德，就会自觉不触犯刑法。

舜很赞赏皋陶的建议，在治理狱讼上沿袭了尧帝的制度，把国家治理得很好，民众颂声载道。

周文王的先祖就有仁爱民众的传统，周灭商建国后，继续施行仁政。在刑罚上，实行"三宥三赦"的慎刑制度。所谓"三宥"，一是宽宥因看错人而杀人者，二是宽宥因过失而杀人者，三是宽宥因忘记某处有人而误杀人者。所谓"三赦"，一是赦免幼小的犯罪者，二是赦免年老的犯罪者，三是赦免痴呆的犯罪者。这样，国家治理得就很成功，忠直仁厚的教化推行到牛羊草木。

孔子"祖述尧舜宪章文武"，仍主张仁政德治，强调发挥道德和礼制的作用，行政、刑罚手段在其次。孔子说："道之以政，齐之以刑，民免而无耻；道之以德，齐之以礼，有耻且格。"（《论语·为政》）是说，先用法制禁令引导，引导而不服从的一律处以刑罚，这样民众就会避免刑罚而无所羞愧，虽不敢为恶而为恶之心仍在；用道德来引领，有不守道德的，一律用制度规范来约束，那么民众会耻于不善而达到善。

《孔丛子》记载，曾子向孔子请教审理案件的方法，孔子说："大的原则有三条：审理案件一定要宽大，宽大的关键在于明察，明察的要义在于符合正义，所以审案子不宽缓是乱，只讲宽大而不明察是慢。明察而又不合正义是徇私，徇私就会引起民怨。所以善于审理案件的人不超越其言辞，不超越事实，不超越正义。《尚书》上说：'刑律上没有明文规定的罪，上下比照刑律来定罪量刑，仔细查明犯罪事实，使刑当其罪。'"

孔子接着说："《尚书》上还说：'要以怜悯的态度来判决狱讼案件。'"这时，旁边的子贡问道："这是什么意思？"孔子说："古人审案断狱的时候，能体谅贫贱之人，怜悯那些孤独无依、年老体弱、愚蠢无知而又没有亲族帮助打官司的人，这些人即使犯罪属实，也一定会怜悯他们。人一旦处死不能复生，割掉的鼻子和砍断的脚也不可能重新生长。如果对老人施以刑罚，就是违背人之常情；对孩子施以刑罚，就是刻薄寡恩；不管什么人犯罪，也不论罪轻罪重，概不赦免，就是违反慎用刑罚的原则；如果把过错全都当成罪行，哪怕是轻罪，也会伤人不浅。所以原谅过错，赦免轻罪，不对老人和孩子施以刑罚，才是先王之道。《尚书》中说：'虽然判处死罪但案情有疑点，就应该从轻处治。又说：'与其错杀无罪之人，宁可冒枉法之失而错放'。"

孔子又说："《尚书》中说：'爱护百姓像爱护婴儿一样。'"旁边的子张问道："审案断狱也应该这样做吗？"孔子说："理当如此。古人在审案断狱的时候，痛恨的是犯罪的恶念，而不是憎恶罪犯本人。尽可能设法从轻或免予刑罚，确实罪大恶极、无法从轻的才予以惩处。君主与百姓本是一家人，君主要爱护百姓而不能随便抛弃民众。然而，今天审案断狱的人，不是痛恨犯罪的恶念而是憎恶罪犯本人，总是想方设法杀了他，这是违反先王爱民如子和慎用刑罚的宗旨的。"

以上这些，曾子都认真听着，牢记在心。日后，曾子又用孔子的教导来教诲自己的弟子。鲁国权贵孟孙氏任命曾子的弟子阳肤做法官，阳肤向曾子请教该怎么做。曾子说："在上位的人不按正道行事，民心离散已经很久了。如果了解了犯罪的实情，就应该怜悯犯罪的人而不应该居功自喜。"(《论语》)"上梁不正下梁歪"，上层统治者作恶多端，不能给老百姓做出好样子，老百姓能学好吗？他们残酷压榨老百姓，老百姓简直没有活路，能不"官逼民反"吗？

最公正无私的判决能够使被判者心悦诚服，《说苑·至公》记载一则故事，大意是：

> 高柴是孔子的弟子，曾经在卫国任大法官，依法对某人施以砍脚的肉刑。不久卫国发生内乱，子羔认为自己对内乱没有任何责任，所以就

选择了逃脱。当时全城通缉高柴等人。当他跑到外城城门时,恰恰是那位被他砍掉了脚的人在守门,对高柴说:"在那边城墙有个缺口。"暗示高柴可以从缺口逃出去。高柴很有君子节操,说:"君子走正道,是从不逾墙而过的。"那人又说:"那边城墙有个洞。"高柴说:"君子从不从墙洞里出入。"那人又说:"在这里有个房间。"高柴便堂堂正正进去了。等到追捕高柴的人无功而返,高柴将要出城而去时,对被砍脚的人说:"我不能对不起君主立的法律而亲自判决砍掉了你的脚。现在我在危难中,正是您出怨气报复的时候,而您却三次设法让我逃走,这是为什么?"那人说:"砍断脚,固然是我罪有应得。从前您在审理我的案子时,翻来倒去地斟酌法令,先后数次变更我的罪行适用的法条,想使我能够免于法律的处罚,这些我都深深地知道。当我的罪行已经审理清楚了,到了考虑要判什么刑罚时,您痛苦忧愁,表现在面容,我又深深地知道。您哪里是专门对着我来的?上天生下您这样的君子,是在坚定地遵行道义。这就是我要帮您逃脱的原因啊。"孔子听说了这件事,说:"太好了!作为官吏,执法要一视同仁,公平公正!以仁爱宽恕之心考虑案子就会给人以恩德,对犯人严暴有加就会招来怨恨。行事出以公心,这不就是说的子羔(高柴)吗?"

二十四、曾子铁肩担道义

曾子是一位有大担当的圣贤。曾子担当的是"仁义道德"这个儒家道统,为之矢志不渝,死而后已,正是所谓的"铁肩担道义"。

孔子一心想着改变当时礼坏乐崩的局面,长期游说诸侯,栖栖惶惶,知其不可而为之,盼望自己的仁政王道学说能够被诸侯采纳。而结果到处碰壁,诸侯们对他敬而远之。当时的礼坏乐崩和战乱有其必然性,因为新兴地主阶级必然要跟旧贵族争权夺利。晚年孔子对仕途失望了。有一天,孔子见几位弟子在,就问他们各自的志向。其他三位都说如果出仕做官、做司仪会如何如何，而当孔子问到曾晳的时候，曾晳还正在鼓瑟，这时候他"铿"的一声停下来，说道："我与他们三位不同。"孔子说："那怕什么，也不过各自说说志向罢了。"曾晳说："暮春时节，换上春天的服装，与五六位成年人、六七位儿童，在沂水里洗濯一番，在舞雩台上吹吹风，然后唱着歌儿回家去。"夫子赞叹道："我赞成曾晳的志向啊。"为什么孔子会赞成曾晳的志向呢？这是有背景的。

孔子晚年，鲁国没有任用他，孔子的仁政主张得不到实施，孔子也对出仕做官厌倦了，便以设教讲学、著书立说为主业。正像他跟弟子漆雕开说的，正确的主张如果得不到施行，那就宁肯乘着木筏漂浮在海上也不要出仕做官（《论语》）。结果漆雕开一生不愿做官。这样，曾子从事设教讲学、学术研究也就是子承父业、继承孔子遗志的忠孝之举了。

曾子的人生选择不是消极隐退，而是为实现人生价值另辟蹊径。传承儒家道统，使仁义道德薪火相传，这堪称伟业。

曾子坚守道义的人格节操，儿孙及弟子子思等都继承了下来。孟子作为子思的再传弟子，更是继承了这一品格。在对待贤人上，孟子认为诸侯要礼敬贤人，有问题请教贤人，要按照礼节征召或拜访，而不是让贤人屈尊拜见诸侯。而陈代认为不必拘于小节，如果贤人去拜见诸侯，大则可以实施仁政，使天下归服，小则可以称霸诸侯，那么拜访也未尝不可。况且古书上说："弯曲着一尺长，伸展开来八尺长。"这不就是以屈求伸吗？

孟子对陈代说："从前齐景公打猎，用旌旗召唤猎场的管理员，那管理员因为他召唤的方式不对而不予理睬。齐景公想杀了他，他却一点也不怕，因而受到孔子的称赞。所以，有志之士不怕弃尸山沟，勇敢的人不怕丢脑袋。孔子认为那猎场管理员哪一点可取呢？就是取他因召唤不当就不去的精神。如果我不等到诸侯的召唤就自己上门去，是为了什么呢？况且，所谓弯曲着一尺长，伸展开来八尺长的说法，是从利益的角度来考虑问题的。如果从利益的角度来考虑问题，就是弯曲着八尺长，伸展开一尺，那也是有利益的啊，难道也可以干吗？从前赵简子命令王良为他所宠爱的小臣驾车去打猎，整整一天没有打着一只猎物。小臣回去后向赵简子报告说：'王良真是天下最不会驾车的人了！'有人把这话告诉了王良。王良便对小臣说：'请让我再为您驾一次车。'小臣勉强同意了，结果一个清晨就打了十只猎物。小臣回去后又向赵简子报告说：'王良真是天下最会驾车的人啊！'赵简子说:'我让他专门为你驾车吧。'当赵简子征求王良的意见时,王良却不肯干了。他说:'我按规范为他驾车,他一整天都打不到一只猎物;我不按规范为他驾车,他却一个清晨就打了十只猎物。《诗经》说:"按照规范驾车去,箭一放出就射中。"我不习惯为他这样的小人驾车,请您让我辞去这个差事。'驾车的人尚且羞于与不好的射手合作,即便合作可以打到堆积如山的猎物也不干。如果我现在却扭曲自己的人格去追随那些诸侯,那又是为了什么呢?况且,你的看法是错误的:扭曲自己的人格,是不可能让别人正直的。"这就是孟子坚守道义的人格节操。

孟子说,熊掌是我想要的,道义也是我想要的,二者不可兼得的话,就要舍熊掌而取道义;生命是我想要的,道义也是我想要的,二者不可兼得的话,就要舍弃生命而坚守道义(《孟子》)。这种理念跟曾子是一脉相承的。

曾子坚持理想信念,为之奋斗终身,死而后已。曾子的理想就是奉行仁德。曾子说:"士人不可不心胸开阔意志坚强,因为任重而道远。把实现仁德作为自己的责任,不是很重大吗?奋斗到死才罢休,不是很遥远吗?"(《论语》)

曾子是这样说的,更是这样做的。他刻苦学习,谦虚好问,是唯一掌握了孔子思想精髓的弟子,并不负孔子重托,将子思教育成为儒学一代宗师。曾子设教讲学,培养出很多优秀弟子,曾子的著作更是震古烁今。曾子为正宗儒学的传承弘扬做出了伟大贡献,是中国历史上当之无愧的思想家、教育家。

《论语》记载,曾子临终,看到自己身体发肤没有损伤,为终身奉行仁义礼智信而保全了父母给予的身体,感到无比欣慰。

曾子病重临终之际,童子看到曾子的席子华丽光亮,感到奇怪,就随口说:"这不是大夫的席子吗?"旁边的乐正子春不让童子吱声。而曾子还是听见了,发现果然是大夫季孙氏的席子,就不顾生命垂危催促儿子换席。因为曾子作为布衣之士,不能僭越礼制铺大夫的席子。儿子说:"您病情十分危急,不能再挪动,等到天亮再换吧。"这本来是对曾子的孝敬关爱,而曾子却不把这种照顾当作爱,他说:"你爱我还不如那个童子。君子爱人是要成全别人的美德,小人爱人是无原则的宽容,我还有什么要求呢?能够合乎规矩地死去,也就够了。"童子说实话,提醒大家不违礼仪,曾子认为这是对自己的爱;而儿子、弟子瞒着自己做违礼之事,陷自己于不义,认为这绝不是对自己的爱。看来，曾子将礼看得重于生命，道德操守高于一切。没办法，只好给曾子换席。结果，还没等扶着曾子躺在新换的席子上，曾子就咽气了。

曾子所守的礼当然有历史局限性、阶级局限性，但曾子这种坚守道义的人格节操却永远不会过时，当今我们就是要学习曾子的操守来担当新时代的道义。

二十五、曾子与晏子的故事

晏子，名晏婴，春秋时期齐国著名政治家、思想家、外交家。他历任齐灵公、庄公、景公三朝，辅政长达50余年。以有政治远见、外交才能和作风朴素闻名诸侯。据《礼记·檀弓下》记载，曾子十分仰慕晏子节俭的品格，对他敢于移风易俗，从简办理亲人的丧事非常赞赏，认为是在为国人树立榜样。

《孔子家语·六本》记载一则故事，大意是：

曾子跟随孔子到齐国去，齐景公以礼聘请曾子为下卿高官，但曾子坚决推辞。曾子将要离开齐国时，晏子为他送行，说："我听说，君子用财物赠送人，不如赠送有益的话。若有生长三年的兰草根，用鹿肉酱浸渍，做好以后，味道很好，用它能换回一匹马。这可不是兰草根本来就美味，而是浸渍它的鹿肉酱使它味美。希望您深入了解它是怎么被浸渍的，这对我们是有启发意义的。君子居住必须选择好处所，出游必须选择对地方，做官必须选择对君主。选择君主是为了求取官职，选择地方是为了修养道德。我听说改变了固有品德的人，都是因为欲望的原因。所以不能不谨慎啊！"后来孔子听到了这些话，赞扬说："晏子说这话真是君子啊！依靠贤能的人必然不会艰难，依靠富有的人必然不会贫穷。马蚿就是割断一些脚仍能够爬行，这是为什么呢？因为帮助它爬行的脚多啊。"

《晏子春秋》还记载一则故事：

一次，曾子问晏子："古时候有过上不劝谏国君下不顾及百姓，隐居深山而施行道义的人吗？"晏子回答说："其实这种人并没有什么才能，却托言于不想劝谏国君，这是荒诞的。国君昏庸，德政道义不能施行，奸佞相互勾结，贤能的人得不到任用，那些为官的人又不去改变他们的行为，而是附和奸佞以求进身，所以有的人隐居，有的人不隐居。那些能够按礼法行事的人，才是施行道义的人，只是评论君主是非的做法，是不可取的。上不劝谏国君，下不顾及百姓，退身隐居深山，我晏婴不知道他怎样成为施行道义的人。"

这里我们又一次看到了曾子谦虚好问的形象。晏子对于隐居旗帜鲜明予以反对，有一定道理，这也正是继承了齐国首任国君姜太公开创的思想传统。据《韩非子》记载：

当时齐国有两位隐居之士狂矞、华士兄弟，他们声称不做天子的臣下，不做诸侯的朋友，靠耕作来吃饭，靠掘井来饮水。姜太公到了封国先就把他俩杀了。周公听说了，赶紧派人去问："两位先生是贤人，您为什么要杀了他们啊？"姜太公说："他们声称不做天子的臣，不做诸侯的朋友，自食其力，那我怎么让他做我的臣子或朋友？我又怎么使用他们？他们自食其力，我又怎么用赏罚的办法来激励他们呢？所以绝不能树立这样的典型让国人效仿。就像支使不动的骏马，跑得再快也没用啊。"

姜太公对待隐者太功利主义，太残暴，这是崇尚功利、武力的"霸道"，而不是仁政王道。这种"霸道"能使国家强大，所以通过富国强兵，不断兼并周围小国，齐国成了幅员辽阔的大国。却不能维持统治者地位的长久，因为这样的统治者不得人心。结果，姜太公开创的齐国姜姓统治，传到齐景公的时候，逐渐被善于施恩收买民心的田氏篡夺。

曾子对隐居能否施行道义的问题十分纠结，所以请教晏子。曾子为什么纠结？因为他面临人生道路的抉择。出仕做官，自己的仁政主张不会被无道的统治者采纳，就只好选择隐居，而隐居不仕又怎么去施行仁政呢？

曾子赞成晏子给出的答案：按照礼法行事。按照礼法，臣一定要谏君，当三次谏劝而不被采纳，就可以辞官归隐了。曾子看来，孔子的教导就代表了礼法。孔子教导弟子说："要笃信道义好学向上，对于善道以死相守，危乱的国家不要进入居住。天下有道就出来做事，无道就隐居。国家有道而贫

齐郊赠言图（选自清代《宗圣志》）

贱，是可耻的；国家无道而富贵，也是可耻的。"(《论语》)因为当时天下无道，所以曾子不出仕做官。不做官就不能施行道义吗？不是的。曾子经过苦苦思索，总结前辈的经验教训，决定了自己的人生道路：设教讲学，研究学问，著书立说，将孔子开创的儒家学说发扬光大。这正是"为天地立心，为生民立命，为往圣继绝学，为万世开太平"！

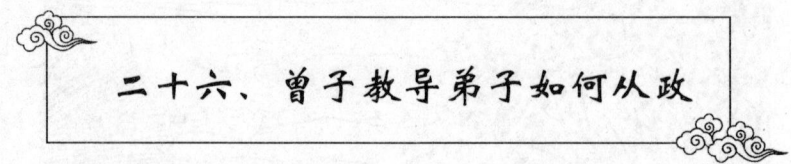

二十六、曾子教导弟子如何从政

曾子一生少有做官的经历，去世时仍为布衣之士。但曾子对政治文化很关注，除了著有《大学》《主言》《孝经》外，在其"曾子十篇"中，《曾子制言》上、中、下三篇很大篇幅都是讲如何从政，教导弟子们做官先做人，做官要坚守道德底线。下面我们来看《曾子制言》中，曾子提出了怎样的观点。

曾子认为，君子做官就要能够立功，造福民众，增加国家声誉。引退就要恬然待之，坚持操守。如果自己正确的政治主张不被国君理解采纳，就要辞掉高官厚禄。宁肯从事劳作当普通百姓也要坚持自己的主张，挨冻受饿也要坚持自己的仁爱，这就是君子的德行。要坚持自己的立场，有人理解更好，没人理解也要坚持。对于没有仁德的人，宁肯没有朋友，也不要亲近他。所以君子不靠高攀以求宠爱，不靠拉关系求得官职俸禄，要靠走正道获得礼遇，要从相互喜爱的人中寻求朋友。有人喜欢我，是我的愿望，就是没有人喜欢我，我也要坚持自己的节操。

曾子认为所谓德行就是要守礼。礼是尊敬地位高的人，孝顺老年人，慈爱年幼的人，友爱比自己年龄小的人，施恩惠于贫贱的人。这样的礼，做到它就是有德行，树立于天下就是正义。君子不崇尚不顾礼义一味求取功名的人，而崇尚有耻之士。有耻之士，不用正道获取富贵，就会感到耻辱；因为贫穷不走正道，也会感到耻辱。曾子教导学生们，不要说"没有人会知道我"，轻浮的男女相会于墙根隐蔽处，可算得上隐秘了，明天就有人宣扬他们的话。所以人要坚持仁爱正义明着做事，不成名是因为没有坚定地这样去做，不然的话，别人怎么会不知道，怎么能不成名呢？

曾子主张人与人之间互助合作，而不是相互争夺。曾子坚信：不按农时役使老百姓，会使民心背叛而失国。这是说统治者与被统治者之间要互助合作。同样，曾子认为人与人之间也要互助合作。他说："蓬草生长在麻地里，不用扶自直；白沙放在黑泥里，与泥一起都是黑的。因此人们相互共事，就像行船使车那样，自己在前就拉，别人在前就推。所以人没有别人的帮助就不能成功，马离开马群就不奔驰，土堆不增加新土就不再增高，水不增加新水就不会流动。君子尽到悌道，敬顺尊长，走在道路上就要为长者担负行李，卧席让给长者，自己只睡在卧席的末端，若有人唆使他去欺诈长者则坚决拒绝。"

曾子主张人与人之间要互助合作。儒家一贯主张人与人要互助合作，而不是相争。儒家崇尚"让"，讲礼让、谦让；反对相互争夺。孔子说："君子没有什么可与别人争的事情。如果有，一定是比射箭了。比赛时，相互作揖谦让后上场。射完后相互作揖退下，各组射完后，再作揖登堂饮酒。这是一种君子之争。"（《论语》）这种竞争是公开公平的君子之争，先揖让再竞争。谦让是我们的传统美德，古人处处讲谦让。比如古代某人被任命为官往往要谦让一番，看还有没有比自己更合适的人选。

不争就得不到我们想要的东西？不是的。《论语》记载，子禽问子贡："老师孔子每到一个国家，总是预闻这个国家的政事，这是去求得来的呢，还是人家主动告诉他的呢？"子贡说："老师是凭靠温和、善良、恭敬、节俭、谦让而得来的。我们老师去求的办法，或许是与别人的求法不同吧。"这里孔子所得不是争来的，而是让来的。通过让来保持和气，才能互助合作，互利双赢。不争反而能得到，这是符合辩证法的。

曾子每日三省，其中就有"为人谋而不忠乎"？是说与人共事是否不忠诚了？根据曾子的德行，一定是与人敞开胸怀真诚合作，在此基础上再谈竞争。

曾子认为君子要尽到悌道，敬顺长上。他说，以不正当手段得来的富贵不如贫穷而有好名声，屈辱地活着不如光荣地死去。耻辱可以避开，就避开它算了；到了不可避开的时候，君子就要视死如归。精明的商人不轻易显露他的财货，君子品德高尚但不轻易表现自己。

曾子认为君子要安贫乐道。他说，古代的君子不为贫穷而忧愁，不为位卑而不安，即使缺衣少食，居所简陋，也会每天孜孜不倦奉行仁德，不为被人知而喜，不为不被人知而悲。所以君子要言行正直，不靠花言巧语或卑躬屈膝求取富贵。坚持道义即使被驱逐、杀掉，也不畏惧。君子的意见即使不被接受，只要诚心诚意，就叫作懂得道义；君子的行为即使不被赞许，只要诚心诚意，就叫作讲仁爱；君子的进谏，即使不被采纳，只要诚心诚意，就叫作知事理。国家没有德政，遵循道义行事而横死在道路上，手足四肢得不到掩盖，这不是君子的过错，而是君主的耻辱。因此，君子认为仁德最为尊贵。富有天下四海之内，叫作富有吗？只有拥有仁德才叫富有；贵为帝王天子，叫作尊贵吗？只有拥有仁德才叫尊贵。

曾子主张为政者要谨慎敬业。他说，先忧虑于事而后才会安乐于事，先安乐于事而后就会忧愁于事。过去天子每天都在考虑天下的大事，战战兢兢只怕不能治理好；诸侯每天都在考虑封国内的事，战战兢兢只怕失去封国和减少疆土；官吏每天都在考虑职责内的事，战战兢兢只怕不能胜任；普通百姓每天都在考虑自己的职业，战战兢兢只怕受到惩罚。所以遇事谨慎的人，很少有不成功的。

曾子说，国家有德政，那么君子和国君上下融洽，志同道合；国家没有德政，君子也不改变自己一贯的主张。诸侯不听从自己的主张，就不贸然进入他的疆土；虽然听从自己的主张但不把自己当贤人看待，就不登上他的朝堂，所以君子不违反以上两条禁忌而出仕做官。要进入一个国家，就要打听这个国家的禁忌和政令，不处于无道危险的邦邑与之共患难。有道德的人不献媚。君子不靠向富贵者献媚来获取宠爱，不靠欺凌贫贱者来提高自己的地位。凡是行为不符合道义的国君，自己就不去服事；凡是没有仁德的卿大夫，自己就不去做他的属下。凡是信奉仁德道义的人，自己就向往投奔；如果遇到贼寇抢劫的事，自己就与他一起谋划抵御的办法。国家有德政就要像大鸟疾飞那样奔去，国家没有德政就要像大鸟疾飞那样离开，这就叫作义。曾子还说，来到这个国家，国君对群臣诚信，就可以留下；群臣对国君尽忠，就可以在这里做官；恩泽能够施予百姓，就可以在这里安家。

什么是大义？曾子认为："仁者危殆，恭敬者的谏言不被采纳，谨慎的人不被任用，正直的人近于受刑，在这些情况下若不逃离就会获罪受刑。因此君子就置身于高山上，或深泽的低洼处，采集野果野菜作为食物，或靠耕种庄稼谋生，就这样老死在有十户人家居住的地方。正因为此，从前大禹坐车行路，见到有五对耕田的人就低头扶轼表示敬意，经过有十户人家居住的地方就下车步行，这是对有道德的人表示问候。"

二十七、曾子的封赠故事

孔子受朝廷的祭祀，早在汉代就开始了。当时配享孔子的一般还有颜回。唐高宗总章元年（668年），朝廷加赠颜回太子少师，加赠曾子为太子少保。这是曾子受朝廷封赠的开始。当时孔子弟子中，只有颜回、曾子受到封赠，子思、孟子还都没被封赠。由此可见曾子在当时统治者心中地位之高。这次封赠是因为曾子的孝。这里是有故事的，据清代王定安《宗圣志·祀典上》记载：

  总章元年（668年）二月丁巳日，皇太子在国学举行祭奠先师孔子的释奠礼。夏季四月的乙卯日，唐高宗弘孝皇帝赠曾子为太子少保。诏书中说，皇太子李弘近日因为儒学，行释菜礼（以苹蘩之类奠祭），敬奉先师孔子，太子非常仰慕当时孔子的一些弟子，特别是颜回、曾参，他们两位在孔门有特别崇高的地位，为了表彰弘扬仁、孝这两种美德，太子请求朝廷对二位贤人褒扬封赠，以使他们流芳后世。唐高宗赞赏太子在道德修养上的提高，希望太子见贤思齐，那就没有比褒扬封赠颜、曾二位贤人再好的办法了。颜回以其仁德可以封赠为太子少师，曾参以其孝道可以封赠为太子少保。

这里将孝与仁并提，可见当时统治者多么重视孝。因为孝而被封赠如此高位的，历史上实属罕见。

太极元年（712年），唐睿宗兴孝皇帝加赠颜回太子太师，曾子太子太保，都在孔庙等处配享孔子，祭祀孔子的时候，一并祭祀他们。以前配享孔子的只有颜回，这次加上了曾子。

开元八年（720年），唐玄宗改定了曾子在孔庙的位次。诏书中说："曾子大孝，道德在孔子弟子中最高，特为曾子塑像，坐在十哲的下面。"十哲，指孔子亲自点名的"四科十哲"弟子：德行科的颜渊、闵子骞、冉伯牛、仲弓；言语科的宰我、子贡；政事科的冉有、季路；文学科的子游、子夏。孔子曾经多次称赞曾子，说他具备"孝悌忠信"等德行，这在孔子弟子中十分罕见，可为什么曾子没列入"四科十哲"呢？朱熹认为，"四科十哲"都应是跟随孔子在陈国、蔡国间遭遇困厄的早期弟子,而曾子年龄小,当时没有跟随孔子。曾子不在"四科十哲",并不代表曾子德才不如他们。

唐玄宗开元二十七年(739年),封曾子为郕伯,仍位于十哲之次,这些孔子七十二贤弟子,除颜回被封"兖公"外,都封为"伯"。古代爵位从高到低分为"公、侯、伯、子、男"。

宋真宗大中祥符二年(1009年),封曾子为"瑕丘侯",孔子七十二贤弟子除颜回封"兖国公"外,都封为"侯"。不久,由于"丘"字犯了孔子的名讳,孔子名"丘",所以曾子改封"武城侯"。

金灭北宋后,仍旧崇儒尊孔,金章宗封曾子"国侯"。在北宋时封"公"者升"国公",侯者为"国侯"。

宗圣曾子像(选自清代《宗圣志》)

宋度宗咸淳三年（1267年），升曾子为郕国公。这是曾子封"公"的开始，此时颜回也是"公"。曾子封"公"，地位明显提高，跻身"四配"之列。以颜回、曾子、子思、孟子这"四配"配享孔子肇始于此，一直延续到现在。"四配"的确立，跟程朱理学成为国家正统思想，以朱熹的《四书集注》为内容开科取士是密切相关的。

元文宗至顺元年（1330年），加封曾子郕国宗圣公。这是曾子被称为"圣人"的开始。

明世宗嘉靖十四年（1535年），改称"宗圣曾子"。

可见，曾子封赠地位在宋元以后的上升与理学家对曾子的研究、推崇密切相关。

后记

为什么要写曾子故事？首先让我们来认识一下曾子。

曾子（前505—前436年），名参，字子舆，春秋时期鲁国南武城（今嘉祥县）人，孔子最著名弟子之一，是中国古代著名的思想家、教育家。曾子的孝道、修身、政治等思想对中国各个时期都产生过重要影响。

先秦时期。曾子忠实地继承发展了孔子思想，并将孔子思想传授给孔子的孙子子思、乐正子春等，而孟子又学于子思的学生，这样，曾子开启了子思、孟子前后相承的"思孟学派"，儒家正宗思想形成了孔子—曾子—子思子—孟子的传承谱系。出土的战国竹简等文献也为这一传承谱系提供了新的佐证。在孔子去世后，儒学分化很大，《韩非子·显学》说儒学分为八派："有子张之儒，有子思之儒，有颜氏之儒，有孟氏之儒，有漆雕氏之儒，有仲梁氏之儒，有孙氏之儒，有乐正氏之儒。"而这八派中，至少有三派都离不开曾子的开创之功，这就是子思之儒、孟氏（孟子）之儒、乐正氏（乐正子春）之儒。而子张作为孔子弟子，又与曾子关系亲密，在思想学说上也应该有所交流。与孟子并列的还有荀子的儒学，荀子之学掺杂了法家的思想，主张性恶论，与孟子思想有较大分歧。曾子思想对荀子有很大影响，这从《荀子》一书大量引用曾子言论可以看出。曾子思想深刻影响了诸子百家，被各学派广泛吸收，受到普遍认同和尊崇，《庄子》《韩非子》《吕氏春秋》等众多古籍都有曾子言行的记载。

秦汉至隋唐时期。虽然秦始皇"焚书坑儒"，但发秦代思想先声的《吕氏春秋》，引用了很多曾子孝道等言论，曾子思想深刻影响了秦代意识形态。汉武帝采纳董仲舒的建议，"罢黜百家，独尊儒术"，经过董仲舒梳理改造过的儒家思想成为国家正统思想，黄老等诸子百家以及儒家的其他流派均被边缘化。汉代至清代，统治者治国有一条一以贯之的主线，那就是以《孝经》等为理论基础的"以孝治天下"，而曾子作《孝经》及"曾子孝四篇"等，是孝道理论的集大成者，并力行孝道，很多孝道故事千古传诵。在唐初，唐高宗以颜回的"仁"封赠颜回"太子太保"，以曾子的"孝"封赠曾子"太子少保"，给太子树立了这两个学习典范。后来，唐睿宗加赠颜回"太子太师"，曾子"太子太保"，皆配享孔子。这时候，配享孔子的只有他们二位，孟子、子思都还未配享孔子，可见当时曾子思想地位十分突出。

宋元明清时期。由于唐代韩愈、北宋二程（程颢、程颐）、南宋朱熹等理学家的推崇，"道统"说定于一尊，"道统"是由伏羲、神农、黄帝、尧、舜、禹、商汤王、周文王、周公、孔子、曾子、子思子、孟子一脉相承。而传承道统的典籍，朱熹等认定为"四书"，即曾子的《大学》，子思子的《中庸》，反映孔子及其弟子思想的《论语》，孟子的《孟子》，而《大学》为"四书之首"。传承道统者也被后世朝廷尊奉为圣人：周公为"元圣"，孔子为"至圣"，颜回为"复圣"，曾子为"宗圣"，子思子为"述圣"，孟子为"亚圣"。颜回虽无著作传世，但其德行突出，最为孔子青睐，也有传道之功。从南宋开始，程朱理学逐渐被统治者定为国家正统思想，曾子思想地位自然显赫起来。

曾子的著述包括《大学》《孝经》《曾子》等，是孔子著述最丰富、唯一有著述流传至今的弟子。《论语》的编纂者是谁，历来众说纷纭，而曾子及其弟子编纂《论语》的说法，被学界广泛认可。曾子的很多言论故事还散见于《孔子家语》《孟子》《礼记》《荀子》《说苑》等众多典籍。

曾子还是中国历史上较有影响的哲学家。《曾子天圆》中，学生问曾子："天圆地方,真的是这样吗？"曾子回答说："天之所生（动物）上方是头，地之所生（植物）下方是头，上方的头称作圆,下方的头称作方。如果真的天圆而地方，那么天的四角就掩盖不住了。"在这曾子对以往的天圆地方的盖天说宇宙结构提出了责难和怀疑，是科学的一大进步。科技史家李约瑟就曾经说过,孔子的门徒曾子及其弟子们"对自然现象和自然科学的发端的兴趣,比儒家任何其他派别都大"。《曾子天圆》对阴阳之道、天人之道的阐释，对后世阴阳五行学说产生了重大影响。主要从事秦汉哲学史、易学史研究的高觉民教授认为,《周易·易传》中的《象传》"必当为曾子所作"（《〈周易·象传〉与曾子》)。北京师范大学罗新慧教授《曾子研究》一书设专章探讨曾子的阴阳学说与《易传》的关系,认为"曾子的一个重大贡献在于其关于阴阳学说的提出","种种迹象表明,《易传》的编撰很可能出自曾子一派的儒家弟子之手"。

曾子还是一位教育家。他一生以设教讲学为主。曾子共有多少弟子已无从知晓,据《孟子》记载,一次跟随他的弟子就曾经有七十人。有史料可查的著名弟子有子思、乐正子春、公明仪等十余位。曾子的后人,如儿子曾申等也设教讲学,战国时期著名政治家、军事家吴起就曾学于曾申。

曾子是古往今来修身的典范。曾子"吾日三省吾身",被称为"个人修养的最好规范"。牟宗三先生说,"慎独"思想应该发端于曾子。"慎独"深刻影响了后世的学术和修身。

曾子是历史上的道德楷模,尤其以孝著名。孔子赞扬曾子具备"孝悌忠信"的美德(《大戴礼记·卫将军文子》),古来说孝,必称曾子,曾子被誉为"孝的首席代表"。曾子还重忠信、仁义、勇毅等,留下很多道德故事,传颂千古,脍炙人口。

曾子不同于历史上其他圣贤的地方,在于其鲜明的平民性。他一生半耕半读,长期生活在民间,深知民众疾苦,同情民众遭遇,极少为无道的统治者做事。古往今来,曾子形象不但为统治者所尊崇,也为广大劳动人民所喜爱。

曾子思想仍有重要的现实意义,正像曾祥芹教授《曾子文章学》一书序言中所说:

> 曾子"以人为本"的社会文化是中华优秀传统文化的基本涵义;其"天人合一"的生态文化是中华优秀文化的美好特质;其"义以为上"的经济文化是中华优秀传统文化的核心内容;其"修齐治平"的政治文化是中华优秀传统文化的宝贵遗产;其"中庸和合"的包容文化是中华传统文化的根本动力。……(曾子思想)给儒学思想的早期传承补充了丰厚内容,积淀了汉民族最深层的精神追求,已经"融入中华民族的血脉,成了我们的基因",被视为当今社会主义核心价值观的重要源泉之一。无论国家层面的"富强、民主、文明、和谐",社会层面的"自由、平等、公正、法治",或者公民层面的"爱国、敬业、诚信、友善",都

可以从曾子文章中找到初心和始论。

由于本人水平有限，时间仓促，该《曾子故事》不足之处在所难免，敬请各位方家批评指正！

张承文

2020年7月